高等教育新传媒规划教材

传播学

研究方法与实践

韩 敏 姚 琦 王贺新/ 主编

西南大学出版社
国家一级出版社 全国百佳图书出版单位

图书在版编目(CIP)数据

传播学研究方法与实践 / 韩敏, 姚琦, 王贺新主编
. -- 重庆 : 西南大学出版社, 2022.6
ISBN 978-7-5697-1531-6

Ⅰ. ①传… Ⅱ. ①韩… ②姚… ③王… Ⅲ. ①传播学
—研究方法 Ⅳ. ①G206

中国版本图书馆CIP数据核字(2022)第097945号

传播学研究方法与实践
CHUANBOXUE YANJIU FANGFA YU SHIJIAN

韩敏　姚琦　王贺新　主编

责任编辑:杜珍辉　周　杰
责任校对:张　丽
装帧设计:观止堂_未　氓
排　　版:杜霖森
出版发行:西南大学出版社(原西南师范大学出版社)
　　　　　地址:重庆市北碚区天生路2号
　　　　　邮编:400715
印　　刷:重庆市圣立印刷有限公司
幅面尺寸:180 mm×230 mm
印　　张:18.25
字　　数:390千字
版　　次:2022年6月 第1版
印　　次:2024年7月 第2次
书　　号:ISBN 978-7-5697-1531-6

定　　价:58.00元

编写人员

韩敏，女，生于1970年，四川资中人，博士、教授、美国麻省理工学院访问学者、硕士生导师，西南大学新闻传媒学院传播学系主任，重庆市新闻传播学学术技术带头人，国家社科基金通讯评审专家。主要研究领域是性别与媒介、媒介技术与社会变迁、媒介文化。主持完成全国“十一五”教育规划项目（教育部重点）“西部高校播音与主持艺术专业培养模式研究”，以及主持国家社科基金“‘十七年’时期女性媒介形象研究”。出版学术专著《当代文学杂志研究》（中央文献出版社2007年），《浮出社会地表：“十七年”女性媒介形象研究》（中国社会科学出版社2019年）。在《新闻与传播研究》《文学评论》《马克思主义研究》《现代传播》《文艺理论与批评》《中国社会科学报》等发表数十篇学术论文，多篇论文被人大复印资料全文转载。负责编写绪论、第一章，全书统稿。

姚琦，男，生于1985年，澳门大学传播学博士。现任重庆工商大学网络与新媒体系系主任。作者长期致力于移动社交媒体研究、媒介融合研究和广告传播有关研究，参加并主持多个中国内地和澳门特别行政区的科研项目，形成以全英文专著，多篇CSSCI、SCI、国际性学术会议文章为主的多项研究成果。负责编写第二章；第七章第二节、第三节；结语。全书统稿。

马克秀，女，生于1987年，中国传媒大学传播学博士，复旦大学新闻传播学博士后，现任教于中国海洋大学文学与新闻传播学院，副教授。主要研究领域是新媒体与社会发展、海洋传播。负责编写第六章第一节，并参与第六章第二节、第三节部分编写工作。

王贺新，男，生于1981年，河北乐亭人。讲师，曾任教河北大学新闻传播学院，现任教河北传媒学院新闻传播学院，河北省城市传播研究院兼职研究员。主要研究领域是媒介与社会变迁、文化研究与新革命史、风险社会与健康传播等。长于质化研究方法，有丰富的突发事件、机构媒体田野调查经验。论文发表于《国际新闻界》《新闻大学》《新闻记者》等权威学术期刊。编、著作品有《新闻传播类学术论文写作》(浙江大学出版社,2010年版,作者之一)、《大众传播通论》(中国人民大学出版社,2011年版,副主编之一)。负责编写第六章第二节、第三节及第四节。

李孟祺,男,生于1992年,澳门大学文学硕士,伯明翰城市大学在读博士。作者致力于媒介研究与文化研究,特别是游戏研究、后殖民主义话语研究等,研究成果多次参加国际电子游戏研究协会年会、中国电子游戏研究协会年会、游戏与叙事国际会议等国际性与区域性会议报告。负责编写第五章。

赵海明,男,生于1993年;重庆大学新闻学院博士研究生,主要研究领域是媒介学、传播思想史。主要成果《媒介的演替与人的"主体性"递归:基特勒的媒介本体论思想及审思》,《国际新闻界》2021年第6期,CSSCI期刊(导师第一作者);《智能时代身体主体性的颠覆与重构——兼论人类与人工智能的主体间性》,《西南民族大学学报(人文社会科学版)》2020年第5期,CSSCI期刊,导师第一作者;《异质空间与个体意识:走向录像厅的中国电影观众》,《中国新闻传播研究》2020年第1期,CSSCI集刊,(导师第一作者)。《虚拟身体传播与后人类身体主体性探究》,重庆市优秀硕士毕业论文。参与编写第一章,第七章第一节。

宋灵犀,女,1991年生,重庆工商大学派斯学院讲师。先后毕业于四川外国语大学、法国IPAG高等商学院,获文学学士学位及工商管理硕士学位(文化活动管理专业)及工商管理硕士学位(国际战略与谈判专业),泰国东方皇家理工大学博士在读。作者长期致力于文化活动管理、广告学、社交媒体及跨文化管理有关研究。参研国家社科基金项目、重庆市高等教育改革研究项目、重庆市社会科学规划培育项目多项,在SCI、SSCI及CNKI公开发表多篇学术论文。参与编写第二章、第五章、结语。

西南大学新闻传播学硕士研究生谢成诺、任雪菲、白一帆、张采妮、王艺洛、王海花、杨晓、卢松岩、孙可欣、黄文波、木卡代斯、张佩英、赵苒序参与了书稿的编校工作,一并致谢。

前言

在现代学术研究中，研究方法起着举足轻重的作用。使用恰当、科学的研究方法，既能够帮助作者规范文章，支持结论的科学性；也可以为读者提供充分的信息，以便后人的检验与创新。可以说，研究方法的选择，直接关乎到学术成果质量的高低。因此，研究方法对于任何一位将学术研究当作志业的学者来说，其重要性都是不言而喻的。此外，专业的研究方法训练，可以锻炼人们的语言表达能力，提高人们信息搜索、观点提炼的能力，使其能批判性地独立思考，而且对人们处理日常事件也大有裨益。

如今，跨学科研究之风逐渐兴盛，各种数据处理软件日益丰富，这都体现出当下学术研究日渐严谨的发展方向。因此，如何选择一个恰当、准确的研究方法，如何科学地操作这一方法，便成为当下学术研究中的一个难题。大多数研究生在本科学习阶段中，对于研究方法的学习浅尝辄止，并不深入，仅停留于概念理解层面。进入研究生学习阶段后，其便无法正确选择合适的研究方法与规范地使用，使得研究方法成为学术路上的"拦路虎"。此外，即便是理解了研究方法的基本概念，在实际运用过程中，很多学生依旧陷入无从下手的窘境：如何设计研究框架、如何收集与整理资料、如何进行资料分析仍旧是难题。研究方法的广泛性与抽象性，更突出了系统学习研究方法的重要性。本书将传播学研究方法与实践相结合，试图将抽象、繁杂的研究方法理论简单化、具体化后，结合案例进行剖析，以加深学生的理解，增强所学研究方法的实用性与可操作性。

本书可分为三个大部分。第一部分为绪论，此部分简要介绍国内外传播学学科与研究方法的发展，明确作为社会科学的传播学在学术中的评价标准，告知研究生在论文写作中研究方法规范的重要性。

第二部分为正文部分（第一章至第七章）。第一章从论文设计入手，讲述研究生论文写作议题获取来源方式、论证框架设计与资料的收集、整理与分析，为论文的前期写作提供灵感，为论文的编排打下基础。第二章梳理了庞杂的传播学研究方法，详细阐述质化与量化两种研究方法，从大方向上帮助学生理解研究方法的类型与其各自的适用范围。第三章则是从基本概念入手，解释研究方法中的测量、指数、量表、信度与效度等基本概念，为开展后续研究提供基础。第四章以抽样方法为切入点，展开叙述各种抽样形式的特点，提醒抽样过程中的注意事项，对于论文写作中样本处理具有重要作用。在做足前期工作后，下一步就是对所选取的样本进行深度分析。第五章从质化文本分析入手，详细解释了符号学分析、叙事学分析、框架分析、修辞学研究方法与批判性话语分析五种研究方法。第六章从质化田野研究的角度切入，介绍了民族志、参与观察法、访谈法三种常用方法。第七章从量化研究方法入手，详细阐述了内容分析法、社会调查法与实验法。通过以上章节的学习，学生能够对传播学常用研究方法有较深的认识，可以根据研究内容与方向，选取合适的方法，规范学术研究。

第三部分为结语部分。结语对传播学研究方法做出展望，指明目前研究方法的发展方向。

尽管当下的研究方法种类繁杂，并且日益多元，但研究者需要警惕的是被研究方法异化的风险。研究方法只是辅助研究者解决问题、创新理论的手段，虽然具有重要意义，但也不应该过于夸大其重要性。如今人文社科对于量化研究的过度崇拜，重方法而轻结论的现象，便是对研究方法过于强调的结果。以科学的方法支撑学术创新，才是学习研究方法的应有之义。

目录

绪论　传播学学科发展与研究方法的规范性

一、传播学学科发展

中国传统小说有一类特殊人物，比如《红楼梦》中的傻大姐、焦大，《三国演义》中的蒋干，《西游记》中唐僧师徒四人取经路上的各种妖魔鬼怪。这些人物形象性格单一，在小说人物形象图谱中，他们是小人物，但他们又是小说中必不可少的人物，没有他们，小说的故事情节就难以继续。《红楼梦》如果没有傻大姐，林黛玉就难以知道贾宝玉与薛宝钗结婚的信息，也就没有林黛玉焚稿断痴情。《三国演义》如果没有蒋干盗书，赤壁大战的结局可能被改写，三国可能就不能鼎立。如果借用叙事学理论，傻大姐、蒋干这类人物被称为"行动元"人物。在小说中，这类人物的性格与形象并不重要，他们的主要功能是承担发展和推动故事情节他们是故事情节发展的中枢环节。比如，傻大姐，当整个大观园都对林黛玉封锁贾宝玉结婚的消息时，只有借助这位智商为零的傻大姐，才能将这种致命信息传递给林黛玉。蒋干，这位周瑜的同窗，自以为聪明，周瑜正是要借助他之手，才能将假冒蔡瑁、张允的降书送给曹操。也正是蒋干与周瑜曾经的同窗友谊，才使曹操在短时间内相信这条信息，因盛怒而错杀两员大将，这直接影响了赤壁大战的结局，这位小人物可能在很大层面上影响了历史。

中国古代小说中的"行动元"人物，按照传播学来说，他们就是信息传播者，合适的信息需要合适的传播者，才能达到最好的传播效果。就如贾宝玉结婚的消息只能是傻大姐这种人物才能承担；假冒蔡瑁、张允的降书只能借助与周瑜有同窗之谊、又自作聪明的蒋干传递，才能获得多疑的曹操的信任。因此，设计傻大姐、蒋干之类的"行动元"人物，需要熟谙信息传播技巧。中国古代优秀小说家最熟谙信息传播技巧。然而，对信息传播的科学研究，则是晚近的事情。

（一）美国传播学的学科发展

传播学学科的正式产生与两次世界大战具有紧密的关系。传播学学科孕育于第一次世界大战期间，正式形成于第二次世界大战期间。两次世界大战让人们切实体验到信息传播的重要性，著名政治学家拉斯韦尔将战争宣传技巧的重要性提到很高的地位。他在对第一次世界大战的战争宣传内容研究后得出结论："过去的这次大战的历史表明，现代战争必须在三个战线展开：军事战线、经济战线和宣传战线。经济封锁扼制敌人，宣传迷惑敌人，军事力量给予敌人最后一击。"[①]1942年毛泽东在《在延安文艺座谈会上的讲话》中指出："在我们为中国人民解放的斗争中，有各种的战线，其中也可以说有文武两个战线，这就是文化战线和军事战线。"[②]中国共产党在四年之内就获得了人民解放战争的胜利，这与我党长期以来高度重视宣传工作有紧密关系。

20世纪40年代，系统论、控制论、信息论三门边缘科学诞生，它们对科学技术和人类思维的发展产生了巨大影响，也为现代多门学科的产生奠定了知识和思维基础，其中包括了传播学。传播学在社会学、心理学、哲学、文化人类学等母体学科基础上正式形成，一系列重要学术研究成果奠定了传播学的学科基础。

美国社会学家拉扎斯菲尔德、贝雷尔森、高德特合作研究了1940年的俄亥俄州伊利县的美国大选的民意，阐释了媒体的竞选宣传内容对选民投票行为的影响，研究结果显示，真正对选民投票行为产生影响的是选民既有的政治倾向性，媒体的竞选内容主要是通过人际传播中的"意见领袖"产生间接的作用。他们在1944年出版了传播学的经典著作《人民的选择》。

1946年，拉斯韦尔在《宣传·传播·舆论》中，首次使用"大众传播学"。1948年，拉斯韦尔在《传播在社会中的结构与功能》中，首次完整提出传播的"5W"模式，确定了传播学的基本研究范围，建构了传播理论研究的知识体系。

1949年，施拉姆在《大众传播学》中，第一次提出大众传播学的框架，这是最早的传播学著作，它是20世纪前半个世纪传播学研究学术成果的总结，这一系列学术成果标志着传播学学科的产生。

20世纪40年代，传播学学科在美国正式形成。"二战"期间，由于纳粹政府对犹太人的迫害，导致了欧洲大量的犹太学者、科学家逃亡到美国，美国成为"二战"期间杰出的知识分子、著名学者和科学家的汇集之地。这些逃亡的学者与科学家促进了美国战后科学技术和社会科学研究的繁荣，其中也包含了传播学的发展与繁荣。有人

① 拉斯韦尔：《世界大战中的宣传技巧》，张洁、田青译，中国人民大学出版社，2003年，第214页。

② 毛泽东：《在延安文艺座谈会上的讲话》，《延安文艺作品精编1理论、诗歌卷》，徐纶，韦夷编，浙江文艺出版社，1992年，第3页。

曾经做过统计，“二战”期间逃亡到美国的犹太教授有2700多名，其中33人获得了诺贝尔奖，27人参加了制造原子弹的洛斯阿拉莫斯国家实验室。这2700多名教授后来都成为了美国许多大学的中坚力量。

美国发达的传媒行业为传播学研究提供了丰富的实践经验材料，这是传播学发展与繁荣的动力。最早的报纸产生于17世纪初的德国、法国、英国等欧洲国家，直到17世纪末期美国才产生报纸。作为资本主义世界“后起之秀”，美国迅速成为传媒行业的领军者。19世纪中期，美国产生了大众化的报纸。1920年11月2日，在匹兹堡开始播音的西屋公司，标志着美国率先进入大众化的电子传播时代。20世纪40年代，美国报纸的发行数、电视机的普及率等各项传媒事业发展的指标都位列世界前茅。美国拥有美联社、合众社、《纽约时报》《华盛顿邮报》、三大广播电视网等世界知名的传媒企业。因此，20世纪40年代，美国高度发达的传媒行业、自然科学、社会科学以及新兴的边缘学科的兴起，为传播学学科的产生提供了丰富的传播经验材料，也为传播学发展提供了多学科的理论知识与方法论。

（二）中国传播学的学科发展

相形之下，传播学在中国的发展则相对滞后。台湾学者首先开创了传播学在中国的研究。1963年，台湾学者朱谦博士，他是传播学之父施拉姆的学生，到台湾政治大学新闻研究所任教。朱谦博士开启了“电视与儿童”的研究，他运用量化方法研究电视对儿童的影响。与台湾相比，香港开始传播学研究的时间相对要晚一些，1965年，香港中文大学新闻系成立，香港学者开始研究香港的传播现象。20世纪70年代，香港学者开始了比较严谨、系统的传播学研究。

1980年代初期，中国内地开始出现传播学研究的趋势。1982年4月到5月，传播学之父施拉姆在香港中文大学余也鲁教授的陪同下访问了中国。施拉姆先后到华南师范大学、复旦大学、人民日报、中国社会科学院新闻所和中国人民大学讲学，余也鲁教授称这是“传播学进入中国的破冰之旅”。[①]传播学之父施拉姆的这次访问，在中国的学者中留下了传播学的学术火种，在刚刚启动改革开放列车的20世纪80年代，中国传媒事业还处于复苏阶段，传播学学科发展所必需的丰富的传媒实践经验尚不足，因此，传播学研究也仅限于小范围的新闻学学者群体。中国传播学教育和研究繁荣发展则是在20世纪90年代中期开始的。胡翼青教授认为，1978年到1989年是传播研究的萌芽阶段；1990年到1997年是传播学科地位确立的阶段；1998年至今是传播步入快速专业化进程

① 孙瑞祥：《大众传播学破冰中国暨复旦回忆——国际传播学先驱施拉姆访华35周年记》，http://3g.163.com/dy/article/D3KIQ66E0521PA4F.html。

的阶段。[①]这种描述比较符合中国传播学学科发展实际。

20世纪90年代中后期，中国的传播学学科才开始真正发展起来。1992年邓小平南方谈话之后，新闻领导体制和管理体制的改革才真正摆上全国新闻界的议事日程，在“事业性质、企业经营”“一业为主、多种经营”等改革理念下，[②]中国的传媒事业与行业获得了快速发展，主要标志是出现了大量以市场化运作为主导的都市报和地面频道。在一线、二线城市基本形成了“日报+晚报+都市报”的报业格局，“卫星频道+地面频道”的电视格局。报纸类型的多样化、电视频道的专业化、节目内容的多元化，这些传媒新业态都标志着中国传媒行业的欣欣向荣。快速发展的传媒行业为传播学学科提供了丰富的经验材料，同时传媒行业的发展也需要传播学提供更为坚实的理论资源。

21世纪，中国的传播学进入快速发展的历史时期。1997年，国务院学位委员会和国家教育委员会确立了新闻传播学的一级学科地位。1998年，华中科技大学成立新闻与信息传播学院；2001年，北京大学成立新闻与传播学院。一时间，全国各大高校开始纷纷设立独立的新闻传播学院。在蓬勃发展的传媒行业的促进下，中国的传播学开始走上了快速的学科发展之路。

二、传播学研究方法的自觉

20世纪80年代初期，随着中国传播学学科意识的初步形成，部分学者也开始探讨传播学研究方法。20世纪80年代中期，祝建华、郭健、王志兴等学者开始关注传播学研究方法。1985年到1986年，祝建华连续发表三篇文章，[③]介绍实地调查、内容分析、控制实验方法等量化取向的研究方法的操作技巧和适应的研究议题，这是中国最早介绍传播学量化研究方法的文章。

（一）传播学研究方法观念的产生

1986年到1988年，郭健与王志兴围绕传播学研究方法发表了系列商榷文章。1986年，王志兴在《新闻战线》第4期、第6期连续发表《传播学方法论意义及局限性》，文章立足于新兴的传播学学科对新闻学的影响角度，分析了传播学研究方法对新闻

---

① 胡翼青、张婧妍：《中国传播学40年：基于学科化进程的反思》，《国际新闻界》，2018第1期。

② 童兵：《突破体制瓶颈 推进新闻改革——纪念中国新闻改革30周年》，见《技术、制度与媒介变迁——中国传媒改革开放30年论集》，童兵主编，复旦大学出版社，2009年，第18-19页。

③ 祝建华：《实地调查——传播学研究方法之一》，《新闻大学》，1985年第9期。祝建华：《内容分析——传播学研究方法之二》，《新闻大学》，1985年第10期。祝建华：《控制实验——传播学研究方法之三》，《新闻大学》，1986年第12期。

学的影响。作者认为,传播学研究问题的总的方式和具体研究方法将对新闻学研究具有方法论的意义,这些意义主要表现在四个方面:第一,传播学将新闻传播现象放置在更加广阔的社会背景上加以考察研究,有助于提升新闻传播的特性和本质的理论认识。第二,传播学将广播、电视、新闻、电影与报刊同时作为新闻传播现象的不同形式加以考察研究,从而可以阐释不同媒介的内在联系,开拓了新闻学研究的领域。第三,传播学将新闻媒体上的广告、新闻、知识性和娱乐性内容等都作为信息,探寻它们的共性,从而解决了传统新闻学难以解决的难题。第四,运用定量方法研究新闻传播现象,使科学研究新闻传播现象成为可能。王志兴也指出了用传播学方法研究新闻传播现象的局限性,他认为传播与现象是共性与个性的关系,传播的一般规律适合新闻传播,但新闻传播的规律不一定是传播的一般规律。传播学研究方法不能历史地、发展地看待问题,这是传播学研究方法的根本缺陷。[①]具体来说,传播学研究方法的局限性主要有:第一,忽视具体历史语境,孤立静止地分析新闻传播现象。第二,过分强调传播形式,忽视了具体的社会历史内容。第三,不注重新闻传播的阶级性,简单、表面化解释新闻传播现象。尽管王志兴开始注重传播学研究方法,但其立足点是讨论传播学方法对新闻学研究带来的影响,对传播学研究方法本体的思考较少。文章所关注的传播学研究方法也主要局限于美国经验学派的研究方法,鲜少关注欧洲批判学派的研究方法。

1987年到1988年郭健发表三篇文章讨论王志兴提出的传播学研究方法局限性问题。郭健认为王志兴仅从新闻传播角度分析传播学研究方法的局限性是非常不够的,他认为传播现象的内容极其丰富,应该在自然与社会的对立统一中研究传播现象。他认为当时的传播学研究过于偏重"社会"因素,忽略"自然"因素,因为传播还包含"信息传递"这一重要的自然因素。因此,郭健提出传播学研究要重视自然科学研究方法的运用。[②]郭健在《再论传播学研究方法的缺陷》中再次提出了传播学研究应该重视"信道"这一自然因素,应该将信息科学的研究方法引入传播学。[③]郭健在《三论传播学方法论的意义及其局限性》中明确了传播学借鉴信息科学的信息化、系统性和数学化的方法:用信息的方法探索传播现象的内在规律;用系统、全面的方法认识传播现象的内在规律;用数学化的方法提高传播学理论的功能。[④]这是中国学者关注作为社会科学的传播学研究方法的科学性开端,开始凸显了传播学不同于新闻学的

① 王志兴:《传播学的方法论意义及局限性》,《新闻战线》,1986年第6期。

② 郭健:《也论传播学方法论的意义及其局限性》,《国际新闻界》,1987年第2期。

③ 郭健:《再论传播学研究方法的缺陷》,《国际新闻界》,1987年第3期。

④ 郭健:《三论传播学方法论的意义及其局限性》,《国际新闻界》,1988年第4期。

人文学科的研究范式。

(二)传播学研究方法观念的成熟

20世纪90年代,以卜卫、赵民、屠忠俊等为代表的学者对传播学研究方法的研究更加体系化。20世纪90年代,卜卫在《新闻与传播研究》《国际新闻界》发表了9篇文章,系统介绍了传播学研究方法。卜卫的文章既涉及作为体系的传播学研究方法,也介绍了作为工具的传播学研究方法,还明确提出了传播学研究规范的三个要素,即价值观、概念或同行术语、方法。[①]卜卫提出了“研究圈”概念,她认为“研究圈”由理论、假说、实证、经验概括4个要素组成,每一项研究可以选择不同的要素作为起点,但研究过程和结论要受到起点的限制,否则即违背实证的规则,这是方法论的错误。[②]

赵民分析与反思了经验学派和批判学派研究方法的局限性。他认为这两个学派所使用的研究方法,都是通过研究已经发生的传播现象,寻找其规律,阐释原因,总体都倾向于历史学的描述,这两个学派所建构的理论(或者“假说”)很难对现实世界作出可靠的预测。赵民对传播学研究方法的科学性提出了质疑,尤其是经验学派所采用的一些研究方法的科学性所存在的问题,比如传播效果研究中,只能宏观地将个体集合成为社会大众,以此来作为大众传播的研究对象,研究结论与其说是传播效果的客观规律,还不如说是对已经发生的现象描述和归纳,研究结论也无法将这些概率落实到个体上。[③]

屠忠俊提出传播学研究要重视解释学方法的运用。薛国林对传播学和文艺学的研究方法进行了比较分析,他认为传播学与文艺学研究方法的共同点在于:它们的思维路径都是由点到面、点面结合,先注重外围研究,再转入内部研究,最后内外结合形成系统研究。文艺学的研究模式是作家→作品→作家、作品与读者的统一;传播学的研究模式是传播者→受众→传播者与受众的统一。总体上,传播学和文艺学的研究方法的发展历史可以总结为:客体→主体→主客体的统一。[④]1997年,在我国召开的第五次全国传播学研讨会上,重点讨论了传播学的研究方法与规范性问题,强调重视科学的研究方法,开展受众研究,加强基础性理论研究和应用型研究。[⑤]

---

①卜卫:《传播学方法论引言》,《国际新闻界》,1996年第4期。

②卜卫:《传播学实证研究的方法论问题》,《新闻与传播研究》,1994年第2期。

③ 赵民:《传播学研究方法论断想》,《现代传播—北京广播学院学报》,1998年第1期。

④ 薛国林:《传播学与文艺学研究方法之比较》,《华中师范大学学报》(人文社会科学版),1999年第5期。

⑤ 丁淦林、方厚枢:《20世纪中国学术大典·新闻学传播学　出版学》,福建教育出版社,2005年,第21页。

21世纪以来，传播学已经取得了长足的发展，一是学科体系日益完整，二是学科理论不断丰富，三是研究方法日趋规范。此外，互联网时代的技术发展和交叉学科的兴起，使学术界纷纷关注媒介技术、计算传播学等研究领域。传播学已经成为一门显学，也就意味着传播学需要通过精确而科学的研究方法，使这门学科符合社会科学的特点，进而完善学科的合法性和建制化。

三、学术评价标准

传播学属于社会科学。社会科学虽然脱胎于人文学科，但社会科学的研究范式较多地受到自然科学的影响，更加侧重于发现事物的普遍规律，对社会现象做出科学阐释，而非对现象进行简单的描述。社会科学注重的是“科学性”，使用科学的研究方法是社会科学具备“合法性”的基石，其中科学性就体现在研究过程的客观性和可重复性。客观性是指在研究过程中，研究者必须对研究对象保持客观中立的态度，不能带入研究者个人的主观偏见。可重复性则是指任何人都可以遵循已有学术成果中展示的研究步骤展开研究，并得出相同的结论，如此便能够验证研究过程的规范性，并佐证研究结论的可靠性。因此，社会科学领域的学术评价标准，就是以“科学性”为根本原则。

社会科学研究的科学性还体现在研究方法的规范性。研究方法的规范性指的是研究程序和过程要符合学术共同体所公认的一系列准则与原则。在学科评价标准中，研究方法的系统性和规范性已经成为评判学科成熟程度的重要依据。研究方法涉及学科的知识生产机制，只有具备科学性和客观性的社会研究，才能够正确认识社会现象，揭示事物的普遍规律，提高知识生产门槛，以便展开学科内部和学科之间的学术对话，进而提升学科的竞争力和合法性地位。从这个意义上看，规范学科的学术研究过程甚至比研究结果更加重要。社会科学学术规范的要求主要体现在价值规范、技术规范和伦理规范三个方面。

（一）价值规范

“价值”与“科学”似乎是一对悖论，自然科学秉持“价值中立”原则，然而社会科学的研究者更多关注人类以及人类社会，而非客观的自然物质世界。社会科学的研究方法不如自然科学精密，也没有统一的标准来检验研究结论，所以部分学者认为，社会科学的研究带有主观性，研究结论亦包含着研究者的价值判断。一味鼓吹社会科学的价值主观性是失之偏颇的，虽然社会研究可能受到研究者个人的价值态度的影响，但只要在研究过程中严格遵守科学性原则，就能够保证研究结果的客观性和普适性。因此,研究者个人的价值观念并不影响社会科学研究的客观性。同时,社会科学研究的价值取向与客观性原则互为基础和前提,价值取向体现学者对社会现实及人类命运的关切,客观性的研究规范有助于学者的研究更贴近现实,真正解决问题,彼此相得益彰。价值规范是社会科学领域评价标准中最重要的内容,价值规范包含学术价值规范和社会效益规范。

1.学术价值规范

学术价值指的是某一领域的研究者在知识生产过程中对该领域所做的学术贡献。学术价值的评价指标将创新性作为评价社会科学价值规范的重要尺度,具体包括理论创新、概念创新、方法创新、研究结论创新等多项指标。具体而言,表现为:在论证充分、符合逻辑的基础上提出新范畴、新观点、新理论;发现新资料,提出新见解;能够填补学科研究的空白,具有较大的知识贡献和学术影响力;创新研究方法等。如果一项研究没有创新性,而仅仅是重复前人的观点和结论,则是毫无学术价值的文本。相反,如果研究者提出了前人未能触及的新问题、新观点、新发现,则是具有较高学术价值的成果。

2.社会效益规范

社会效益规范指的是学术研究对社会发展的现实意义,社会科学研究的最终目标在于改善人类社会的生活质量。从功能主义层面或现实应用角度而言,社会科学领域的学术研究应致力于解决社会中存在的各种问题。当学术研究结论对人类社会具有指导意义和推动作用,或是就某一社会现实问题提出具有科学性、可操作性的方案,并被政府部门所采纳或作为重要参考依据时,学术研究就具有一定的社会效益。

(二)技术规范

技术规范指的是研究方法和研究程序的规范,实证研究方法主要由定量和定性两类方法组成。社会科学研究必须符合客观性,满足逻辑自恰、证据确凿、方法运用适当等基本学术规范要求。从研究方法的操作步骤看,社会科学之所以称之为"科学",就是因为研究过程有章可循,数据的收集与测量,资料的分析与阐释,都有规范化的步骤和流程,可以让其他研究者按部就班地参照和重复前人的研究过程,再次验证研究结论。这种标准化和可重复性的操作流程,是保证社会科学符合科学性的基本标志。尤其在定量研究中,如果第三方研究者使用前人已发表的学术论著中的数据,并运用相同的研究方法进行操作,若得不出与原学术论著相一致的结论时,则说明原作者的研究过程存在问题。如若出现这种情况,一方面会使原学术论著的研究结论不成立,引发学界同行的质疑,研究成果失去学术价值;另一方面则会使原作者的学术名誉受到损伤,甚至累及原作者所供职单位的学术声誉。

学界对技术规范的评价标准主要包含研究方法选择、研究设计、研究过程的实施，以及研究结论在内的操作化阶段，并侧重于考察学术研究过程，重点关注研究操作过程和数据收集过程是否符合规范。例如，研究者选择何种研究方法，如何收集、使用数据资料，得出了怎样的研究结论，以及研究结论是否可被验证。无论采用质化还是量化的研究方法，研究步骤均有固定的"套路"。一般而言，研究的步骤如下所示：

研究假设→研究方法→收集数据/资料→分析数据/资料→得出结论。

研究假设是研究者对自己提出的问题的猜测。假设是连接理论和材料的桥梁，通过数据或资料分析来验证或证伪假设，能够间接性地检验理论，并回答研究者提出的问题。对量化研究而言，作为操作阶段的第一步，提出一个可验证的假设是研究过程中至关重要的步骤。提出好的研究假设将直接决定后续研究能否顺利开展，最终将影响研究结论的普适性。此外，研究假设还涉及变量和抽样，一般来说，两个变量之间具有因果关系，就能够证实或证伪理论。例如：假设网络意见领袖议程设置与主流媒体议程设置之间具有因果关系，若该假设被证明成立，则能够确证两级传播理论。就抽样而言，量化研究一般使用较大样本，进行概率抽样，质化研究的样本量较小，往往使用非概率抽样。

中国传播学研究方法建立在中国传统的思辨研究与西方科学研究范式的双重影响下，张国良等的研究表明，目前我国传播学研究仍主要选用思辨的研究方法(56%)。[①]随着互联网社会的成熟，以及大数据等技术的发展，数据爬虫、社会网络分析、计算传播学等量化方法日益受到关注。

数据收集过程需要符合下文中将提到的伦理规范，注意保护研究对象的个人隐私，数据收集过程必须公开、透明。尤其是算法推荐的大数据时代，研究者更加需要注意数据收集的全面性、客观性与准确性，提升数据收集过程的透明度和数据收集方法的多样性。

数据分析则必须遵守实证性和客观性原则。也就是说，研究者应当以客观中立的态度置身于研究过程，不夹带个人的主观偏见来筛选和处理数据，并且数据分析过程必须严格按照操作步骤进行，每一个必要环节都需要记录在案，以便后续研究者参照同样的数据分析方法验证研究结论的真伪。

① 张国良、张巧雨：《中国传播学研究近况实证分析——以专业期刊论文为研究视角(2008—2013)》，《现代传播》，2015年第9期。

（三）伦理规范

近年来，我国学术界发生了一些学术造假、剽窃等影响恶劣的事件，如“翟天临事件”“贺建奎基因编辑婴儿事件”等，严重损伤了我国的学术道德，破坏了我国学术界在公众乃至世界面前的形象。学术道德是学术的根基，涉及学术界的公信力问题，研究伦理关乎学术成果的可信度，更关乎国家公共政策的制定。伦理规范涉及研究方法及研究对象的研究伦理，论文的写作伦理两个方面。

实证研究方法根据研究取向，主要分为质化取向和量化取向，研究对象既包括量化研究中收集的数据，亦包含质化研究的经验材料收集。二战时期的生物医学研究领域，许多研究者罔顾学术伦理道德，对平民百姓实施了不道德的生化类或人体类实验，尤其以纳粹德国和军国主义日本的研究为甚。战后，《纽伦堡准则》和世界医学大会发表的《赫尔辛基宣言》确立了研究伦理准则，将研究对象的权利放在首位，其他学科亦受生物医学研究伦理的影响，建立了本学科的伦理规范。西方国家政府机构已经制定并完善了各学科的伦理准则，规范研究者的行为，确保数据的真实性，保护公民免受伤害。我国学术机构亦设立了学术委员会，审查研究过程中的伦理规范。总体上，这些伦理体现为以下几个方面：

一是知情同意原则。即研究者有责任向被研究者解释研究内容，包括研究的目的、研究涉及的问题或风险、研究需要花费的时间、资料或数据如何收集、被研究者如何参与研究过程等。研究者要使被研究者充分了解研究的细节，同时要保障被研究者随时退出研究过程的权利。

二是匿名与保密原则。即研究者要保护被研究者的个人隐私，包括姓名、联系方式、家庭住址、工作单位等信息，不对外泄露被研究者在研究过程中的任何言语与行为，在研究过程中，尽量采用数字编号的方式标记被研究者。在学术论文写作中，不能使用被研究者的真实姓名，更不能让读者从文中推断出被研究者的隐私信息。研究全程必须获得被研究者的同意和许可，如果被研究者感到不适，必须保障和尊重被研究者随时退出研究过程的权利。

三是避免伤害原则。即在研究过程中，研究者应当充分尊重被研究对象。一些社会调查类研究者往往选择弱势群体为研究对象，权力关系的不对等容易导致研究者盘剥被研究对象的可能性。同时，研究者需要具有良好的共情能力，在诸如访谈和观察过程中，虽然研究者或许是无意的，但研究者的某些言语或行为可能会引起被研究对象的不适，或者造成心理或精神伤害。

在学术写作方面，学术伦理规范的显著特征在于其征引性。如果引用他人观点而未标明，或将他人观点当作自己的观点，都会被视为剽窃和抄袭。适当的引证能够使自己的论证有理有据。引用分为直接引用和间接引用，凡是在文中采用了他人的观点或证据，无论是直接引用还是间接引用，都需要注释来源和出处。征引者必须采用规范的征引格式，包括注明被征引者的姓名、书名或篇名、出版社、出版年月、页码等信息。

目前，我国社会科学领域已经形成了基本的学术规范，包括文章体例、图表、引文、注释、参考文献、索引、附录等技术性规范。2019年9月，中国科协发布了《科技期刊出版伦理规范》，系统归纳整理了论文写作与投稿、同行评议、编辑与出版者的伦理道德规范。2019年8月，中国科协、中宣部、教育部、科技部四部门联合印发的《关于深化改革 培育世界一流科技期刊的意见》指出："加强和完善期刊三审三校、匿名审稿等内容生产把关机制，建立论文作者及期刊从业人员诚信体系，完善学术不端行为预警查处机制，筑牢学术诚信和出版伦理底线。"①

四、研究生学位论文研究方法的规范性

随着中国普通高等教育进入普及时代，研究生教育规模也在逐年扩大，研究生教育开始进入内涵式发展阶段，教育部以研究生学位论文质量为重要考评依据，加强了对研究生学位论文质量的审查与监督力度。2014年，国务院学位委员会、教育部发布《关于加强学位与研究生教育质量保证和监督体系建设的意见》以及《博士硕士学位论文抽检办法》，要求开展博士、硕士研究生学位论文抽检工作，建立全国研究生教育质量信息平台。抽检办法规定，学位论文抽检每年进行一次，抽检范围为上一年年度授予的博士、硕士学位的论文，博士学位论文抽检比例为10%左右，硕士学位论文的抽检比例为5%左右。

2019年翟天临事件使研究生教育质量成为社会关注的焦点。教育部办公厅发布了《关于进一步规范和加强研究生培养管理的通知》，其中谈到"狠抓学位论文和学位授予管理"，"健全预防和处置学术不端的机制"，"强化学位论文抽检结果使用"等办法，强化送审论文双盲评审及后续论文抽检工作，再次强化了对研究生学位论文的审查和监督工作。

李敏等采用量化的内容分析方法，系统研究了2015教育部组织的学术型硕士学位论文抽检不合格论文的专家评阅意见，总结了抽检不合格的硕士学位论文的缺陷。②2015年教育部组织的硕士学位论文抽检，286篇硕士学位论文不合格，占抽检论

---

①《中国科协 中宣部 教育部 科技部 关于深化改革 培育世界一流科技期刊的意见》，《编辑学报》，2019年第4期。

② 李敏、陈洪捷：《不合格学术型硕士研究生学位论文的典型特征——基于论文抽检专家评阅意见的分析》，《学位与研究生教育》，2017年第6期。

文的1.76%,其中有124篇抽检不合格论文有专家评阅意见,学者根据这124篇不合格论文的专家评阅意见进行了量化的内容分析,总结了不合格的硕士学位论文存在的主要问题,即:作者的科研能力不足,论文规范性欠缺,论文的创新性和价值性不高,文献综述质量较低,作者学术态度和行为不端正,选题意义和严谨性不够。“科研能力不足”是论文不合格的主要原因,占比为38%。其中,“研究方法的科学性不足”是作者科研能力不足的主要表现。研究方法的科学性不足主要体现在:研究方法单一或者不恰当;数据不够真实有效,从而影响结论的有效性和可靠性;样本选取的科学性不足。因此,硕士研究生要撰写一篇合格的学位论文,亟须加强研究方法规范性。

第一章　研究设计

对研究生来说，攻读学位的核心任务就是完成一篇合格的学位论文，开题报告的设计和撰写是完成合格学位论文的基础，开题报告的核心就是课题设计。对有志于成为学者的研究生来说，在以后的事业中也要面对课题申报等任务，这都是课题设计能力的体现。因此，学习和培养课题设计能力是研究生教育的主要任务之一。学术研究的根本任务就在于发现问题、分析问题和解决问题，因此，一份好的研究设计首先在于发现一个值得研究的学术问题。

第一节　研究议题

研究议题，指的是论文写作首先要提出一个研究问题，解决论文要写什么，也就是常说的"问题意识"。提出问题是做学术研究的基本前提，一个好的研究问题是学术论文的灵魂。那么，确定研究议题的第一步，就是寻找问题。

科学的研究问题产生渠道主要有两种：第一，寻找经验事实之间的逻辑关系并进行理论解释，从而具有建构新理论的可能性。第二，寻找已有的理论与经验事实的矛盾，发现既有的理论难以阐释的新经验事实，从而具有发展理论的可能性。

一、议题来源

回溯我国传播学发展历程，1982年，中国社会科学院新闻研究所和首都新闻学会调查组共同发起了针对北京地区的大规模受众调查研究，它被视为中国大众传播研究实践的里程碑。[①]1997年,新闻传播学成为一级学科,标志着学科地位的正式确立。早期我国传播学研究议题主要围绕拉斯韦尔5W范式展开研究,1994—2003年间,传播学研究的主要议题涉及传播理论、传播与社会/文化、传播媒介及批判,以及广告/公关/品牌等内容。[②]大众媒介繁荣的时代,传播学研究集中于效果理论、受众研究和媒介研究等方面。2010年左右,随着互联网技术的普及,传播学研究议题的关键词包括"互联网""社交媒体""新媒体"等,围绕网络技术的新媒体传播成为传播学重点的研究领域,并由此衍生出媒介融合、网络舆论、政治传播、网络大众文化等研究议题。

2018年恰逢传播学进入中国40周年的时间节点,传播学研究出现了崭新的学术转向。一方面是继承和发展传播学已有的学术传统,结合新媒介环境研究社会现实议题,包括隐私安全、数字劳动、虚拟社群与身份认同、媒介记忆等等;另一方面传播学研究呈现出新议题、新视角。基于虚拟现实、人工智能等技术发展浪潮,我国传播学开始关注人工智能时代的身体传播,借由技术对身体的构造之现象,麦克卢汉、德布雷等人的媒介技术哲学理论,学术界开始关注和讨论媒介化时代的身体在场交流与具身实践等问题。[③]

此外,中外传播思想史研究、媒介学思想史研究、媒介考古、数字化记忆与技术怀旧等传播史研究,[④]以及在"万物皆媒"的时代背景下新兴的传播空间实践、电子游戏的玩家研究、情感研究、关系与意义建构的媒介观等研究议题[⑤],均凸显传播学研究的媒介化转向。可以看出,当代传播学议题既关注现实问题,又将问题聚焦于传播媒介与人的关系,体现出传播学从传统的媒介效果理论研究回归到媒介物质化的转向。复旦大学孙玮教授在中外新闻传播理论研究与方法暑期学校授课中谈到的一段讲话(略有修改),可作为近年来传播学学术研究转向的注脚:

> 理论研究要有现实的关照,一方面是要对社会尽知识分子的责任——维护公共利益;另外一方面也是对现实变化的捕捉和阐释,传播理论研究不是在字面概念上玩游戏。年轻的学术研究者要把新的数字化、虚拟化的媒介生产模式纳入自己的研究视野和范围,不要把自己的视野局限在大众媒

---

① 龙耘:《传播学在中国20年》,《现代传播》,2000年第3期。

② 张莹、申凡:《从〈现代传播〉(1994—2003年)管窥我国十年来的传播学研究》,《现代传播》,2004年第5期。

③ 方惠、刘海龙:《2018年中国的传播学研究》,《国际新闻界》,2019年第1期。

④ 于瀛、秦艺丹、方惠,等:《2019年中国的传播学研究》,《国际新闻界》,2020年第1期。

⑤ 刘海龙、吴欣慰:《2018年中国传播学研究新观点》,《湖南师范大学社会科学学报》,2019第3期。

介的抽象符号文本上，那样已经跟不上我们业界的变化了。[1]

任何研究问题都来源于研究者对事物的好奇心，例如对日常生活中存在的现象或人们行为的兴趣等。研究者可以从日常生活或媒体工作经历中发现感兴趣的选题，也可在专业的学术期刊中发现还需研究的问题；研究者个人对某个问题的认识与观点也是兴趣之源，能够激发研究者发现有价值的问题，对某个学术问题展开研究，并加深或修正个人的认识。但也需要注意研究的中立性，防止个人观点和偏见干预影响研究过程。研究者需要将研究兴趣转化为研究问题，观察问题的视角也要从日常生活进入到学术场域，在浩瀚的知识中探索和确定学术研究问题。初学的研究者寻找传播学选题一般有三个角度。

选题来源之一是基于国内外传媒现实环境，对国内外传播热点现象的研究。正如上文所提，近年随着媒介技术的快速发展，传播业态亦呈现日新月异的态势，人工智能、5G智能媒体等新技术正在全面重构人类社会，传播学也产生了诸多的前沿研究领域，诸如媒介技术哲学、媒介社会学、后人类主义等多个研究领域，涉及文化、社会、哲学、政治经济学等多学科领域，传播学的跨学科优势亦有所凸显。以媒介为研究中心，学界开启了传播学研究的新进路，例如健康传播、国际传播、政治传播、社交媒体、网络舆论、数字反哺与代际沟通、媒介记忆等等广阔的研究领域。研究者需要保持学术敏感，阅读传播学领域的最新权威文献，及时发现学界关注的热点议题；但是，研究者也不应盲目追随热点问题，而是需要寻找独特的研究视角，发现有价值的研究问题。

选题来源之二是传播思想史研究。刘海龙对思想史的定义是“人类观念的历史研究……它们关注的都是人类思想的演变发展历程”，并将传播思想史划分为狭义和广义两个层面，前者关注传播研究和传播学科发展中的观念、概念、理论及学说的演变过程，后者关注日常生活中传播观念的历史、起源、传播、影响等。[2]例如，吴予敏回顾了传播学在中国传播的历史，梳理东西方传播思想各自对媒介的认识和理解，探求中华文明本土化的交流实践过程及其建构的观念和心态结构，试图搭建中国传播思想史研究的本土化路径。[3]媒介思想史研究亦属于狭义的传播思想史研究。媒介思

① 孙玮：《感性的抵抗——新媒体城市实践对于大众传播时代的反动》，https://mp.weixin.qq.com/s/quXGmRfaUN8yWnssmS0_Uw。

② 刘海龙：《解放灰色地带：对传播思想史叙事的反思》，《山西大学学报》(哲学社会科学版)，2015年第1期。

③ 吴予敏：《从“零”到一：中国传播思想史书写的回顾和展望》，《国际新闻界》，2018年第1期。

想史聚焦于研究学者提出的媒介理论，例如唐海江、曾君洁对比了麦克卢汉和德布雷的媒介思想，[①]戴宇辰探讨了麦克卢汉的媒介技术思想与海德格尔的技术现象学展开学术对话的可能性，[②]刘婷、张卓从麦克卢汉的媒介思想中发掘身体与媒介技术的关系。[③]传播思想史研究需要研究者掌握较为深厚的理论素养，通过阅读已有的文献成果，批判性地发现前人研究中存在的不足之处，寻找问题的切入点，研究尚待突破的学术领域，从而在前人研究的基础上推进传播学的理论研究。

选题来源之三是从日常生活经验实践中发现问题。第一，研究者可深入传播业界现场，深入调查研究传播业态中的现象、问题或发展趋势。例如研究媒介组织机构运作模式，媒介生产模式，以及媒介传播环境变革等。此外，涉及城市形象、国家形象、媒介形象、广告宣传等议题的品牌传播领域，亦属于近年来的学术热点。第二，研究者可以从身边的传播现象或网络社群中发现问题。例如，黄厚铭从自身经验出发，研究增强现实线上游戏的虚拟/现实相结合的流动性，分析游戏机制和游戏文化如何呈现玩家社群的流动群聚特性。[④]张玉璞深入上海外卖骑手群体，探究外卖骑手的社会资本及移动媒体使用，如何影响他们在流动空间中的城市融入过程。[⑤]此外，包括粉丝群体、字幕组、游戏玩家等在内的青年亚文化及其群体身份认同研究等，都是学界关注的话题。

二、选题标准

国家社科基金的选题要注重学术前沿性和服务现实两条主线。研究生学位论文的选题要注重选题的现实价值和理论价值。

（一）选题要具有重要性

在选择研究问题时，应当思考研究问题是否具有意义和价值。就一个选题进行分析时，需要考察选题的研究背景及研究现状，研究背景的考察需要将选题置于特定的时空背景中。例如研究当下社会现实的选题，需要从空间维度考察某一问题发生

---

① 唐海江、曾君洁：《作为方法论的“媒介”——比较视野中麦克卢汉和德布雷的媒介研究》，《现代传播》，2019年第1期。

② 戴宇辰：《“在媒介之世存有”：麦克卢汉与技术现象学》，《新闻与传播研究》，2018年第10期。

③ 刘婷、张卓：《身体-媒介/技术：麦克卢汉思想被忽视的维度》，《新闻与传播研究》，2018年第5期。

④ 黄厚铭：《扩增实境游戏Pokémon GO的流动性：游戏机制、文化与变迁》，《传播与社会学刊》，2019年总第47期。

⑤ 张玉璞：《流动中的社会关系：上海外卖骑手移动媒体使用与社会资本》，《传播与社会学刊》，2019年总第47期。

的社会环境,若选题属于理论研究或学术史、思想史时,则需要从时间维度考察某一理论或问题的历史环境。在了解研究背景的基础上,研究者需要通过文献回顾来发现和分析相关选题的研究现状、研究不足、以及未来研究的趋势和方向,寻找现有的文献在某一研究议题尚未涉及的问题。通过文献回顾更好地分析和确认选题的研究价值。

研究者在确定选题后,需要在理论和现实层面剖析现有议题的研究意义。从理论层面,研究者应思考该议题的研究能够提出哪些新观点,对原有的理论体系有什么补充、突破等;理论研究对学科发展建设有怎样的帮助,能否受到学术界的普遍认同,并产生一定的影响力。从现实层面,研究者需要思考,选题能够对社会产生怎样的积极效果,提高人们对某些事物的哪些认识?或让人们对某一行业或领域的具体问题有什么启发,或对我国存在的现实问题可提供哪些参考方案等。

(二)选题要具有创新性

所谓创新性指的是能够发现新问题,寻找新视角,产生新观点的选题,不能单纯重复前人的研究实践,应对前人的理论有所创新、发展,应是具有独特性的研究。一般而言有三类选题:

一是老题新作。虽然学术界已经对陈旧的研究选题有很多学术成果,但研究者可以将陈旧的选题置于新的社会环境中考察,提出与以往同类研究相比,更加新颖、有价值的研究问题,运用新的案例、理论视角或研究方法,让老话题有观点,或者运用跨学科的思路与视角来重新审视或者观照某一问题。

二是研究新现象、前沿热点话题。所谓热点话题是引起学术界、全社会乃至全人类普遍关注的热点事件。从传播学角度而言,国家发布的重大政策、新媒体技术的发展等都可以作为热点话题的切入点,例如近年的县级融媒体、人工智能等。这类研究选题容易提出新问题,但也需要研究者有敏锐的学术嗅觉,平时培养关注学界研究前沿话题的习惯,及时发现有意义的研究问题,将新现象和热点现象转化为学术话语,快速产出研究成果。

三是跨学科研究议题。即本学科领域尚未深入探索的议题,跨学科新领域的课题,如传播社会学、媒介技术哲学等,以及国外学术界对某一理论或研究对象已经有所研究,但尚未在我国本土化的学术场域中展开研究的议题。这类话题具有广阔的研究空间和创新空间,容易填补学科研究领域的空白,研究者如能发现新问题,提出新观点,则有可能产出有较高学术价值的研究成果。

无论选择何种选题,社会科学的研究过程属于知识生产过程,传播学发展需要知识的汇聚与积累,因此研究者需要宏大的学科视角或学术野心,也需要研究者以脚踏实地的态度,以扎实的积累,做出点滴的学术成果,这样就能够推动传播学学科的发展,这是由科学研究的知识积累之必然性所决定的。

(三)选题要具有可行性

可行性指的是研究选题能够满足各项条件,使研究计划得以顺利展开。研究者需要考虑在一个选题上花费多少经费和时间精力,是否要做一些实际的调查研究,需要哪些额外的资源或支持?

从主观意愿上看,主要分为研究兴趣、理论水平和研究方法三个方面。

第一,需要对研究选题具有较为浓厚的研究兴趣。如果对某些议题不感兴趣,或是只具有三分钟热度,那么研究者在漫长而乏味的研究中很可能会中途放弃。

第二,需要掌握研究方法与工具。如果研究者不熟悉研究方法,或研究过程的数据或经验材料收集出现偏差,会影响最终的研究结论。特别是做田野调查时,研究者需要具备良好的体力和与人沟通的能力。因此,研究者确定选题时需要考虑与自身性格、技能和身体素质相匹配的研究方法,再依据选题确定合适的研究方法,以保证后续研究过程的顺利进行。

第三,需要具有某一领域或研究方向的知识积累。研究者需要在前期阅读大量文献,了解选题背景,掌握该领域的重要理论。因此,研究者可以在自身积累的知识体系中寻找选题,如果触及陌生的领域,则需要先学习该领域的基础理论。

选题的客观条件是指外部因素对研究过程的影响。第一,资金支持是影响选题研究的外部因素之一。很多学术研究需要有大量的项目资助,以便帮助研究者解决资金难题,尤其是研究者与被研究者互动的选题,需要向被研究者提供有偿的物质报酬,尤其是问卷调查、访谈法、田野调查、实验法等。第二,技术条件。一些量化研究需要用到计算机科学知识或大数据知识,质化研究尤其是田野调查,则需要研究者具有一定的资源、人际关系网络,以获得进入某个群体的社区或社群的许可。研究者还要有一定的语言技能,譬如外语或方言,以便与被访者沟通。另外,针对某些边缘群体的研究可能会因身份隐私等因素而遭到被访者拒绝,不利于研究者展开后续的研究。硕士研究生在选择毕业论文选题时,尤其要避免一些学术界尚存较大争议且尚无定论的话题,以及一些敏感话题和禁区。

(四)选题要具有合适性

所谓合适的选题具有四个特点:聚焦性、具体化、有立场、恰当的理论和方法。

第一,研究内容应当专注,聚焦某一个核心的问题,或是具有逻辑关联性的一组问题。研究者需要设定一个具体的研究对象，确定清晰的研究边界。研究选题明确的标准就在于研究者能够简单清楚地定义研究对象，让所有人能一目了然地理解研究者所要研究的内容是什么。

第二，研究问题应当具体化。研究者需要考量研究问题，并且能够用一句话陈述研究问题。研究问题不能过于宏大宽泛，要有针对性，能够呈现研究的对象、内容、问题等要素。

第三，研究主题需要有立场。研究兴趣来源于日常生活经验，学术研究则要从学科立场出发，根据学术领域研究的需求产生。一个选题应该有学科的边界和视角，才能开展学术研究。尤其传播学作为交叉学科，在选题和研究问题时需要保持传播学的学科主体性和价值取向，从传播学所具有的内涵和外延的知识体系来确定研究选题，在研究过程中体现对学科的基本态度和学科信仰，进而确立和明晰对学科的价值认同。

第四，研究选题需要有恰当的理论和方法。选择合适的理论和方法是学术论文写作的基础和保证，写文章不是理论的简单堆砌，亦不是"为方法而方法"。要针对选题的内容选取适宜的研究方法和工具，分析和解决问题。对从特定的假设出发，研究社会现象中某些变量之间相关性或因果关系的选题，需要运用量化的研究方法，用数据推导出研究的结论；对探索性选题，如需要研究者对社会现象进行长期体验，并与被研究者展开互动来获得经验材料的选题，则需要选择质化的方法，对某一现象进行解释性研究。选择了适宜的研究方法后，还需要将所得的量化数据或经验材料进行整理，并运用专业的理论知识分析、解释研究的发现，从而得出具体的观点和结论。

第二节　课题论证

国家社科基金的项目申报书、博士、硕士学位论文的开题报告的核心内容都是课题论证。研究者在查阅大量文献的基础上，确定了研究选题和研究问题后，就将进入课题论证阶段。课题论证是系统、全面地规划研究方案，运用理论方法和工具将所要研究的抽象概念具体化和可操作化，详尽地说明研究步骤和过程。课题论证必须包含三个要点：一是研究者要阐述研究的主题，提出预期的学术贡献，例如研究成果可能为学术界贡献对某个问题认识的理论框架，甚至对社会问题提供更好的解决方案或治理思路。二是提出研究方法、理论依据、研究步骤、预期研究进度等内容，充分体现规划的严密性，让同行相信这份研究计划具有可行性。三是展现研究思路、视角和分析框架，表明研究者采取何种策略和路径来寻找研究问题的答案。表明研究过程中可能会遇到的挑战和阻碍，提供解决问题的对策，让评阅专家相信研究者具有风险控制能力。

无论是研究生毕业论文开题报告，还是国家社科基金申报书，核心内容有：第一，选题依据；第二，研究内容；第三，研究方法和技术路线；第四，选题的创新性。高质量、高水平的课题设计，要求在课题设计、论证中注意以下问题。

一、确定研究目标

研究选题服务于研究目的，研究问题也取决于何种研究目的。传播学者在对传播现象进行研究时，其研究目的多种多样，总体来说，可以归结为三种目的：探索性研究、描述性研究和阐释性研究。研究目的的差异会使研究者在研究设计、方法选择等方面均有显著差异。

（一）探索性研究

近年来《新闻与传播研究》《国际新闻界》《现代传播》《新闻大学》等新闻传播类的重要学术期刊，探索性研究的学术成果相对较少。所谓的探索性研究，就是对研究对象或者研究问题进行初步的了解，以获得初步的认识和理解，为以后更加周详和深入的研究提供基础性知识、经验和观点的研究类型。

探索性研究的问题或者研究对象由于十分特殊或者新鲜，很少有学者涉及。比如对一些少数群体的研究，性少数群体（LGBT）的媒介使用与社会化等议题。由于这些群体的隐秘性和私密性，目前传播学界对其的研究往往都是属于探索性研究。姚曦与王佳合作的《国际品牌跨文化传播的影响因素模型与提升路径：一项基于扎根理论的探索性研究》（《新闻与传播研究》2014年第3期）也属于探索性研究。[①]首先，尽管有部分学者研究国际品牌的跨文化传播影响因素，但鲜有学者深入到对影响因素模型的建构。其次研究者采用了传播学界比较少运用的扎根理论方法。因此，该成果的研究议题和研究方法，都属于探索性研究。

一般来说，探索性研究经常用于了解前人尚未充分涉足的研究领域，研究者通过了解新现象或新内容，来开拓新的研究领域。探索性研究能够为未来该领域的研究者提供新的见解、资料和研究方法。探索性研究由于前期学术成果较少，缺乏可以模

---

① 姚曦、王佳：《国际品牌跨文化传播的影响因素模型与提升路径：一项基于扎根理论的探索性研究》，《新闻与传播研究》，2014年第3期。

仿和学习的研究范式，以及由于研究对象的难接触性等方面的困难，因此，探索性研究在样本量方面都没有过多和过高的要求，往往采用质化的研究方法。传播学中的探索性研究非常考量研究者对传播学新现象的敏锐感受力和理论把握能力。

（二）描述性研究

描述性研究侧重于回答“怎么样”。描述性研究的主要目的是对研究对象和观察到的现象进行准确全面的描述，从而客观呈现某一社会现象的状况、特征、发展过程等。描述性研究既可以通过定量的数据统计和模型来描述，也可以用质化的经验材料来描述。描述性研究的目的是收集资料、发现情况、提供信息，特别是在纷繁复杂的传播学现象中，准确描述和把握传播特征和规律。描述的准确性、概括性是描述性研究的基本要求，研究结果要能够反映研究对象的总体水平和趋势。因此，描述性研究一般要采用量化的研究方法。

比如《定量内容分析法在中国大陆新闻传播研究中的运用——以2003—2012年CSSCI收录的新闻传播类来源期刊论文为例》[①]就是属于描述性研究。李明采用普查的方式，选取了2003年到2012年新闻传播类CSSCI期刊使用了量化的内容分析法的论文作为研究样本，对国内新闻传播学界的量化内容分析法的运用状况进行了总体性概述。结果表明，2003年到2012年国内新闻传播学界的量化的内容分析法论文数量呈现递增趋势；量化的内容分析法论文的研究对象以报纸为主，网络媒体逐渐增加；量化内容分析论文的问题意识逐渐提高，但理论取向的进展不显著；在抽样方法上，非概率抽样占主导，关键词搜索方式明显上升；文字文本是量化内容分析的常见单位，分析单位有从单一向多元发展的趋势；多数论文没有交互信度检验，交互信度检验方法呈多样化趋势；在数据分析方面，描述性统计占主导，推断性统计有所增长。李明对2003年到2012年国内新闻传播学界量化的内容分析法的运用状况进行了较为全面的描述和呈现，同时也对量化的内容分析法的运用提出了自己的观点，这些观点都是建立在对量化的内容分析法运用现状的分析基础上。李明认为，学界应该加强量化内容分析的推论性研究，其次要遵守量化内容分析法的研究规范等。

如果探索性研究是对研究问题进行一种初步的探测性研究，它研究呈现的只是海底冰山露出海平面的“一角”，那么描述性研究则需要对研究问题进行全面呈现和系统反映，它研究呈现的则应该是整个冰山的“全貌”，至少也是冰山的整体框架和形貌。

① 李明：《定量内容分析法在中国大陆新闻传播研究中的运用——以2003—2012年CSSCI收录的新闻传播类来源期刊论文为例》，《新闻与传播研究》，2013年第9期。

(三)阐释性研究

阐释性研究主要用于解释传播现象,用来解释传播活动发生的原因,阐释传播现象之间的关系。这是一种通过研究丰富多彩的传播现象,探寻现象潜藏的深层原因,揭示传播现象发生与变化的内在规律,回答"为什么"的新闻传播研究类型。

阐释性研究路径一般是从理论假设出发,经过实地收集经验材料,通过对资料的科学分析,检验假设,最后对传播现象进行理论阐释。在分析方法方面,阐释性研究一般要求双变量和多变量的统计分析。《在华旅居者隐性偏见的实验研究及跨文化分析》一文则属于阐释性研究。[①]该研究运用实验法研究在华旅居者对中国人的显性和隐性的双重态度,设计了外显态度(显性偏见)和隐性偏见两个变量,研究者将实验数据结果与采用问卷调查法的结果进行对比分析发现,在华旅居者对中国人的隐性偏见的表现形式,即语言偏见表现在对中国人的态度和评价中,他们对中国人的偏见具有一定的隐秘性和复杂性。

如果阐释性研究是回答传播现象"为什么"的问题,那么描述性研究则是回答传播现象"是什么"的问题,探索性研究则是回答传播现象"可能是什么"的问题。从研究对象的规模来说,探索性研究的对象基本是小样本量;描述性研究则是大样本量;阐释性研究则是属于中样本量。从抽样方法来说,探索性研究一般可以采用非随机抽样;描述性研究则需要采用简单随机抽样,按比例分层抽样;解释性研究则可以不按比例分层抽样。从研究方式来说,探索性研究往往采用质化的观察法、无结构访谈法等;描述性研究则需要采用量化的问卷调查、结构式访谈等;解释性研究可以采用社会调查、实验法等。从研究目的来说,探索性研究是为了形成概念和初步认识;描述性研究则是为了描述总体状况和分布特征;解释性研究则是为了解释变量关系和理论检验。

二、拟定简练准确的标题

在确定研究议题后,就需要拟定能够准确反映研究问题、研究对象的标题。即标题主题准确、特色鲜明。

从字数来说,课题题目一般不超过25字,尽量不使用副标题。从内容来说,题目要准确反映研究对象、内容与方法。或者题目中就要体现课题的关键词,标题要具有新颖性和前沿性。

标题的拟定实际上是研究者选题能力的体现。学术研究的起点在于发现问题,问题来源于研究者对社会现实的观察,观察中能够发现问题源于研究者的知识和理

① 赵欣:《在华旅居者隐性偏见的实验研究及跨文化分析》,《新闻与传播研究》,2014年第2期。

论的积累。具体来说，研究问题的来源渠道主要有：观察社会现象，发现值得研究的社会问题；阅读文献，学术交流，发现值得进一步研究的学术问题；在社会观察和学术文献阅读中，培养问题意识。

三、厘清选题依据

从逻辑理路来看，学位论文的开题报告或者国家社科基金的申报书也是一篇结构完整的议论文，“选题依据”部分就是议论文的“立论”部分。因此，选题依据的写作目标就是让专家接受本选题研究的必要性。

一般来说，课题的选题依据有三类：政策依据、实践依据、理论依据。政策依据，在研究一些现实性比较强的问题，或者涉及政策阐释、执行等问题时，往往需要利用政策依据。比如全国哲学社会科学规划项目设立的“研究阐释党的十九届五中全会精神国家社科基金重大项目”等。实践依据是课题要解决社会现实亟须解决的问题，或者实践活动就是课题研究的基础和依据。理论依据则是围绕解决理论发展或者创新的问题。

选题依据的核心目标就是要使课题“立”起来，“立论”的核心要素聚焦于现实的重要性和理论的创新性。现实的重要性主要从对接国家战略与社会发展需要来阐述；理论的创新性则主要从学界对该议题的研究现状来阐述，这即是文献综述。文献综述的根本目标要阐明该议题还有研究空间，这个空间就来源于学界同行对该议题的研究还存在明显的不足。比如研究深度或者广度、研究视角、研究对象、研究方法等多个维度，都还存在可以拓展的空间。因此，文献综述即是从学理层面将该选题“立”起来。

四、设计研究框架

从逻辑理路来说，学位论文的开题报告或者国家社科基金的申报书的“研究内容”部分，就属于议论文中的“论证”部分，这部分写作的目标就是要完整呈现研究对象、研究框架、研究路径，让专家知道你对选题的论证思路清晰、论证结构严谨，能够有效达到研究目标。

（一）确定研究对象或分析单位

分析单位即研究对象。首先研究者需要界定研究对象的基本概念和范围。研究对象既可以是个人、群体，也可以是组织机构，还可以是非人化的物质、文化产品和社会现象等，甚至是某种学术理论本身。在这一部分，研究者需要考虑研究对象的特点，或是年龄、性别等人口统计学属性，并界定研究对象的范围。例如，“我国女性老年人使用移动短视频的情况调查”一题中，就需要说明老年人的年龄(60岁以上)和性别(例题为女性)。

(二)研究假设的提出

研究假设是研究者为了回答研究问题而预先做出的猜测性陈述，在研究假设中，一般有两个或多个变量。研究问题与研究假设的区别在于，研究问题是对某个现象或本质的探讨，一般用疑问句表述；研究假设是对现象或原因的预测或猜测，用陈述句表述。一个研究问题可以被分解为多个研究假设。研究假设一般都较为清楚地呈现了变量之间的关系，主要包括相关性关系和因果关系。

(三)确定研究方法和研究工具

选择适合本课题的研究方法和技术路线。研究方法和技术路线的确定要根据研究的议题以及研究目标来确定。方法的适当性和技术路线的可靠性，这是研究设计成功的重要基础。

使用正确的研究方法能够指导研究者展开数据资料的收集和分析。研究者要确定研究方法，首先研究者要考虑选用小样本的质化研究，还是选用收集大量样本的量化研究，之后再选择具体的研究方法，例如调查法或是访谈法。研究方法需与研究的主题、内容及研究问题密切相关。此外，还需要说明选择该研究方法的理由、研究对象的选取方法、概念或变量的测量方式、资料的收集和分析方法。

(四)制定研究的实施计划

在正式开展研究之前，研究者需要一份详细的研究计划，指导研究的实施。研究方案的设计既要考虑到整体的研究规划，也要分析各阶段的具体目标。具体有几个方面：

1.样本的选择及研究范围

研究者制定抽样方案时，首先要确定研究的总体，抽取的样本数；其次，要获取样本的来源，确定样本的选择标准，从而使样本具有代表性；最后，要确定研究的范围，即抽样调查、普查或个案研究，如果采用抽样的方法，则要考虑选择概率抽样还是非概率抽样。

2.测量的工具或方案

研究者要确定观察对象的哪些特征需要被测量？测量的依据是什么？怎样保证测量的准确性，以及测量结果的信度和效度？还需要准备哪些研究工具？包括问卷、访谈提纲、实验表格、编码表等，将所要研究的内容操作化（即具有可操作性）。所谓操作化就是把抽象的概念通过观察和测量的方式转化为现实世界里可得到的实证研究结果。操作化需要确定变量的取值范围，确定测量的水平或级别。

3.确定研究的时间、地点等规划

研究者要根据采用的研究方法，制定调查研究方案，如确定实验的场地和时间。例如，对于问卷调查法来说，如果在现场发放问卷，需要确定发放问卷的地点，并制定问卷回收的方案；对于田野调查而言，时间的跨度较长，需要制定总体目标和阶段性研究方案。

4.研究经费和物品准备

最后，研究者还需合理安排研究经费预算，包括调研人员的差旅费、材料打印费、购买资料的费用等。另外还要准备研究所需的物品，包括操作指导手册、资料书籍、测量工具、录音录像设备、实验设备等等。研究者要合理规划物品及经费使用，尤其确保经费的使用公开、透明。

第三节　资料的收集、整理与分析

研究生开题报告通过之后，或者课题项目立项之后，研究者就要围绕研究问题展开资料的收集、整理与分析工作。研究者通过阅读文献，确定研究方法后，就要根据研究方法进行资料与信息的收集。资料的收集与整理是实施研究设计的基础性工作。研究者首先要确定研究对象，利用定量或定性的方法收集原始资料。当然，研究者也可利用在文献查阅中或其他渠道发现的由专业统计部门公开的数据，这类资料叫作二手资料。研究者可以在运用二手资料的基础上分析研究对象，解释研究问题。但在选用二手资料时，需要对二手资料的质量进行评估，并确定二手资料与研究选题之间的适配度。

一、资料收集

（一）资料收集的准备工作

在正式收集资料之前，研究者需要再三确认收集资料的方法是否与自己的研究选题相匹配，并根据研究对象的特点，设计资料收集的方案。定性资料的收集方法主要有深度访谈、小组座谈、观察法、民族志田野调查等；量化资料的收集方法主要包括调查法和实验法，随着网络社会的发展，定量的调查方法还衍生出了利用大数据和计算机技术的数据收集方法。

另一方面，研究者要做好实践操作工具和人员培训的准备工作。实践操作工具方面，准备完善的问卷设计、访谈或观察设计、实验设计方案；做好应急预案或备用方案；合理安排研究进度；检查实验设备器材的可用性，为录音笔、相机等准备备用电池。人员培训方面，研究者需要对实施访谈的访员或进行数据收集的编码员进行培训，使访员或编码员能够按照规范的流程收集数据。在后续的数据收集过程，还要监督信息收集员的操作行为，对数据和资料进行复查验收等。在开展质化研究时，研究者需要做好访谈或观察各项准备工作，包括确定访谈或观察的时间、地点，确定被访者的数量或被观察者的范围，设计访谈或观察提纲，准备访谈或观察工具，保证设备在研究过程中顺利获取资料等。

（二）资料收集过程

在资料收集过程中，研究者要做好数据资料的记录和整理工作。数据资料是学术研究的重要分析材料，研究者要使用恰当的方法，精确地记录数据资料以及获取数据的步骤，标记记录时间、记录人等具体信息。留心观察数据或资料，对于不合常理的数据资料应当加以关注，分析异常产生的原因。异常数据或资料，既有可能是因为研究过程中某个环节出现差错，也有可能意味着新的发现。

定量研究的数据收集，要使用学界公认的成熟模型或统计工具，并评估量表或测量工具的信度和效度。例如，在问卷调查的数据收集过程中，研究者必须将初步设计好的问卷进行小范围的发放，检测问卷的普适性，以及量表的信度和效度，及时发现问卷中存在的问题并进行纠正。再比如，开展实验时，为了保证数据收集过程减少误差，要预先将实验对象分为控制组和对照组。

定性研究很大程度上依赖实地调研，首先面临的是如何“进入”资料收集现场，以及研究者在进入现场后要做怎样的身份角色转换的问题。在民族志田野调查中，研究者常常需要进入当地展开实地调研，在没有熟人关系引荐的情况下，如何获得当地民众的信任，与研究对象建立友善的关系，找到进入研究环境的突破口，是研究者面临的首要考验。这需要研究者拥有较好的沟通技巧和坚持的态度，同时还要注意交往礼仪，例如在研究过程中，尽量不打扰他们的生活，不制造麻烦，善解人意等。在一对一的访谈或一对多的焦点访谈中，研究者在提出问题后，尽量给予受访者足够的谈话空间，引导受访者就某一问题的观点做出详尽的阐述。

在观察法中，研究者需要考虑身份的问题。在实地研究或田野调查时，研究者以参与者的身份，亲身进入实地调研环境，深入接触研究对象，长期观察当地的社会文化环境等，这被称为“参与式观察”。虽然研究者作为参与者，可以获得丰富、系统的研究资料，但是，参与式观察也有可能会影响所收集材料的代表性。一是因为研究者作为参与者，在收集材料时会受到主观判断和价值观的影响；二是研究者“进入”实地环境后，被观察对象在第三者的旁观下，其言行可能会有所掩藏或改变，从而影响资料收集的客观性。对此，研究者可以采用非参与观察方法，即让被观察对象无法察觉研究者的研究活动，以保证被观察对象的活动不受干扰。在非参与式观察中，研究者需要在观察提纲的指导下，明确观察的对象和目的，细致地观察并记录被研究者的个人姿态、神情，日常行为习惯，生活环境的特征等。研究者在访谈或观察期间，要避免自身的价值倾向或偏见干预研究过程，尤其在访谈过程中，研究者不能因为不赞同对方的观点而表露出不满的神情，或打断受访者的发言，以保证研究者所收集材料的中立客观。

（三）资料收集的要求

概括而言，资料收集的要求是贴合主题、数量充分、真实准确、有代表性。所谓贴合主题，是指研究者收集的数据资料要与研究选题密切相关，不必收集与主题无关的数据资料。

数量充分，指的是数据或资料采集的数量要足够。一般情况下，研究者所收集的数据资料数量要大于实际使用到的数据资料数量，以免在数据处理中筛除部分无效的数据后，因数据不足而导致无法顺利展开研究。研究者要检查收集的数据能否满足后续统计分析需求。

真实准确，即数据资料来自第一手调查研究或实验所得，而非研究者自己编造或隐瞒、篡改的数据资料。数据的真实性关乎研究论文结果的科学性，亦是学术研究的底线，一旦数据资料的真实性出现问题，研究者的学术论文将毫无学术价值。因此，研究者在收集数据时，应当实事求是地记录原始数据。

有代表性，即数据资料能够概括研究对象的总体特征，反映研究问题的本质，具有典型性。量化研究方法通过抽样的方式收集数据来获得代表性的数据；质化研究方法则要求研究者深入调研现场，捕获事物的本质特征，用敏锐的学术嗅觉和亲身经验发现来自日常生活中的第一手资料信息。

（四）未预料到的情况

研究者在研究之前制定较为完备的计划，并且做好应急预案。但是，研究现场的情况错综复杂，有可能出现各种意外情况，导致研究过程与预案的理想情况有所出入。这要求研究者具有灵活的现场掌控与应急反应能力。意外情况包括数据收集工具故障、被访者或访员退出研究过程、在研究过程中发现了新情况等。

(五)离开资料收集现场

资料收集结束后,研究者要离开现场。对于量化研究,研究者只要收集到足够的数据即可离开现场。例如,研究者完成了实验并收集了完整的数据,或问卷的回收率达到预期目标。对于质化研究,没有固定的"离场"标准。在访谈法中,研究者在询问中得到的回答与以往访谈材料开始出现重复,或者说没有出现新的观点时,表明基本完成资料收集程序,即符合质化访谈方法的信息饱和原则。此外,在民族志田野调查或观察法中,研究者的离场需要注意外界因素。例如某些情况下,被研究者可能在心理上对研究者产生依赖,如果贸然离去,可能会给研究对象造成心理创伤或负面情绪,研究者离去前,应当安抚研究对象,向其解释说明情况,承担相应的道德义务。

二、资料整理

研究者收集到的数据资料属于原始资料,不能直接用于研究分析。研究者需要将粗糙的原始资料进行筛选、分类和整理,得到更系统化和更直观的数据资料。针对定量研究数据和定性研究资料,整理的方式有所不同。

(一)质化研究资料的整理

质化研究资料主要来自访谈过程中得到的音视频材料,田野调查中的记录、笔记等。整理定性资料的第一步是进行分类,研究者要根据材料的具体内容、特点、属性,确定研究资料的分类标准。例如,访谈资料的整理,可以以受访者对某一问题的不同态度观点为分类标准,将其分为"支持"、"中立"、"反对"三类。研究者要对每一条资料信息进行编码,确保资料与所属的被研究者信息能够对号入座,避免张冠李戴的情况发生。通过分类,研究者可以清晰地呈现同一层次不同类别的群体或现象产生差异的直观表现,反映研究对象的结构性问题,揭示各类别之间的相互关系等。

质化研究资料的第二步是归类和汇编。研究者将定性资料按照合理的逻辑进行归类,例如可以按照资料收集的时间顺序归类,亦可以按照资料的重要程度归类。在归类和汇编中,研究者要用简洁的语言说明资料反映研究对象的客观情况,让资料完整地呈现研究对象的基本结构和属性特征。

(二)量化研究资料的整理

研究者采用量化研究方法收集数据,是为了通过量化的方式把握人们的认知、态度和行为，进而系统、科学地把握社会现象的本质和社会系统的运作机制。定量研究的数据来源主要包括问卷调查、实验法、计算机程序在网络上抓取的数据等。

数据是量化研究资料的核心和主体，因此量化研究资料整理的第一步就是检查数据的有效性和完整性。所谓有效性，是指研究者收集的数据真实正确，能够保证研究者顺利地将数据纳入分析过程中。有效性的检查常见于问卷调查法，研究者需要检查问卷填写者是否存在乱填、代填、误填的情况，如果存在上述情况，问卷就属于不合格的资料，应当作废处理。所谓完整性，一方面指的是收集到的数据是否满足研究者预期的需求，充足的样本量才能保证研究者后续的分析过程得以顺利进行；另一方面指的是研究对象是否做完所有的测试项目并提供完整的数据。例如，在问卷调查中，数据的完整性既反映在问卷的回收率是否符合既定的目标；也表现在答题者是否按照要求回答完毕所有题项。数据的有效性和完整性涉及研究的信度和效度，研究者务必要在这一环节给予重视。

数据的质量达到标准后，研究者要对量化研究资料进行分类。量化资料的分类需要达到互斥性和穷尽性。所谓互斥性是指各分类之间不能相互重叠，穷尽性指分类后的数据能够包含所有的情况，不能有所遗漏，例如性别的分类是男性和女性，这就达到了互斥性和穷尽性两个要素。再比如，对电影类型的分类中，如果分为喜剧片、恐怖片、动作片、爱情片、都市片，这一分类不符合穷尽性的原则，处理的办法是加上“其他”一项；另外，上述分类出现了重叠，都市片既包含爱情片，也包含喜剧片，处理的办法是将其分别改为“都市爱情片”、“都市喜剧片”，以满足互斥性的原则。在进行数据分类操作时，一般设有两位以上的编码员，以便在分类时出现分歧后能够在商讨后达成共识，保证数据分类之后的信度和效度。

三、资料录入与分析

整理后的资料就成为直接录入计算机的数据。录入计算机后，研究员需要将计算机程序内的数据与整理后的数据资料进行核对，检查可能由人工操作而导致的数据录入错误。

资料分析是数据资料处理过程的最后环节，通过分析数据资料，能够把握数据资料的整体特征和呈现的规律，反映研究对象的本质，进而为检验研究假设、解释研究现象、回答研究问题提供思路和证据。因此，数据分析是研究的核心，不仅体现研究的学术价值，也反映研究者的学术水平。

第二章　传播学研究方法体系

社会科学研究方法体系是一个非常庞大的内容，一般来说，研究方法体系包含社会研究方法的方法论、研究方式，以及具体方法和技术路线等。社会科学研究的方法论可以分为哲学方法论和具体学科方法论，常见的具体学科方法论有实证主义方法论和人文主义方法论。社会科学研究方式可以从三个维度来区分，首先从资料获取途径来说，社会科学的研究方式主要有调查研究、实验研究、实地研究和文献研究；从资料分析性质来说，社会科学的研究方式主要有探索性研究、描述性研究和阐释性研究；从研究的时间视角来说，社会科学的研究方式有横向研究（共时研究）和纵向研究（历时研究）。社会科学研究的具体方法和技术路线可以从资料收集和资料分析两个维度来区分。从资料收集的方法和技术来说，社会科学研究的具体方法和技术有问卷法、量表法、访谈法、观察法、文献法等；资料分析的方法和技术主要有统计分析、数理分析、文本分析、比较分析等。

传播学的研究方法基本来自社会学、心理学等社会人文学科，尤其受到社会学的研究方法的影响最大。本书主要介绍传播学经常运用的资料收集和分析方法。

第一节　研究方法的方法论

一、方法论

方法论是指导研究的一般思想方法和哲学基础，不同的方法论会影响研究者对研究问题的选择，影响研究者对研究方法的选择。在传播学研究中，存在着两种基本的方法论倾向，即：实证主义方法论倾向和人文主义方法论倾向（表2-1）。

实证主义方法论产生于社会学学科。"近代科学的出现，若不是人类史上无可相比的最大事情，至少也是几件最重要的事情之一。科学对人类的影响可以分成两个大的方面。一是改变了我们的生活现实，二是影响了我们对世界的认识……近几十年来，则又爆发了人文文化与科学文化的争论，即所谓两种文化之争。"[①]科学主义思想深刻影响了人文社会科学的研究方法。科学主义主张自然科学是唯一可靠的知识，实证主义哲学家孔德就认为社会研究应该向自然科学研究看齐，他用实证的方法（观察、实验、历史与比较的方法）研究社会。

实证主义方法论认为，传播学研究应当秉承自然科学研究传统，通过系统、客观的论证得出研究结论。人文主义方法论则认为，在研究传播现象与人类传播行为时应当充分考虑到人的特殊性，发挥研究者在研究过程中的主观能动性：

表2-1　实证主义与人文主义方法的比较

实证主义	人文主义
自然科学传统：客观、精确、量化	人文科学传统：直观、切实体验、主观理解
科学的：系统、实证、客观、开放	思辨的：直觉、顿悟、洞察、推理
定量的：总体、大样本、结构、统计	定性的：理解、小样本、非结构
实证的：观察、实验、检验	主观的：思辨、想象、比较
实证分析：观察事件的能力作为知识的根基	逻辑推理：从若干命题（前提）直接得出一个命题（结论）的思维过程
试图通过实证分析来验证前提	可能会导致错误的结论，因为前提可能是错误的或是未经证明的

二、研究方法

研究方法是我们在研究过程中用来收集、分析资料的具体手段，既包括量化的技术，如统计相关性分析、计算机应用技术等，也包括质性的观察、访谈以及声音、图像记录等。资料的收集与分析是研究过程中的重要环节，也是确保研究得以顺利开展的基础。研究方法的作用就在于帮助我们明确应该如何收集资料，收集什么样的资料，以及怎样分析与处理资料。譬如，当我们决定使用量化的研究方法时，就应该收集可以用数字表示的量化数据，通过使用统计手段来分析、处理数据；而采用质化的研究方法时，就应该收集诸如文字、图片、个人陈述、传统风俗等难以被量化的资料，进而对这些资料进行阐释和解释。

① 陈嘉映：《哲学·科学·常识》，东方出版社，2007年，第1-4页。

传播学经常运用的实证的研究方法有:质化的访谈法、观察法、文本分析法;量化的内容分析法、社会调查法、实验法等。每一种研究方法都有其特点和适用的研究对象。研究方法的选择要依据研究问题、研究目的以及研究者自身情况等的不同进行综合考量。

从研究问题的角度来看,当我们想要了解某一人群的媒体接触情况,并希望通过该人群推断出其所代表的整个社会群体的情况时,调查法能够提供精确的可比较的量化数据。当我们想要考察哪些变量影响了这群人的媒体接触行为和看法时,实验法能够有效控制各种变量。当我们想要探讨这群人如何做出媒体选择时,可以通过观察和访谈来了解情况。

从研究者的角度来看,其个人能力、研究经验、时间精力、研究经费等都会影响研究方法的选择。当然,传播研究是个相当复杂的过程,因而在许多研究中并不是一种方法贯穿全文,而是多种研究方法并用,甚至是质化方法与量化方法的结合运用。

三、质化与量化的研究取向

从人类诞生的那天起,传播便与我们的生活息息相关。在古希腊和古罗马时代,修辞学、说服和雄辩术是当时学生的必修科目。虽然彼时的相关研究还不成体系,但却可以看作是传播学研究的滥觞。到了20世纪初,传播技术的发展、工业化和教育的普及,直接或间接地推动了传播学的研究。在1900年到1940年之间,传播学研究的关注点主要有五个:传播在社会生活中的角色、传播和教育的关系、传播的社会心理研究、商业化传播以及政治传播。[①]由于这一时期的传播学尚未成为独立的学科,因而此时的研究几乎都是从属于其他学科之下的(主要是社会学)。直到20世纪40年代,传播学研究才渐渐成为一个独立的学科。这期间威尔伯·施拉姆(Wilbur Schramm)功不可没。鉴于当时社会对于大众传播的兴趣和认知需要,施拉姆以研究所为中心(伊利诺伊大学传播研究所、斯坦福大学传播研究所和夏威夷东西方中心传播研究所),将前人的研究集中、整理,逐步完成了传播学的学科化。除了施拉姆,同时期的著名学者还有社会学家保罗·拉扎斯菲尔德(Paul Lazarsfeld)、心理学家库尔特·卢因(Kurt Lewin)和卡尔·霍夫兰(Carl Hovland)以及政治学家哈罗德·拉斯韦尔(Harold Lasswell)。这些先驱或从社会心理学视角研究受众态度的改变,或从社会学角度研究大众传播和社会组织之间的关系,他们的研究都为传播学学科研究方法提供了丰富

---

① Hynek Jeřabek, Paul Lazarsfeld and the origins of communications research (London: Routledge, 2017),pp.24-25.

的实践经验。

目前，国内学者对于量化和质化两种研究取向的说法还存在较大的差异。按照风笑天教授的说法，“定性研究”“质化研究”“质性研究”“质的研究”，是翻译自quantitative research；“定量研究”“量化研究”翻译自qualitative research。[①]1997年以前，大陆/内地学者基本使用“定性研究”和“质的研究”的说法。2000年开始，大陆/内地学者开始使用“质化研究”。2001年大陆/内地学者开始使用质性研究的说法，这主要是大陆/内地学者与台湾和香港地区，与新加坡等国家学术交流日渐频繁之后，受到这些地方英文翻译的影响。[②]

2000年以来，国内出版的传播学研究方法教程使用“定量”和“定性”概念的教材主要有《传播学研究方法》（李红艳主编，中国传媒大学出版社2008年）、《探索传播真谛的路径：传播学研究方法》（刘双、张春隆著，黑龙江人民出版社2002年）、《传播学研究理论与方法》（戴元光著，复旦大学出版社2003年）、《传播学定性研究方法》（第2版）（李琨，北京大学出版社2016年）。使用“量化”和“质化”概念的教材主要有《传播学研究方法》（支庭荣、张蕾主编，暨南大学出版社2008年）、《大众传播学研究方法导论》（第2版）（陈阳，中国人民大学出版社2015年）。因此，传播学界对于研究方法类型的概念使用尚未统一，本教程使用“量化”和“质化”的这种翻译名称。

四、传播学的研究范围

传播学研究的内容发展到今天，一般被分为六个门类：人际传播（Interpersonal Communication）、小群体传播（Small Group Communication）、组织传播（Organizational Communication）、公共传播（Public Communication）、跨文化传播（Intercultural Communication）以及大众传播（Mass Communication）。[③]Günther和Domahidi收集并分析了20世纪40年代以来（截至2017年）发表在*Communication Research*、*Communication Theory*、*Journal of Computer-Mediated Communication*以及*Public Opinion Quarterly*等19个高影响因子传播学期刊上的文章，发现传播学研究最常见的话题如下（表2-2）：[④]

---

① 风笑天：《社会研究方法》，中国人民大学出版社，2018年，第329页。

② 风笑天：《社会研究方法》，中国人民大学出版社，2018年，第307页。

③ 学界对于传播学的分类并没有统一。也有学者认为传播学应该被分为自我传播、人际间传播、小群体传播、组织传播以及大众传播，详情请参考Arthur Asa Berger, Media and communication research methods: An introduction to qualitative and quantitative approaches (Sage Publications, 2018),p.30.

④ Elisabeth Günther and Emese Domahidi, “What communication scholars write about: An analysis of 80 years of research in high-impact journals, ”International Journal of Communication 11 (2017): 21.

表2-2 传播学研究中的常见话题

排序	数量/篇	话题
1	1647	教育
2	1449	营销和公关
3	1106	媒体使用
4	793	媒体中的刻板印象
5	750	健康传播
6	692	新媒体
7	661	调查与访谈研究
8	631	媒体暴力与媒体效果
9	589	宗教
10	551	家庭与发展
11	526	青少年问题研究
12	509	媒体信任和隐私
13	425	语言
14	287	关系
15	223	危机与冲突

由此可见,自诞生之日起,传播学研究的内容就包含了多个交叉学科。从20世纪80年代开始,传播学研究的内容和方法变得更加多元化,多个领域和学科互相交织。传播学研究吸收了包括人类学、社会学、语言学、心理学和哲学等学科的内容。随着互联网、智能手机和社交媒体的发展,媒体内涵、类型,信息的生产与传播都发生很大的变化,全新的信息生产与传播格局都在不断地拓展传播学的内涵和外延。因此,传播学学者最基本的要求之一便是尽量多地学习和吸收多个学科的知识,并且熟练掌握这些学科中的理论框架和相关的研究方法。

理论之所以重要,在于虽然它不一定是放之四海而皆准的真理,但可以在比较宽泛的范围内适用,并且帮助我们系统地揭示社会现象,化繁就简地表明变量间的关系。研究方法之所以重要,在于它可以将理论中抽象的概念转化为可测量、可操作的指标(即操作化)。研究者需要知道在何种情况下选择何种合适的研究方法来解决特定的假设或问题。倘若研究方法选择不当,则可能导致整个研究无效。这是因为研究方法除了提供系统的设计方案来帮助研究者寻找并解读信息以外,还包含了用于严格检测或评估研究结论的程序和假设。

总体来讲,按照研究取向来说,实证主义的研究方法可以分为质化研究取向和量化研究取向，这两种研究方法的差异主要集中于本体论和认识论层面。质化研究基于阐释性范式(Interpretive Paradigm)，资料的特点是可通过文本、文字或符号等来描述社会生活中的事件以及人的行为、态度。量化研究基于实证主义范式(Positivist Paradigm)，其资料的特点是可被测量且具有数字化表征。[①]接下来，本书将介绍这两种研究方法的历史和特点。

第二节　质化研究方法

一、质化研究的起源和发展

质化研究指通过非统计手段和非数字化的资料，对意义、概念、特性、比喻和符号等进行的研究。[②]质化研究的对象不仅涉及人们的行为、感觉、生活经验和情绪等，还包括社会运动、组织功能和文化现象等。质化研究不强调寻找普遍的、可被泛化(Generalization)的准则，而是以微观视角研究当事人的感受和观念，以及当事人所做之事和情境(Context)的意义。

质化研究的起源，最早可以追溯到19世纪末的人类学研究。当时的质化研究尚未专业化，资料大都是由传教士、商人、探险家和殖民地官员等收集的。研究人员利用此方法描述一个团体、部落或种族的互动行为和生活方式，阐述他们的行为方式及其意义。最终借由这些多元和丰富的资料来了解成员的价值观、信念、动机和发展等(Kemmis & McTaggart, 2005; Madden, 2017)。

19世纪末的第二次工业革命将人类带进了电气时代，科技取代了人力，城乡差距进一步加剧，城市中的劳工和中下阶级的问题也更加凸显。因此，1900年到1950年期间，质化研究转向了城市，研究人员以关怀弱势群体为出发点，为其发声，并针对社会不公现象提出改进方案，试图改变社会现状以及对社会进行批判。如杜波依斯所做的对美国黑人的一系列研究；恩格斯在自然情境下对英国工人状况的实地调查研究；以及罗伯特·帕克在城市内做的关于移民的田野调查研究；等等。这一时期的研究者

① Neuman Lawrence, Social research methods, quantitative and qualitative approaches (Boston, New York, san Fransisco: Pearson Education, Inc., 2003), p. 45.

② Earl Babbie, The basics of social research (Cengage learning, 2013), pp.284–285.

着重于从资料中找出被研究者的观点和态度。同时，研究者认为从被研究者身上可以挖掘出客观现实，因此并不重视研究者本身的角色，主客体之间也很少互动。值得一提的是，以社会学家乔治·赫伯特·米德（George Herbert Mead）为代表的"芝加哥学派"被认为是当时质化研究的重要学术群体。早期的质化研究主要依靠研究者个人的思辨能力和主观经验，缺乏统一的研究框架和操作方法。

到了1950—1970年期间，在现代主义思想的影响下，质化研究方法更加规范与严谨。在具体操作方面，引入了半结构型访谈、开放型访谈以及参与式观察等手段。1967年由哥伦比亚大学的格拉塞（Glaser）和史特劳斯（Strauss）开创的"扎根理论（Grounded Theory）"方法，在社会科学和质化研究方面产生了很大的影响。这一时期的质化研究焦点在于采用阐释学、女性主义及现象学等思路研究社会的重大问题。

20世纪70年代，质化研究整体性的研究方式渐渐地被多元的、开放的角度所取代。与此同时，学界也开始意识到质化研究的不足与局限，并对质化研究的概念、理论和方法论等方面有了新的认识。[①]这期间学界对"科学"进行了更为广泛的定义。语义分析、符号学、有色人种研究等纳入了质化研究的范畴。从20世纪90年代起，质化研究更加倾向接受不确定性、非连续性和突变性等后现代主义观念。学者们不但对质化研究方法的含义和操作方法产生了不同的理解，也在研究资料性质、研究策略和研究的意义等方面进行了多样的诠释。[②]这段时间的研究不固守某个特定的叙事内容和结构，被研究群体多元化，并认为研究过程本身就是一种对于社会的批判。

二、质化研究的观念

质化研究的对象是社会现象，质化研究的目的是解释社会现象，如解释社会现象如何建构，或者社会秩序如何维护等。在质化研究方法的形成和发展中，符号互动理论、结构主义、常人方法理论对其产生了重要影响，这三种理论基本奠定了质化研究方法的基本观念。

首先，符号互动理论建构了质化研究方法的基本原则，即研究者必须从被研究对象的角度来看社会现象，从被研究者角度呈现是如何解释社会现象的。符号互动理论源于芝加哥学派的早期学者乔治·赫伯特·米德，1938年布鲁默（Herbert Blumer）正

---

① Robert Bogdan and Sari Knopp Biklen, Qualitative research for education (Boston,MA:Allyn & Bacon,1997), p. 17.

② 周宪、胡中锋：《质的研究方法的理论探讨与反思》，《广东社会科学》，2015年第4期。

式命名，他明确了符号互动理论的三个重要的理论命题：人们根据事物对人所具有的意义而对事物采取行动；事物的意义来源于个人与他人的互动；这些意义是人在与所遇到的事物打交道的解释过程中而得到处理和改变的。因此，符号互动论为质化的经验研究确定了一个基本的出发点，即研究者要去把握被研究者是如何赋予他们的行动、事件、经历以及周围环境以主观意义的，也即是研究者要呈现或者深描被研究者如何建构他们的行动、经历以及环境的意义的。

因此，质化研究的目标或者任务就是要呈现被研究对象如何解释其行动、事件、经历、环境等的意义的，以及呈现被研究对象用来解释其行动、事件、经历的主观理论。按照符号互动理论，在社会生活中，人们对社会生活的理解与解释会影响人们的行动、交流、沟通。日常生活中的个人，如同社会学家、哲学家一样，他们会建构自己生活世界的意义阐释甚至理论体系，他们在日常生活中运用并不断测试与修正理论。质化的研究方法就是运用特定方法收集资料，阐释或者建构被研究对象解释其行为的主观理论。

符号互动理论指导下的质化研究观念也存在显著的局限性。比如，它忽略了互动参与者的主观意义，也忽略了预先存在的文化传统与价值观念、社会心理等对人们行动、事件和经历的意义阐释等。总体来说，符号互动理论指导下的质化研究观念更多关注对社会现象的表层意义的阐释，缺乏对社会现象的深层意义的解释和重构。兴盛于20世纪60年代的结构主义思想则弥补了这一缺陷。

其次，结构主义理论促进了质化研究发现意义形成的深层文化系统。如果说符号互动理论使质化研究更趋向于从共时维度去研究人们如何解释社会现象的意义，以及建构被研究对象阐释社会现象的主观理论；那么结构主义思想则使质化研究更注重从历时维度去研究探寻支配人们阐释社会现象意义的深层社会文化心理结构。就如结构主义人类学家列维·斯特劳斯所说的，结构主义所要研究的中心课题，就是从混乱的现象背后找出秩序来。

按照结构主义思想，人们对社会现象意义的阐释有两个层次：一个是表层意义，另一个是深层意义。表层意义是行动者能够意识到，并且对自己的行动会产生影响。深层意义则是行动者没有意识到，但它也潜在地在影响着人们的行动，也支配着人们对自己行动的意义阐释。结构主义理论给质化的文本分析提供了方法论思想，即研究者主要发掘系统内部诸要素所存在的动态或者静态的关系，要通过表层意识、体验与活动去发掘深层的、无意识的社会文化心理。

最后，常人方法理论建构了质化研究发现人们在日常生活中构造社会现实的规则与方法。1967年，美国社会学家哈罗德·加芬克尔出版了《常人方法学研究》，正式提出了常人方法学理论。作为本体论,常人方法理论关注人们如何通过互动来构造社会现实,该理论认为社会是由互动构成的,而互动是有一定的规则和方法的。作为方法论,常人方法理论关注社会成员在日常生活中构造社会现实的方法和规则。

常人方法理论对质化研究提供的方法论思想则是,研究者不是去关注互动参与者的主观意义及其内容,而是要聚焦互动的组织方法和规则,研究日常生活的程式,研究的核心要点是要关注互动中情境的作用,以及这种情境如何与互动参与者相关。因此,常人方法理论经常设计反常规的生活情境,以观察被研究对象如何应对反常规的言行,从而分析人们在常规生活情境中的社会现实构造的方法和规则。因此,常人方法论的资料收集方法往往运用实验法来获取研究对象在反常规的日常生活情境中的言行,资料分析方法则主要采用对话分析,研究人们互动构造社会现实的方法和规则。

三、质化研究的步骤

质化研究方法有许多种,按照研究对象和资料获取的途径,可以分为质化的田野研究、质化的文本分析。质化的田野研究是研究者要深入研究对象的生活现场,获取第一手的研究资料。质化的田野研究方法经常采用观察法、访谈法等方法获取研究资料。质化的文本分析的研究对象是文字文本、图像文本、影像文本等,质化的文本分析还需要运用一定理论来对文本进行阐释和解读。传播学的质化文本分析经常使用叙事学理论、符号学理论、新闻框架理论、意识形态理论、话语分析理论、女性主义理论等。

质化的文本分析方法无论在资料的分析方面还是在学术论文写作方面都具有高度的灵活性。相形之下,质化的田野研究方法在资料收集和资料分析以及学术论文写作方面都具有相对固定的程序,一般来说,质化的田野研究要遵循以下步骤:

(1)确定研究问题。可以研究对某一特定人群来说具有一定普遍意义的问题,或者研究某个特殊案例所呈现的问题,研究只针对个案进行讨论。也可以探究在某一特定情境下发生的社会现象,及其发展的动态变化。还可以讨论被研究者对某个事情的意义阐释。

(2)选择研究对象和地点。质化研究的目标在于了解人、事件、行为、过程以及意义的总和,因此在选择研究对象时通常采用非概率抽样法,选择愿意合作的被研究者(如有必要,还需要获得被研究者的监护人或所在单位、组织上级等的许可)。在选择地点方面,研究情境不能经过提前设计,要在自然情境中收集所需资料并记录现场的各种现象。

(3)进入研究地点。在进入研究地点之前，研究者需要考虑许多问题，例如要以何种方式进入研究地点(公开或是隐藏自己的研究意图)、怎么向被研究者介绍自己的研究、被研究者对该研究会有什么反应。最为重要的是，在研究过程中研究者要如何与被研究者之间建立和睦的关系，减少其排斥和抗拒的心理，从而获得真实、丰富的资料。在质化研究中，研究者需要进入某个团体或人群的生活场景中，被研究者及其所处在情境常常是复杂且多变的。保持何种关系不仅会对被研究者产生影响，也会影响研究者及其研究设计。因此建立和维持关系亦是质化研究过程中相当重要的一部分。

(4)收集与检查资料。在收集资料时，无论是访谈还是观察，必须要恪守研究伦理，保障被研究对象的隐私，如需要录像或者录音，一定要获得被研究对象的同意。建议收集不同来源的资料，以便在检查资料时可以相互校正，并获得更广泛和深入的了解。同时研究者还应该有意识地摒除自己的主观思想和价值观念，以去除偏见。

(5)提出假设或理论。质化研究并不事先做出假设，而是在收集与理解资料之后，使用归纳法逐渐形成假设或理论。在研究过程中还会一边研究，一边视具体情况对假设或理论进行修正。

(6)分析与阐释。质化研究的资料收集与分析是同时进行的，即收集资料、分析资料和理解资料三者交互进行。换句话说，质化研究各个部分之间不是线性关系，每一部分的工作都不可能一次性完成，而是会受到上一轮循环中其他部分的影响。在这个螺旋循环中，研究过程中的每个部分都在不断地互动。在这一过程中，研究由浅入深，进而延伸到各个环节并达到最终揭示真相或本质的目的。[①]质化研究的螺旋过程如图2-1所示。

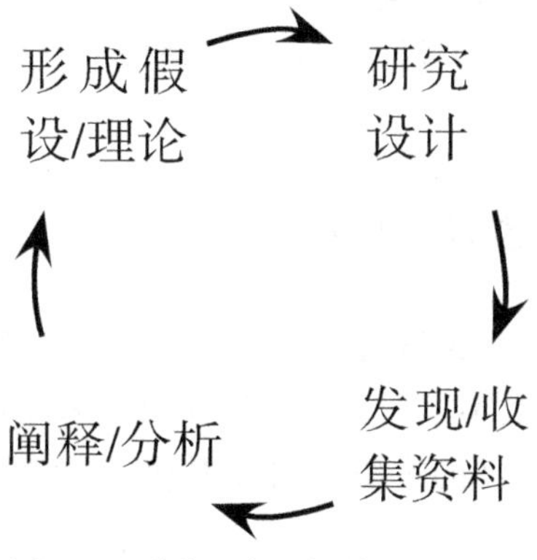

图2-1　质化研究的螺旋过程

① 周宪、胡中锋:《质的研究方法的理论探讨与反思》,《广东社会科学》,2015年第4期。

(7)得出结论。基于资料分析的结果,得出研究的结论,并且随着后续更新的资料,进行补充或修正(图2-2)。

图2-2 质化研究互动过程

由于质化研究强调在特定情境下对特定对象的研究,因此难以复制相同的情境来做重复研究,结论也难以泛化。需要注意的是,为了保证研究质量,研究者可能需要用到"三角(或多角)验证法",即采用多个方式、研究人员和数据源收集资料,用以互相验证数据、资料收集的策略以及理论架构等的效度。三角验证法的应用不但可以提高研究的真实性,也有助于减少研究者的偏见。在合理性方面,质化研究者要注意不可加入过多的个人因素,慎用主观性的词语。研究应该提供足够的证据来证明论点,并将观察到的现象与已有文献进行对比,进而呼应或拒绝前人的研究。在批判性方面则要求质化研究者在研究过程中不断反思并挑战现存的观念,以带给读者全新的思路。[①]另外,质化研究者在与研究对象的互动过程中,难免会有主观性。因此研究者要思考,这种自我意识究竟是一种反省还是一种自恋?如何在研究中同时呈现共同性和独特性?个人故事要如何和社会情境产生联系以及要怎样呈现出两者之间的关系?[②]

四、质化研究的优点及适用场景

质化研究的优势在于它的归纳性取向,它关注的是特殊的,甚至是极端的事件与人物,而且强调文字而非数字。因此通过质化研究可以得出详细并且有深度的结论,可以帮助人们深入探究事件的本质与情境因素,从而看到标准化测试所看不到的现

---

① Denzin Norman., "Triangulation 2.0, "Journal of Mixed Methods Research 6.2 (2012): 80–88.

② Amos Hatch and Richard Wisniewski, "Life history and narrative: Questions, issues, and exemplary works, "Life history and narrative (1995):113–135.

象和意义。质化研究开放性的研究策略可以帮助人们发展出新的理论，有助于挖掘现象的潜在因素。质化研究还可以提供更宽广的视野来审视世界，开拓崭新的研究议题，以及发现预期之外的现象并修正理论。最后，质化研究有助于从多元视角了解事件发展的过程，并能从中发现某些因素之间的因果关系。因此，质化研究方法适用于以下六种情况：

（1）探索性研究。当初次接触某个现象时，由于研究问题较新甚至没有前人研究过，研究者可能难以确定研究的范围和概念。这时，研究者可以采用质化研究方法对该现象进行初步的认识。例如《国际品牌跨文化传播的影响因素模型与提升路径：一项基于扎根理论的探索性研究》一文中，姚曦等探索了国际品牌跨文化传播过程中的影响因素之间的典型关系结构。[①]

探索性研究所得到的结果和结论，都只是有关某种现象或问题的“初步印象”，它难以对所研究的现象或者问题提供比较系统、肯定以及满意的答案。探索性研究的结果，往往只是初步的认识和理解，它是为系统地、深入地研究提供知识和理论的起点。

（2）对于“意义”的阐释。研究者关注事件、情境和被研究者所涉及行动的意义，以及它们对于人生和经验叙述的意义。

（3）了解特定的情境。了解被研究者活动时所处的特定情境，以及这个特定情境对他们的行动产生的影响。

（4）了解过程。相对于结果，质化研究更注重导致产生结果的过程（如当事人的心理路程、事件及行动发生的过程等）。

（5）新理论的建构。使用归纳思路，从文本中得出用来解释事件或现象的概念。在这些概念之间建立逻辑关系，便可以形成新理论建构的基础。

（6）与量化的研究方法注重样本的代表性不同，质化的研究方法更注重样本的典型性，因此，质化研究获取的资料要穷尽研究现象的构成要素，以及要素之间的关系信息。因此，质化研究的样本在“质”不在“量”。质化研究在考虑抽样时，为了尽快达到资料或者信息的饱和，抽样的技巧就在于注重样本的异质性，即抽样框要做到最大变异个案组合。

与量化的研究方法相比，质性研究似乎更接近研究对象，它把研究对象当作一个独立的主体去对待，在尊重研究对象主体性的前提下收集研究资料。近年来，质化的研究方法越来越被传播学者所关注和使用。比如《城市认同叙事的展演空间——以

---

① 姚曦、王佳《国际品牌跨文化传播的影响因素模型与提升路径：一项基于扎根理论的探索性研究》，《新闻与传播研究》，2014年第3期。

苏州博物馆新馆为例》[1]，文章采用叙事学的理论框架，通过搜集与整理苏州博物馆新馆建筑设计的建造、内部交流资料等文献，通过实地观察、访谈和调查获取第一手的资料，从博物馆叙事构成、叙事时间和叙事声音的分析，完整呈现了苏州博物馆新馆如何建构了城市认同的展演空间。

第三节　量化研究方法

一、量化研究的起源和发展

量化研究是指采用实证主义的观点，以量表、问卷、实验仪器等为研究工具，收集研究对象具有数字化表征的数据，在对数据进行处理和分析之后建立起可被泛化的结论。这些结论常被用来描述、解释、预测和控制社会现象。[2]量化研究者认为任何个人、组织或社会现象都可以被定义并操作化。在对研究目标进行数字化呈现后，使用统计学方法来系统性地、客观地探究各种变量之间的关系。[3]

为了厘清量化研究的历史，要先从实证主义的起源讲起。实证主义思想起源于文艺复兴时期，当时许多的欧洲哲学家都认同经验论的观点，认为理论的建立不应该依靠直觉，而应依靠对事物的观察。随着18世纪工业革命和科技的进步，理性的科学方法更加深入人心，通过观察和实验来探究真理，成为当时的主流思想。[4]

19世纪法国哲学家、社会学家孔德(Comte)率先提出了"实证主义(Positivism)"这一概念。在认识论方面，实证主义者认为只有当知识和所收集的事实相关时，人们才能利用这些知识准确地描述客观世界。在方法论方面，实证主义者则主张采用可计算变量的量化方法，以验证假设并获得规律性和普遍性的知识。此外，学者们还认为社会或组织对于其内部的个体成员来讲，是一个拥有绝对支配地位的客观实体。所

---

① 陈霖:《城市认同叙事的展演空间——以苏州博物馆新馆为例》,《新闻与传播研究》,2016年第8期。

② Miller Robert Lee and John Brewer, The A-Z of social research: A dictionary of key social science research concepts(Sage, 2003), p.192.

③ William Outhwaite and Stephen P Turner, The SAGE Handbook of Social Science Methodology (Sage, 2007),p.121.

④ Alan Francis Chalmers, What is this thing called science? - an assessment of the nature and status of science and its methods (University of Queensland Press, 1999), p. 41.

有成员都要服从、服务于这个社会或组织以追求集体利益的最大化，因此每个成员的个人特点、属性和意志是可以被忽略的。[①]

然而在1934年，卡尔·波普尔（Karl Popper）在其出版的《科学发现的逻辑》（The Logic of Scientific Discovery）一书中对实证主义进行了严厉的批判，从而开创了后实证主义的思想。后实证主义认为采用自然科学中的客观方法来研究社会现象是错误的。首先，在研究中任何学者都不可能保证自己完全客观并且价值中立。人们在探究社会现象时必然会或多或少地掺入自己的主观想法，以便在某个特定的文化、历史框架中解决问题。其次，实证主义所提倡的使用归纳法得出的理论，并不具备可证伪性（Falsifiability）。波普尔认为真正的科学理论要存在可被质疑的空间，以及被否定的可能性。也就是说世上不存在永恒不变的真理或解决问题的模式。理论要经得起批判，通过演绎的逻辑推理不断证伪、不断修正，从而使理论逐渐趋向完善。因此波普尔提出理论应该从问题出发，提出具有可证伪性的假设，在经过反复验证后再决定这个理论是否成立。[②]这种由后实证主义发展而来的研究模式得到了学术界的普遍认可，并成为量化方法研究的典范。量化研究是基于统计方法分析数据，并以此确定变量之间的关系及原因。因此自从20世纪70年代起，统计学知识便成了所有量化研究学者的必修课。[③]

实证主义对传播学的影响非常大，在20世纪60年代以前，实证主义几乎占据了传播学研究的整个天空。例如在“二战”期间和战后，卡尔·霍夫兰（Carl Hovland）与一批心理学家通过大量的实验，完成了著名的“耶鲁传播与态度变迁计划”50多项实验研究，并形成了传播学中的“耶鲁学派”。霍夫兰的《美国军人》和《传播与说服》引发了学界对传播与态度劝服效果的关注，他将实验法引入传播学，从而使传播学研究更具实用性和现实意义。除此之外还有赫塔·赫佐格（Herta Herzog）主导的“日间广播连续剧听众调查”。在此研究中，赫佐格采用了调查法研究艾奥瓦州的5325名妇女，揭示日间连续剧的妇女听众的特征，以及这些广播节目为她们提供了怎样的满足。赫佐格的研究为“使用与满足理论”打下了坚实的基础。量化研究大体上可以被分为两类：

① Gioia and Pitre, "Multiparadigm Perspectives on Theory Building," Academy of Management Review 15.4 (1990): 584–602.

② Karl Raimund Popper, Objective Knowledge: An Evolutionary Approach (Clarendon Press), p. 241.

③ Bamberger Peter and Soon Ang, "The Quantitative Discovery: What is it and How to Get it Published, "Academy of Management Discoveries 2.2 (2015): 198–217.

1. 横向研究(Cross-sectional Study)

横向研究是指研究者在某一特定的时间点[1]对现象进行的观察和分析。它的优点在于节省时间和经费、操作便捷、时效性比较强、适合描述性研究。它的缺点则是难以把握现象的进程或变迁。

2. 纵向研究(Longitudinal Study)

纵向研究是指观察并分析某个现象在多个时间点或一段时间内所展现的特性。它的优点在于描述和解释传播现象时更具说服力。它的缺点则是操作起来比较复杂,而且需要大量的人力、财力和时间。纵向研究又可以被细分为三个种类:

(1)趋势研究(Trend Study)。在不同的时间点上,从同一个总体中抽取不同的样本,并使用同样的测量工具进行的研究。这种研究方式适用于探究同一总体在不同时期的状态、态度和观点。例如,在一个含有10000人的总体中,每隔一段时间就随机抽取100个样本进行研究。

(2)定组研究(Panel Study)。在不同的时间点上,对同一批样本,使用同样的测量工具进行的研究。这种研究可以帮助研究者从个体层面了解态度和认知的变化历程。例如,在一个含有10000人的总体中,每隔一段时间研究一次,但是每次研究的都是同样的100个样本(即对同一批人进行的追踪研究)。

(3)世代研究(Cohort Study)。与定组研究类似,但是不需要研究固定的一批样本,而是在不同的时间点上,对在某个特定时期内拥有同样特性或经历(如同年出生或相同学历)的人的研究。例如,在一个含有10000人的总体中,想要每隔10年研究一次80后(1980—1989年出生的人)对于媒体的态度,那么2005年时随机抽取16—25岁的样本,2015年时随机抽取26—35岁的样本,2025年时随机抽取36—45岁的样本。

二、量化研究的步骤

量化研究要求有严谨的逻辑、明确的步骤和方法。研究者作为旁观者,通过客位的(Etic)立场追求真理,[2]在这期间任何情境都不能影响到研究的过程。在具体操作上,则是采用标准化、数字化的统计方法。相对于质化研究,量化研究有相对固定、线性的流程与步骤,依次为确定研究问题并在既有理论的基础上形成假设,研究设计,从总体中抽取样本(一般采用概率抽样法),数据收集与分析,对结果进行诠释并验证

① "时间点"不是指短暂的瞬间,而是一个相对较短的时间,如一天、一周或一个月。

② Morris Michael et al., "Views from inside and outside: Integrating Emic and Etic Insights about Culture and Justice Judgment, "Academy of Management Review 24.4 (1999): 781-796.

之前提出的假设是否成立。如图2-3所示：

图2-3　量化研究的步骤

1. 确定研究问题

研究者首先要寻找自己感兴趣、有价值或者是传播学领域中重要的议题。然后针对议题选择有关的理论（或框架、模型）。理论方面，可以直接引用现有理论（适合本科生阶段），引入新的变量或修改现有理论（适合硕士阶段），或者在阅读、分析和总结大量文献后自己创造理论（适合硕士和博士阶段）。接下来就要选择合适的方法，方法一旦选定后，研究者就必须严格按照该方法的要求进行操作。大致上量化研究方法可以被分为"实验法"和"非实验法"。其中实验法擅长发现特定的因果关系，而非实验法则常被用来处理复杂变量间的共变关系。同时，在准备阶段研究者就要充分考虑好研究的场景和数据收集的方式。这一步完成后就要拟定研究结构、研究问题并对重要概念进行概念化（Conceptualization）和操作化（Operationalization）定义。[①]

2. 研究设计

这一步首先要求研究者考虑总体是谁。例如，如果你想了解人们对于某款App的使用意愿，那么就需要思考研究对象是从全国范围内寻找，还是从某个特定地区寻找；对象的性别、职业或教育背景是否有要求；年龄段从几岁到几岁。总体的选择不但决定了抽样的范围，也决定了研究结果的泛化范围。其次，量化研究分析的是抽象概念，如种族偏见、使用意愿、情感强度等。因此在制作测量工具时，研究者必须要保证测量的信度和效度。研究工具可以在前人研究的基础上修改后使用，但如果研究者无法在已有文献中找到合适的测量工具，那么就需要花费时间制作新的测量工具。最后还需要提出假设，即研究者基于已有理论、前人研究以及个人的知识和经验，做出对研究问题的推测。假设是对变量间关系的陈述，是一个具体的、推理性的解释，必须可以被科学的程序所验证。例如，研究者想了解玩暴力游戏和暴力行为之间的关系，那么他可以提出假设"一个人玩暴力游戏的时间越长，那么表现出的暴力行为就越多"。

3. 抽样

量化研究一般采用概率抽样法。量化研究抽样的目标就是要用样本替代总体，

① Collins Allan et al., "Design Research: Theoretical and Methodological Issues, "The Journal of the Learning Sciences 13.1 (2004): 15-42.

以便于把对样本研究得到的结论推广到总体，因此，样本的代表性是量化研究的生命。因此，在抽样之前要先考虑总体的特性并保证抽样精确、可信以及可被测量。抽样时研究者还需要考虑人力和开销成本、数据的收集时间等实际问题，抽样框应以"易得"、"易用"和"方便灵活"为原则，切不可因求大求全而忽视了研究成本。

4. 数据收集与分析

数据收集的方式有很多，如电话问卷、纸质问卷和邮寄式问卷等。近些年由于互联网的发展，基于调研网站，如"问卷星"（www.wjx.cn）和"问卷网"（www.wenjuan.com）等，网络问卷正在变得越来越流行。网络问卷具有免费、高效、规范性好和易于操作等优点。尤其对于在校学生来说，这种免费的问卷可以通过社交网络轻松地散发出去，还可以将数据直接导出为各种格式（例如SPSS和Excel格式）以方便进一步分析。只要研究设计和问卷设定得当，网络问卷可以较好地保证回收的数据的质量。但是通过互联网发送的问卷在样本的代表性方面存在较大的问题，尤其是依赖于社交媒体发放和回收的问卷，在调查对象的代表性方面具有很大的局限性。

数据分析一般会用到统计学知识，要根据不同的假设和变量来选择合适的统计方法，其结果必须可供研究者回答假设和研究问题。在对数据进行分析后，研究者还需要根据结果来修正研究设计。[①]如果结果与预期相差太大，那么则有可能是之前的步骤出了问题。研究者必须要再次回到第一个步骤，重新审视所选理论（或框架、模型），提出新的假设和研究设计，然后再次收集和分析数据。

需要注意的是，由于量化研究涉及大量数据，所以整个研究可能会由多个成员共同完成。因此为了保证研究的信度和效度，研究者需要严格、简明地定义所使用的概念，保证其能被不同背景的研究人员所了解，同时还应该事先对这些研究人员进行统一的培训，并且一起参与讨论和分析结论。

5. 验证假设

抽样是从总体中抽取一组样本的过程，在抽样时误差是难以避免的。验证假设的目的在于用系统和科学的方式来帮助研究者了解估算值的可靠程度、研究结论可以解决实际问题的效果。另外在验证假设之后还需要阐述研究结果的意义，提出具体建议，总结研究的局限性，并指明后续研究方向。

综上所述，量化研究本身是一个连续的、累积的并且循序渐进的过程。为了解释某个问题或现象，研究者需要化繁就简地建立一个可以解释某个现象的模型。通过重复研究，积累起众多的研究成果，形成一套解释性的知识框架，并最终得出可以为

---

① Cobb et al., "Design Experiments in Educational Research, "Educational Researcher 32.1 (2003): 9–13.

我们所用的实用知识。

三、量化研究的优点及适用场景

量化研究的优点首先是有相对固定的研究步骤。虽然所有研究问题的步骤不是一成不变的，但相对于质化研究，量化研究十分强调“纪律的探究（Disciplined Inquiry）”，即系统性。为了让其他人理解并进行重复研究，在进行量化研究时，研究者必须履行一些被普遍接受的程序：详细汇报样本选取的标准与过程、变量的定义与选择、测量工具的选择与特征、数据的收集过程和研究发现等。[①]

其次，量化研究的客观性优点则可以保证整个研究过程不受到主观的臆断或其他无关变量的影响。如果丧失了客观性，则无法就研究结果进行精确的描述、解释和预测，从而失去了应用的价值。因此，研究人员需要设计出有效的测量工具（包括问卷、量表和实验仪器等），客观地解读所收集的数据，排除无关因素的干扰，并且建立严格的标准化研究流程（以便让其他研究者可以进行重复研究）。

再次，实证性优点即量化研究必须在观察或数据的基础上支持或否定研究者所提出的假设。任何缺少实际证据的概念或假设都算不上科学的发现。量化研究的结果不但要经得起其他研究者重复研究的考验，也要为其他人提供新的观念和思路，从而扩大科学活动的意义与边界。[②]

最后是经济性。与普查不同，量化研究一般通过概率抽样法获得具有代表性的样本，其结果可以推论出总体趋势、规律性结论以及样本所在的总体所拥有的属性。因此，量化研究不但可以节约大量金钱和人力成本，还可以减少整理相关数据的时间和开销，并且可以较容易地对所抽样本进行深入研究。量化研究一般适用于以下四种情况：

1.描述性研究

描述性研究是解释性、相关性和预测性研究的基础。它的重点在于将现象真实客观地呈现出来，如描述某个现象（包括其特色、情境和关系），或通过样本来推断总体的特质。[③]描述性研究虽然看起来只是回答一些简单的问题和假设，但在操作时研究者要注意变量的类型、数值和定义，以便可以精确地回答如“谁”、“何地”、“何时”和“是什么”等问题。

---

① Saye John., “Disciplined Inquiry in Social Studies Classrooms,” in The Wiley Handbook of Social Studies Research (John Wiley & Sons, 2017), pp.336–359.

② 邱皓政：《量化研究与统计分析——SPSS（PASW）数据分析范例解析》，重庆大学出版社，2013。

③ Keith Punch, Introduction to social research: Quantitative and qualitative approaches (Sage, 2013), p.81.

2.解释性研究

描述性研究是为了"知其然",解释性研究则是为了"知其所以然"。它常被用来解释变量间的关系,如探究一个现象为什么(Why)会存在以及以怎么样(How)的方式发展。描述性研究与解释性研究往往是交替持续进行的,经过一步步的积累,最终形成对某个现象完整的解释系统,从而可以用来建立、验证或延伸理论。

3.相关或因果性研究

量化研究的相关理论不只是概念和假设的集合体,它还说明了概念之间是否有关系、是怎么样的关系以及以何种方式产生。因果性研究正是用来确认变量之间的因果关系(Cause-and-Effect Relationship)的。当然,传播学学者并不需要苛求百分之百的因果关系。本着简约原则(Parsimony),传播学研究尽量以少数几个概念(或变量)来解释大部分想要研究的现象。[①]需要注意的是,量化研究有时并不仅仅研究一对一的因果关系。如果出现多对一的因果关系,则需要考虑哪些变量是必要条件,哪些变量是充分条件。而且如果想要证明两个变量之间有因果关系,必须要保证因和果的发生有前后顺序(先有因后有果)、变量间存在相关关系以及排除其他可能影响因变量和自变量的因素。

4.预测或控制性研究

量化研究不但拥有学术上的意义,也具有实践运用的价值,这是因为基于描述、解释和因果关系的研究结果之上,量化研究还可以进一步帮助研究者提供具有预测力的结论。即通过概念架构和理论的逻辑蕴含(Logical Implication),将目前的发现推论到未观察到的部分,预测某个现象会不会发生、何时发生以及发生的程度。而所谓控制,则是指研究者(或实务工作者)可以通过控制一些重要的决定性因素,来使某事或某现象向着预期的方向发展。

---

① Paul Maxim, Quantitative research methods in the social sciences (New York: Oxford University Press,1999),pp. 273-274.

第三章　测量

第一节　测量的要素与类型

在日常生活中人们会经常遇到测量(measurement)。比如我们想知道一个人的身高、体重、血压,想了解一栋楼有多高、跑完百米需要花多少时间等,都要“量一下”。那么,科学研究中的测量是什么意思呢?我们先来看看测量过程的三个要素:数字、研究变量、规则。

一、测量的要素

首先,测量结果要用数字(numeral)表示。数字是一套特定的符号表达系统,用来描述某个概念或对象。比如一个人身高175 cm、体重70 kg,这里的“175 cm”“70 kg”便是对身高、体重概念的数字描述。数字符号有一些独特的优点,如精确、清晰、标准化、易比较、可计量等。因此,使用具体的数字描述一个人的身高、体重,比使用“高矮胖瘦”等主观性的形容词更具有普遍、客观的科学意义。

其次,这些数字要通过指定,从而代表某些对象或变量(variable)。数字本身并无意义,比如“175 cm”,既可能表示一个人的跳高成绩,也可能表示某件衣柜的高度。只有明确了该数字所指的对象或变量之后,我们才能理解它指示着什么、具有怎样的含义。

最后,数字被指定时要遵循特定的方式,即规则(rule)。规则决定了数字如何与所代表的概念或对象产生关联,其依据就是概念或对象的定义(包括概念化定义和操作化定义)。例如身高表示一个人从头顶点至地面的垂距,这便是测量身高时所应遵循的规则,如果一个人量身高的时候低头或者弯腰,那么由于没有遵守测量规则,所以测量结果无法反映真实情况。规则是整个测量过程的核心,指导着测量的实施,也决定着测量结果的准确与否。

综上所述,我们可以给测量下一个定义,就是指研究者"根据一定的规则将数字或符号分派于研究对象的特征(即研究变量)之上,从而使社会现象数量化或类型化"。[①]比如,研究者将某报的读者定义为"平均每星期浏览1期及以上该报(含电子版)的人",如果受访者回答"是"用数字"1"表示,"不是"则用数字"0"表示。在这个例子中,"0"和"1"是数字,某报的读者是指代的对象或变量,而"平均每星期浏览1期及以上该报(含电子版)"以及"是=1""不是=0"是分派规则。

衡量一项测量好与差的标准是什么呢?一般来说,有效的测量规则要达到准确性、完备性、互斥性。

准确性是指所分配的数字或者符号真实、可靠,有效地反映对象在属性和特征上的差异。准确性是看测量的结果与客观真实的符合程度,越是能够与客观对象的真实情况相符合,或越是能够减少测量结果的误差,就越是好的测量,反之则是差的测量。有些比较简单、直观的事物相对而言容易测量,如身高、体重。社会科学领域的很多事物较为复杂、抽象且不易观察,如信源可信度(source credibility)、可说服性(persuasibility),这就需要通过大量的探索、试验来寻找恰当的测量工具。

完备性是指分配规则能够包括研究变量的各种状态或者变异,也即测量工具的系统性,测量工具能够完整地测量研究对象。

互斥性是指每一个观测对象的属性特征都能以一个而且只能以一个数字或者符号来表示,即研究变量的取值是互不相容的。

最后我们还要知道,对于实证主义哲学的信奉者而言,但凡真实存在的客观事物,无论多么复杂、抽象或不易观察,都是可以通过各种方法加以测量的。这便是那句著名的口号:"测量任何存在的事物!"(Measuring anything that exists)[②]传播学研究中的测量是将各个分析单位与它们的特征或属性用数字分配规则联系起来,分配规则的有效性取决于所研究的变量。测量的主要作用在于进行准确的分类或者赋值,以便比较观测对象的差异。有的变量分配规则比较容易制定,比如身高、性别与年龄等,有些变量的分配规则比较难制定,如态度、价值、兴趣等。

---

① 袁方:《社会研究方法教程》,北京大学出版社,1997年,第165页。

② 艾尔·巴比:《社会研究方法(第十版)》,邱泽奇译,华夏出版社2005年,第116页。

二、测量的类型

根据研究意图和研究对象的属性，测量可以划分为四种不同的水平（level），相应得到四种不同的数据（data）测量类型。

（一）定类测量（nominal measures）

定类测量得到的是定类数据，有时也称名义（nominal）数据或分类（categorical）数据。顾名思义，定类测量是用数字将事物或变量按某种特征进行类型划分。比如性别、种族、民族、国籍、党派等变量，都是定类测量。在定类测量中，数字只是类型的标记，而不代表事物的“取值”，如5G、Web3.0、Windows9、iPhone10中的数字，只是区分不同类型的标签，并无特征或者属性的含义。定类测量是测量层次最低的一种，本质上是一种分类体系，也就是将研究对象的属性和特征进行分析，标以不同名称或符号，确定其类别。

在实际研究中，我们经常使用定类测量。例如：苏蘅、陈云云将电视的收视时段划分为七个：早上（上午6—11时）、中午（11—14时）、下午（14—18时）、晚上第一个时段（18—20时）、晚上第二时段（20—22时）、深夜（22时—早上6时）、平常（或周末）不看。[①]柯惠新等将海峡两岸暨香港、澳门报纸对台湾“921”地震的报道类型分为四种：纯净新闻、特写、评论、其他。[②]夏雨禾将消息样本的发布主体区分为名人微博、媒体微博、事件相关方政务微博、当事企业微博和当事人微博等五种类型。[③]

定类测量需要满足以下四个条件：第一，不同类别的地位具有同等性，也就是说每个类别都处于同一层次的概念水平，不存在从属关系。例如：调查某校学生的媒体接触情况，将媒体的类别划分为：报纸、杂志、平面媒体、广播、电视、网络、电影。其中“平面媒体”与其他类别不处于同一层次，它包含了“报纸”“杂志”的类型。第二，类别是要穷尽的（exhaustive），即包含了对象的所有特征，没有遗漏。上例中还可以补充“图书”这种媒体，在实际研究中比较稳妥的做法是设置“其他”这一类别。第三，类别之间要具有互斥性（mutually），也就是说每个对象只能被归入一个类别，不能再被归入另一个类别，例如“网络电影”这种类型要么归入“网络”，要么归入“电影”，不能似是

---

① 苏蘅、陈云云：《全球化下青少年收看本国及外国电视节目之现况及相关影响研究》，《新闻学研究》，2000年第64期。

② 柯惠新，刘来、朱川燕，等：《两岸三地报纸灾难事件报导研究——以台湾921地震报导为例》，《新闻学研究》，2005年第85期。

③ 夏雨禾：《2010年以来的突发事件微博舆论及其变化趋势——基于新浪微博的实证研究》，《新闻与传播研究》，2014年第3期。

而非、模棱两可，这就需要对选项中的各类型做出严格的界定。第四，类别的数量应该至少有2个，否则就没必要将研究对象分为不同类型了。

需要强调的是，具体类别的划分需要依据研究目的和研究对象的属性而定，不存在一成不变的方式。例如，上述对收视时段的划分，可能22—23时在某些情况下成为一个新的收视高峰期，那么再以22时为界划分就不合适了；对地震报道类型的划分，可能某段时间突然出现了大量“读者来信”，那么就有必要将其作为独立的类型单列出来。

总之，类别的划分虽然是研究者建构的，但并不能随意、盲目，要有足够的客观依据支撑，并服务于研究目的。

（二）定序测量（ordinal measures）

如果数据可以按照由低到高或者由高到低的逻辑顺序排列，那么这种测量就是定序测量。比如考试成绩排名、排行榜单、受教育程度、家庭收入水平等，都可以采用定序测量的方法。

霍夫兰等学者在研究恐惧诉求的说服效果时，设计了三种程度的恐惧材料：类型一，包含有“强烈”诉求，强调了因为不注意牙齿卫生引发的蛀牙疼痛、牙龈损坏以及其他不健康后果；类型二，提供了一种“温和”诉求，对口腔卫生不健康的后果进行相对较为轻微的描述；类型三，一种“最低限度”诉求，较少提及忽视牙齿卫生所带来的后果。①从“强烈”诉求，到“温和”诉求，再到“最低限度”诉求，三个变量之间存在恐惧程度由强到弱的逻辑递减的顺序，因此属于定序测量。再如，在调查研究中常用的“受教育程度”题项，一般包括：小学及以下、初中、高中、专科或大学本科、研究生及以上。这也是按照受教育程度由低到高的定序测量。

表3-1为2019年人口数量排名前十位的国家，其中的名次是定序测量：

表3-1　2022年人口数量排名前十位的国家②

名次	国家	人口数量/亿人
1	中国	14.54
2	印度	14.15
3	美国	3.36
4	印度尼西亚	2.81
5	巴西	2.30

① 卡尔·霍夫兰、欧文·贾尼斯、哈罗德·凯利：《传播与劝服：关于态度转变的心理学研究》，张建中、李雪晴、曾苑等译，中国人民大学出版社，2015年，第56页。

② 数据来源：https://countrymeters.info/en。

（续表）

名次	国家	人口数量/亿人
6	巴基斯坦	2.17
7	尼日利亚	2.16
8	孟加拉国	1.69
9	俄罗斯	1.46
10	墨西哥	1.33

定序测量有三个特点：第一，类别逻辑顺序的排列只适用于当前变量，如上表反映的只是人口数量排名，如果是国内生产总值（GDP）变量，则排序会出现变化；第二，序列之间的差别不是均等的，如上表中第一名和第二名、第二名和第三名之间差异巨大，但这并不影响排序的结果；第三，定序测量中的数字仅仅反映等级序列，不代表变量的真实量值。

（三）定距测量（interval measures）

定距测量在定序测量的基础上，相邻值之间的差别是均等的，这一差别称为“区间”（interval）。例如，10，20，30，40，50……每个数值与邻近的左右各差10。需要注意的是，定距测量中不存在真实的零点，这决定了定距测量可以进行加减运算，但不能进行比例（即乘除）运算。

定距测量有两个典型例子，一个是摄氏温度，另一个是智商（IQ）测试。我们知道，摄氏温度中的0摄氏度不代表没有热量（没有热量的温度称为“绝对零度”，相当于零下273.15摄氏度），而只是人们习惯于将一个标准大气压下冰水混合物的温度作为一个参照点，指定为0摄氏度。因此，我们可以说，将水从20摄氏度加热到30摄氏度，与从70摄氏度加热到80摄氏度所需的热量是一样的，但是不能说80摄氏度包含的热量是40摄氏度的两倍。同样，有甲、乙、丙三个人参加了智商测试，得分分别为80分、100分、120分，我们可以说甲和乙之间、乙和丙之间的智商差距是一样的，但不能说丙是甲智商的1.5倍。这是因为智商测试是人们发明的一种测量工具，得0分并不意味着“没有智商”。

（四）定比测量（ratio measures）

定比测量除具有以上三种测量的性质之外，还有一个绝对的零点，也就是这个零点是有实际意义的。比如收入、年龄、出生率、性别比、离婚率、国家人口数量、体重等。尽管实际当中人们的身高、体重不会是0，但0在这里是一个绝对值且有实际意义，就表示“该值不存在”。因此，定比测量除了可以进行加减运算外，还可以进行比例（即乘除）运算。

例如,金苗、熊永新在共时性分析的维度上,选取3月24日和4月10日两个关键日,对25家日报的新闻构架与政府意图的契合度进行横向统计分析。3月24日的相关报道共370篇,大致可分为17个主题。其中,以"关于伊拉克战俘的报道"为主题的积极性、消极性、中性要素报道数量分别为1、0、0篇。[①]

表3-2是四种测量的比较总结:[②]

表3-2 各类别测量比较

测量层次	不同的类型	排列等级	受测类别间的距离	真正的零点
定类	是			
定序	是	是		
定距	是	是	是	
定比	是	是	是	是

可以看到,定类测量位于最低的层级,定比测量位于最高的层级,而高一级测量具备低级测量的所有特征。

三、测量类型之间的转换

在具体测量中,应该选用哪种类型的测量方式呢?这主要取决于研究目的。但是就一般情况而言,在条件允许的情况下,应尽量采用更高级别的测量。这是因为高级别的测量提供了更为详细、准确的结果;从统计角度来说,高级别的测量能够采用更复杂的统计工具;高级别的测量在需要时可以转换为低级别的测量,反之则行不通。

例如表3-3,描述了10位同学在某次测试中的成绩,如果我们一开始就掌握了定比层次的测量结果,那么根据一定的转换规则,可以将其处理为定序测量和定类测量。但如果只知道定序、定类测量的结果,则无法向定比水平转换。

① 金苗、熊永新:《美国25家日报要闻版伊拉克战争报道新闻构架分析》,《新闻与传播研究》,2003年第3期。

② 劳伦斯·纽曼:《社会研究方法:定性和定量的取向(第五版)》,郝大海译,中国人民大学出版社,2007年,第240页。

表3-3　各类别测量之间的转换示例

<table>
<tr><th>学生编号</th><th>定比测量</th><th>转换规则</th><th>定序测量</th><th>定类测量</th></tr>
<tr><td>学生1</td><td>91</td><td>90—100分:A</td><td>A</td><td rowspan="5">及格</td></tr>
<tr><td>学生2</td><td>87</td><td rowspan="2">70—89分:B</td><td rowspan="2">B</td></tr>
<tr><td>学生3</td><td>74</td></tr>
<tr><td>学生4</td><td>66</td><td rowspan="2">60—69分:C</td><td rowspan="2">C</td></tr>
<tr><td>学生5</td><td>64</td></tr>
<tr><td>学生6</td><td>57</td><td rowspan="5">60分以下:D</td><td rowspan="5">D</td><td rowspan="5">不及格</td></tr>
<tr><td>学生7</td><td>42</td></tr>
<tr><td>学生8</td><td>29</td></tr>
<tr><td>学生9</td><td>17</td></tr>
<tr><td>学生10</td><td>36</td></tr>
</table>

A、B、C为及格;D为不及格

第二节　指数和量表

试想这样一幅场景:测试高中二年级学生的“知识水平”,毫无疑问,最好的办法是进行一次“摸底考试”。可是怎么考呢?首先不能只考一门课,而要进行综合考试,如语文、数学、英语、物理、化学等,因为知识水平涉及不同的学科内容。接下来每一科,以英语为例,又包括听、说、读、写不同方面的能力,因此试卷上一般不可能只出现一道题,而是根据不同方面划分出多个题目。最后将所有的题目得分相加,就得出该门课的成绩,再将所有课程成绩相加,就可以反映出高二学生的知识水平了。之所以需要进行各门课的综合考试,且试卷不会只出现一道题目,就是因为“高二学生的知识水平”是一个非常复杂的对象,需要进行多方面的考查。同样,在社会科学研究中,很多有待测试的变量也是很复杂和抽象的,不可能通过单一测量就得出准确的结果,因此,量化的研究往往需要运用复合测量的手段。在学术研究中,常用的复合测量的工具主要是指数(index)和量表(scale)。

一、指数

在社会科学研究中，指数和量表常被混用。从严格概念的角度区分它们并没有太大的实际意义，下文仅仅从日常使用习惯角度对二者进行一定的区分。需要强调的是，这种区分并不是很严格，也并非不可跨越。指数和量表在使用习惯方面存在以下差异：

从测试的变量类型看，量表"最经常地用来表示包括着判断或主观评价的测量"，[①]如信念、态度、意见、感受等；指数更多反映客观存在的实际情况，如社会失业指数、市场活跃度指数、消费者信心指数等。

从数据来源看，由于量表主要用来反映人们的主观判断，所以一般通过填答问卷的形式，直接通过受访对象获取数据；指数除了可以通过受访对象获取数据之外，还可以从其他"客观"资料（如公司年报、年鉴、统计报告等）中收集。

从数据呈现方式看，量表一般由一组问题的回答加总计分而形成；指数一般经过一些较复杂的函数运算，得出一个数值。

从数据类型看，大多数量表属于定序层次的测量；指数通常是定距或定比层次的测量。[②]

指数在经济、社会、政治、文化等领域中大量使用。例如：反映美国资本市场状况的"道·琼斯指数"（全称"道·琼斯工业平均指数"，Dow Jones Industrial Average Index），以30家大型公司在股票市场中的绩效表现为基础，综合计算而成。"消费者物价指数"（Consumer Price Index）是通过统计上百种商品和服务零售价格的平均值，反映一段时间内的物价波动及通货膨胀情况，是国民经济运行状况的重要参考标准。"清廉指数"（又称"贪污感知指数"，Corruption Perceptions Index）由"透明国际"（Transparency International）组织发布，是对各国公共机构贪腐程度的衡量。

在媒介和传播研究领域，格伯纳等学者提出了著名的"暴力指数"（Violence Index）[③]，反映电视节目内容的暴力程度。该指数由三部分数据组成：流行程度（prevalence）、频率（rate）、角色（role）。流行程度是指"包含暴力内容的节目占比"（%P）；频率是指暴力行为在节目中出现的次数，具体又包括每个节目中出现的频率（the rate per program，R/

① 袁方：《社会研究方法教程》，北京大学出版社，1997年，第295页。

② 劳伦斯·纽曼：《社会研究方法：定性和定量的取向（第五版）》，郝大海译，中国人民大学出版社，2007年，第242页。

③ George Gerbner et al., "Cultural Indicators: Violence Profile No. 9," Journal of Communication 28 (1978): 181.

P)和每小时出现的频率(the rate per hour,R/H);角色是指卷入暴力的施暴者和受害者,具体分为施暴者和受害者占全体角色的比例(%V),及杀人者和被杀者占全体角色的比例(%K)。流行程度和比率组成了"节目得分"(program score,PS),PS=(%P)+2(R/P)+2(R/H)。角色反映了"人物得分"(character score,CS),CS=(%V)+(%K)。"暴力指数"由节目得分和人物得分相加,其公式为:

$$VI=(\%P)+2(R/P)+2(R/H)+(\%V)+(\%K)$$

二、量表

量表是一种测量变量的工具,它"由多个项目构成,形成一个复合分数,旨在揭示不易用直接方法测量的理论变量的水平"。[①]量表主要是用于测量研究过程中比较难测量的变量或者抽象概念、意见和态度等。在研究过程中,能够用系统的数字概念将抽象概念或者说人们内心深层的观念和态度具体化,运用数理统计进行处理、分析和比较,这是量表的主要价值。

一个量表则是一种具有结构强度顺序的复合测量,即全部陈述或者项目都是按照一定的结构顺序来安排,以反映所测量的概念或态度的程度。量表是建立在测量变量的强度、硬度或效能等观念上。

我们分别来看看两个量表,一个常用在人际传播领域,另一个常用在大众传播领域。表3-4是麦克克洛斯基(McCroskey)提出的"沟通恐惧自陈量表"(Personal Report of Communication Apprehension,PRCA),它由24个题项组成。[②]

表3-4　沟通恐惧自陈量表

编号	题项	计分				
1	我不喜欢参与小组讨论。	1	2	3	4	5
2	在参与小组讨论时我通常觉得比较轻松。	1	2	3	4	5
3	在参与小组讨论时我觉得很紧张。	1	2	3	4	5
4	我喜欢参与小组讨论。	1	2	3	4	5
5	与新人参与小组讨论让我觉得很紧张。	1	2	3	4	5
6	参与小组讨论时我很镇定和放松。	1	2	3	4	5

① 罗伯特·F.德维利斯:《量表编制:理论与应用》(第2版),魏勇刚、席仲恩、龙长权译,重庆大学出版社,2010年,第8–9页。

② 丽贝卡·B.鲁宾、菲利普·帕尔姆格林、霍华德·E.西弗尔:《传播研究量表手册I》,邓建国译,复旦大学出版社,2017年,第346–347页。

（续表）

编号	题项	计分				
7	在我不得不参加会议时我很紧张。	1	2	3	4	5
8	在参加会议时我通常很镇定和放松。	1	2	3	4	5
9	在会议上我被点名要发言时通常很镇定和放松。	1	2	3	4	5
10	在会议上我很怕发表自己的观点。	1	2	3	4	5
11	在会议上与人交流常常令我不舒服。	1	2	3	4	5
12	在会议上回答问题时让我很放松。	1	2	3	4	5
13	在与新认识的人谈话时我很紧张。	1	2	3	4	5
14	在谈话中我不害怕讲话。	1	2	3	4	5
15	在谈话中我通常觉得很紧张。	1	2	3	4	5
16	在谈话中我通常觉得很镇定和放松。	1	2	3	4	5
17	在与新认识的人谈话时我很镇定和放松。	1	2	3	4	5
18	在谈话中我很害怕说话。	1	2	3	4	5
19	我不害怕做演讲。	1	2	3	4	5
20	我在做演讲时，身体的某些部分会感觉非常紧张和僵硬。	1	2	3	4	5
21	我在做演讲时感到放松。	1	2	3	4	5
22	我在做演讲时，思维变得混乱和含混不清。	1	2	3	4	5
23	我希望能充满自信地演讲。	1	2	3	4	5
24	在做演讲时，我会紧张起来并容易忘记自己实际知道的演讲内容。	1	2	3	4	5

（注：1分：非常同意；2分：同意；3分：不确定；4分：不同意；5分：非常不同意。略有修改）

喻国民靳一编制了测量大众媒介公信力的“简明量表”，共包含13个题项（表3-5）[1]：

表3-5　大众媒介公信力简明量表

编号	题项	计分										
1	对有争议的新闻事件，平衡报道争议各方的情况，不偏袒任何一方。	0	1	2	3	4	5	6	7	8	9	10
2	客观呈现新闻事件原貌，不加入报道者的偏见。	0	1	2	3	4	5	6	7	8	9	10
3	新闻报道准确无误。	0	1	2	3	4	5	6	7	8	9	10
4	真实报道，新闻报道不含虚假、猜测和虚构的成分。	0	1	2	3	4	5	6	7	8	9	10

① 靳一：《大众媒介公信力测评研究》，人民出版社，2006年，第184-185页。

（续表）

编号	题项	计分										
5	新闻报道迅速及时，有时效性。	0	1	2	3	4	5	6	7	8	9	10
6	对新闻事件完整报道，不回避新闻事件中的任何重要事实。	0	1	2	3	4	5	6	7	8	9	10
7	站在社会大众的立场上，关注最广大民众的利益。	0	1	2	3	4	5	6	7	8	9	10
8	关心处于困境的弱势群体，比如农民、下岗职工、残疾人等。	0	1	2	3	4	5	6	7	8	9	10
9	敢于针砭时弊，批评性新闻比例高、批评力度大。	0	1	2	3	4	5	6	7	8	9	10
10	媒体以平等的姿态面对读者观众，而不是高高在上、傲慢自大。	0	1	2	3	4	5	6	7	8	9	10
11	广告比例适当。	0	1	2	3	4	5	6	7	8	9	10
12	不发布虚假广告。	0	1	2	3	4	5	6	7	8	9	10
13	新闻格调高尚，不随意炒作粗俗不雅的新闻。	0	1	2	3	4	5	6	7	8	9	10

（注：0分表示“在这个方面做得非常差”，10分表示“做得非常好”，6分及格。其他分数从低到高表示从差到高的程度）

通过上述两个量表的实例，我们可以看出量表的一些特点：首先，量表是一种复合测量形式，往往包括多个题项，能够实现单一测量无法实现的精确程度。其次，量表借助了从一个极点到另一个极点的连续体（continuum）观念，而数字表示了连续体的不同刻度。最后，量表往往包括一些“维度”，其依据一般是变量的概念化定义。

例如“沟通恐惧自陈量表”，1—6题测量的是群体沟通情境，7—12题测量的是会议情境，13—18题测量的是两人谈话情境，19—24题测量的是演讲情境。“大众媒介公信力简明量表”，1-6题测量的是“新闻专业素质”，7-10题测量的是“媒介社会关怀”，11-13题测量的是“媒介操守”。

量表设计好之后，正式调查之前还需要对量表的分辨率进行测验。在所要测量的总体中，选择一部分调研对象（一般不能少于20人）进行预测试，测试之后删除分辨率不高的题项，然后形成正式的量表。比如表3-6所示，该量表合计有12个题项，选择20位受访对象进行预调查，选择总分排名前25%和排名最后25%的被调查者，进行每个题项分辨力计算。现在以第一个题项为例，第一题的分辨力=总分高的25%平均分－总分低的25%的平均分。计算好每一个题项的分辨系数后，按照绝对值的大小，删掉绝对值最小的两道题项，最后就形成了正式量表。

表3-6　分辨力计算

被调查者		题目												
		1	2	3	4	5	6	7	8	9	10	11	12	个人总分
总分高的25%人	被调查者1	5	5	5	5	5	5	5	5	5	2	4	5	56
	被调查者2	4	4	5	5	5	4	4	4	5	5	3	3	51
	被调查者3	3	3	4	5	5	5	4	4	4	3	4	4	48
	被调查者4	4	4	4	4	5	5	3	4	3	4	4	4	48
	被调查者5	3	3	4	4	4	5	5	4	4	4	4	4	48
	被调查者6-15	4	2	4	5	3	1	5	5	5	3	5	5	47
		…	…	…	…	…	…	…	…	…	…	…	…	…
		1	1	3	5	5	3	3	1	2	1	1	1	27
总分低的25%人	被调查者16	3	2	3	3	3	2	1	1	1	4	1	1	25
	被调查者17	1	1	2	2	4	3	2	1	2	3	1	2	24
	被调查者18	1	1	2	3	4	3	2	1	2	2	1	2	24
	被调查者19	1	1	3	3	5	3	1	1	1	3	1	1	24
	被调查者20	1	1	2	4	4	3	1	1	1	1	1	1	21
总分高的25%人的平均分		19/5=3.8	3.8	4.4	4.6	4.8	4.8	4.2	4.2	4.2	3.6	3.8	4	
总分低的25%人的平均分		7/5=1.4	1.2	2.4	3	4	2.8	1.4	1	1.4	2.6	1	1.4	
分辨力系数		2.4	2.6	2	1.6	0.8	2.0	2.8	3.2	2.8	1	2.8	2.6	2.2

第5、10题的分辨力低，应该删除

三、量表的类型

在实践当中，量表的类型多种多样，具体到传播研究领域，常用的有李克特量表、语义差别量表、鲍格达斯社会距离量表。

李克特量表（Likert Scale）于20世纪30年代由美国社会心理学家李克特（Rensis Likert）发明出来。李克特量表由一组陈述组成，受访者根据陈述内容从“非常同意”“同意”“不一定”“不同意”“非常不同意”中选择一个作答，这些选项常常被赋予相应的数值，如5、4、3、2、1，然后将所有题项的得分相加，就得出了该受访者在某一变量上的得分，因此李克特量表又被称为“总加量表”。李克特量表的分值可以根据需要设定，常见的是五度量表和七度量表。上文的“沟通恐惧自陈量表”和“大众媒介公信力简明量表”都属于李克特量表。

需要注意的是，在测量时，为了防止受访者不认真审题造成无效回答，因而在题项的设置上会包含几个反向陈述，因此如果题项与变量的方向一致则记为“+”号，如果题项与变量的方向相反则记为“－”号。在“沟通恐惧自陈量表”中，题项1、3、5、7、10、11、13、15、18、20、22、24都是逆向陈述，因此应该用“－”号。

语义差别量表（Semantic Differential Scale）于20世纪50年代由美国心理学家奥斯古德等发明出来。语义差别量表的特点是，要求受访者根据某一陈述，在两个极端的词语之间进行选择，相应的选择被赋予不同的分数，最后将所有分数加总，即是受访者对这一变量的得分。例如，学生动机量表（Student Motivation Scale，SMS）包含16对意思相反的形容词，每对词组分为7个测量等级（表3-7）：[①]

表3-7　学生动机量表

有动力	1	2	3	4	5	6	7	无动力
感兴趣	1	2	3	4	5	6	7	不感兴趣
参与	1	2	3	4	5	6	7	不参与
没有激发	1	2	3	4	5	6	7	激发
不想学习	1	2	3	4	5	6	7	想学习
受到激励	1	2	3	4	5	6	7	没有激励
无挑战	1	2	3	4	5	6	7	有挑战
无精打采	1	2	3	4	5	6	7	生机勃勃
没有热情	1	2	3	4	5	6	7	有热情
兴奋	1	2	3	4	5	6	7	平淡
奋发向上	1	2	3	4	5	6	7	意志消沉
不入迷	1	2	3	4	5	6	7	入迷
很乏味	1	2	3	4	5	6	7	充满期待
重要	1	2	3	4	5	6	7	不重要
有用	1	2	3	4	5	6	7	没用
有帮助	1	2	3	4	5	6	7	有害处

鲍格达斯社会距离量表（Bogardus Social Distance Scale）是由美国社会心理学家鲍格达斯在1925年提出的。该量表主要运用于测量人们之间的社会交往程度、社会关

① 丽贝卡·B.鲁宾、菲利普·帕尔姆格林、霍华德·E.西弗尔：《传播研究量表手册I》，邓建国译，复旦大学出版社，2017年，第407页。

系程度，或者对某一个群体的社会交往所保持的距离。这种量表是由内容上具有趋强的逻辑结构的系列陈述所构成，一般是由远及近的社会交往距离的陈述组成。比如，如果要调查人们对××人的社会交往距离，可以按照表3-8进行调查：

表3-8　鲍格达斯社会距离量表

题项	愿意	不愿意
1.你愿意让××人生活在你的国家吗?		
2.你愿意让××人生活在你的城市吗?		
3.你愿意让××人生活在你所在的社区吗?		
4.你愿意让××人做你的邻居吗?		
5.你愿意与××人交朋友吗?		
6.你愿意让你的子女与××人结婚吗?		

鲍格达斯社会距离量表的每一个指标都是建立在前一个指标基础之上，它极大地浓缩了数据。比如，如果你同意让你的子女与××人结婚，那么前面5个题项都是同意的。

此外，在社会科学研究中，还会用到其他类型的量表，如瑟思东量表(Thurstone Scale)、哥特曼量表(Guttman Scale)，各有自己的特点和长处，但是在媒介和传播研究中较少用到，所以在此省略。

第三节　信度和效度

任何测量工具都有一个评价标准问题，即这个测量工具的实测效果怎样？测量的结果"准不准"？与真实值之间有多少差距？例如，我们可以用尺子测量一张桌子的高度，也可以凭肉眼目测这张桌子的高度，那么这两种测量工具(尺子和肉眼)哪种更好？为什么？对这个问题的回答，就涉及本节所讲的测量的信度和效度。

一、信度

信度(reliability)，是指可靠性或一致性，意味着在完全一样或类似的条件下，相同的结果得以重复或再现。反过来，如果测量工具缺乏信度，那么测量过程和结果就会产生反复无常、不稳定或不一致的结果。[①]例如，尺子是比肉眼更具有信度的工具，因

① 劳伦斯·纽曼：《社会研究方法：定性和定量的取向(第五版)》，郝大海译，中国人民大学出版社，2007年，第228页。

为尺子的测量结果非常稳定,而肉眼则可能随着个人和环境等内外状况的变化而使测量结果彼此悬殊。

进一步分解,信度由三个不同的要素构成:稳定性、内在一致性、对等性。

稳定性(stability)是指测量结果在不同时间、面向不同对象的一致性。例如前文的"沟通恐惧自陈量表",对甲分别在第一个月和第二个月进行两次测试,或者分别对男性群体和女性群体、中国人和美国人、富人和穷人等进行测试,如果测试结果接近,则该量表的稳定性较佳。

内在一致性(internal consistency)是指复合测量工具内部各个部分之间含义的一致性,特别是在量表中,内在一致性指各个题项是否具有共同含义、测试的是否同一个对象。例如进行英语测试,试卷共包含20道题目,如果这20道题目都测试英语能力的话,则该试卷具有内部一致性,如果出现了数学题目,则这些题目测试的不是同一个概念,因而内在一致性较差。

对等性(equivalency)是指,用两种测量工具来同时测量一个概念,如果两种工具的结果彼此对等,则信度高。这类似于考试当中准备两套试卷(A卷和B卷),如果两套试卷的测试结果类似,那说明都具有较高的信度;如果测试结果差异很大,那说明至少有一套试卷的信度较低。

那么,具体有哪些方法可以检验某个测量工具的信度呢?常用的有这样几种:前测-后测法(test-retest method),是指在不同时间对同一个测量对象所得结果的相关程度。两次测试的时间间隔要有充分保证,以防测试结果相互干扰。如果两次结果完全相同,则信度系数为1.0,如果完全不同,则信度系数为0,信度系数越高,说明该测量工具的信度越高。折半法(split-half technique),是指将量表中的题项随机一分为二,如果两部分的测试结果相关性高,则说明量表的信度较好,这体现了量表各题项具有内部一致性。编码员间信度(intercoder reliability),是为了防止测量工具因使用者的主观理解差异导致信度下降的一种方法。编码员之间产生理解差异可能源于三个方面:(1)分类定义不明确;(2)编码者自己无法达成共同的参考体系;(3)疏忽。[①] 例如,对新闻报道倾向性的分析,可能有研究者将某则新闻归入负面报道,另外一名研究者则将其归入中性报道,如果这种情况较为普遍,则说明测量工具的定义存在一定模糊之处,导致客观性不足,影响最终测量的信度。

在社会科学研究中,常用的检验信度的统计方法是科隆巴赫检验,其检验结果叫作科隆巴赫系数(Cronbach's alpha)。科隆巴赫检验的原理是运用方差分析,检验各题

① 吉多·H.斯坦普尔:《内容分析》,见《大众传播学:影响研究范式》,奥格尔斯等著,关世杰等译,中国社会科学出版社,2000年,第473页。

项的相关程度。一般认为,科隆巴赫系数大于0.7,说明测量工具的信度是可以接受的。

二、效度

效度(validity)意味着真实性,即测量结果真实反映客观事物的程度。它也指一个有关现实的概念与真的现实之间的"合适"程度。[①]效度越高,表示测量结果越接近客观真实值。效度是整个测量过程的关键,因为我们进行测量的目的就在于把握真实情况,如果测量缺乏效度,则意味着测量是无意义的。例如,医生想了解病人的血压情况,以决定用药的剂量。如果用来测量血压的工具没有效度,无法真实反映病人的血压值,则可能造成的后果是极其严重的,这便是效度的重要性。以下几种方式经常被用来检验测量工具的效度:

首先是表面效度(face validity),就是根据人类常识或学术共同体的共识来判断某一测量工具的效度。表面效度应注意两个方面,一是警惕"张冠李戴",即用不相关的工具来测量某一对象,例如用数学题来测试英语能力,显然缺乏效度;二是"测试不足",即测量工具对结果的反映不充分,例如用中学程度的数学题来测试大学生的数学能力。

其次是内容效度(content validity),侧重测量工具的完备性,看它是否将变量的所有方面都涵盖了。对于比较复杂的概念而言,其概念化往往包含多个维度,那么测量工具应该相应地将这些维度都体现出来,以偏概全无疑是缺乏效度的。例如前文的"大众媒介公信力简明量表",将大众媒介公信力概念的基本维度分为"新闻专业素质""媒介社会关怀""媒介操守",基本囊括了学术共同体对媒介公信力的概念理解,因而具备内容效度(当然,随着人们对媒介公信力理解的深化,可能测量对象包含了新的含义,这时候需要适当完善测量工具,使其内容效度不断提升)。

再次是效标效度(criterion validity,又称准则效度),是指已经存在一个公认的、能够比较准确地测量某个变量的标准,将测量工具与此标准相比较,如果二者符合,则说明该测量工具的效度较高。效标效度可以进一步分为两类:并发效度(concurrent validity,也称为共变效度)和预测效度(predictive validity)。前者是将测量工具与既存的、已经被证明具有效度的测量工具相对照,如果二者相关性强,则说明新的测量工具也具有效度。例如前文的"大众媒介公信力简明量表",经过验证后,该"简明量表"

---

① 劳伦斯·纽曼:《社会研究方法:定性和定量的取向(第五版)》,郝大海译,中国人民大学出版社,2007年,第228页。

和“完整量表”具有高度相关,所以可以替代后者,以节省调查成本。后者是指测量工具对未来发生事件和行为的预测能力。比如,“配偶婚姻满意度量表”测量出的分数较高,但未来配偶分居、离婚情况十分普遍,则说明该量表的效度较低。

最后是建构效度(construct validity),它通过与研究假设相比较来检验测量工具的效度。例如,我们假定媒介公信力与媒介美誉度具有正相关关系、与媒介失范表现具有负相关关系,如果测量结果表明,公信力得分高的媒介,美誉度得分也高,而媒介失范表现较少,那么就可以说明媒介公信力的测量具有建构效度。

三、信度和效度的关系

信度和效度是测量工具的两个重要标准,良好的测量工具应同时具备信度和效度。

但是,信度和效度之间的关系并不是对称的,信度是效度的前提,没有信度的测量工具一般也缺乏效度,这是因为测量工具缺乏稳定性、一致性,测量对象在一定时间内总是具有一个稳定、客观的值,所以没有信度也就无法有效地得到测量结果。但是,即使满足了信度条件,也未必具有效度(即信度是效度的必要条件,而非充分条件)。

例如一台偏差2千克的体重秤,即使测量的结果非常稳定(固定偏差2千克),具有信度,但也未能反映事物的真实状态,所以不具有效度。当测量工具效度低时,信度可能高(测量结果稳定)也可能低(测量结果多变),但无论怎样该测量工具都是不适当的。如果测量工具的效度高,即能真实捕捉事物的真实状况,则它的信度也一定会比较高。

因此,信度和效度是相互联系和相互制约的关系。缺乏信度的测量肯定是无效度的测量;具有很高信度的测量并不意味着是高效度的测量。

第四章　抽样

第一节　总体和抽样

一、总体

我们知道，社会科学研究致力于描述或揭示研究对象的某种性质、特征和规律，而研究论及和指涉的全部对象就构成了总体(population)。总体是一个集合概念，通过进一步分解可以发现，总体是由所有符合研究目的的单位(units)或元素(elements)组成的。例如，某家民调机构想调查“某次总统大选中选民的投票意向”，就这一研究问题而言，全体选民构成了此项研究的总体，每位选民个体是该总体中的单位或元素。

总体取决于研究者下的定义。有些总体的定义相对而言比较“客观”(共识度高)，比如选民，其资格由国家法律(如宪法、选举法等)来确定。另一些总体的定义相对而言比较“主观”(共识度低)，一般由研究者根据研究目的来确定，这往往涉及概念化定义和操作化定义的过程。例如，“媒介受众”可以定义为“距离调查最近的一周里接触过一天及一天以上电视、报纸、网络新闻、新闻类杂志、广播的居民……具体地说，一周里接触过一天或者一天以上电视的居民就定义为电视观众，以此类推，接触过报纸、网络新闻、广播、新闻杂志的居民分别定义为报纸读者、网民、听众、杂志读者”。[①]

① 喻国明等：《中国大众媒介的传播效果与公信力研究——基础理论、评测方法与实证分析》，经济科学出版社，2009年，第308页。

总体总是有一定的范围，该范围根据研究的主观目的和客观条件可以很大也可以很小。例如“全国选民”这个范围就很大，“某村选民”这个范围就相对较小。当然，总体的范围越大，研究结论的外部效度（external validity）在理论上也越大。

二、普查

明确了总体之后，接下来要针对总体所包含的单位或元素进行调查，收集数据和资料。这时我们会遇到不同的方法。一种是对总体当中的所有单位或元素无遗漏地一一调查，这被称为普查（census）。例如我国每10年进行一次（尾数逢0的年份为普查年度）的全国人口普查工作就是典型的普查，其调查对象包括中华人民共和国境内的自然人以及在中华人民共和国境外但未定居的中国公民。[①]

普查的好处一目了然：调查普遍、覆盖全面、结论可靠，因此如果总体的范围不大，那么可以运用普查法。但如果总体的范围较大，普查的缺点就很明显了：花费的人力和物力成本巨大、时间旷日持久，并且有时受条件所限，即使费用和时间允许，也不可能对总体中的所有单位或元素进行调查。学者李明在探析定量内容分析法在中国新闻传播研究中的运用时曾采用普查法作为主要研究方法，翻阅了2003—2012年CSSCI收录的所有新闻传播类来源期刊论文，对每篇论文逐一进行甄别，以得到研究所需要的样本量，有效推断内容分析法在国内新闻传播领域运用现状的整体情况，从而避免了关键词搜索漏检等问题。因此，普查法的优缺点明显，需要根据具体研究问题以及可操作性等多种因素选择最为恰当的方法。

如果可以寻找到一种不必花费太多时间和人力成本，又能够比较有把握通过样本状况推断总体情况的替代方法，是再好不过了，抽样方法即是为解决这个问题而发展起来的。

三、抽样

抽样（sampling）就是从总体中选出一部分单位或元素进行调查的过程。这部分选出来的单位或元素被称为样本（sample），而该样本包含的单位或元素数量就是样本量（sample size）。需要注意的是，在日常表达中人们习惯将一个单位或元素称为“一个样本”，这其实是不严密的，因为样本从定义上讲是总体的一个子集（subset），也是一个集合概念，严格的说法应该是“样本中的一个单位或一个元素”。

① 国家统计局，http://www.stats.gov.cn/tjsj/pcsj/rkpc/6rp/indexch.htm。

在社会科学研究中,抽样是比普查运用更为广泛的一种方法,这是因为抽样具有以下优点:(1)调查费用低;(2)速度快;(3)应用范围广;(4)可获得内容丰富的资料;(5)准确度高。[①]前三点不必详细解释,后两点就在于抽样更为聚焦,可以专门针对样本"精耕细作",因而能收集到更丰富、更充分、更准确的资料。

然而,抽样同样存在一些缺点,这是因为我们通过样本状况来推断总体的情况时总会有一定的误差(error)。误差的大小直接影响样本对总体的推断能力(generalizability),推断能力又取决于样本对总体的代表性(representative)。在人类调查史上,既有通过少量样本准确推断总体情况的案例(如1936年乔治·盖洛普对美国总统大选结果的预测),也不乏使用了大量样本但预测结果"谬以千里"的案例(如2016年美国总统大选"黑天鹅事件")。然而无论是成功还是失败的案例,都可以归结到一点上:所抽取的样本是否在最大程度上代表了总体,越是能代表总体的样本,我们进行推断就越有把握,反之则推断的风险比较大。抽样方法的不断完善和演进,实际就是控制误差和风险,使样本对总体的代表性更好,从而不断提高样本推断能力的过程。下面我们介绍传播学中经常使用的抽样方法。

第二节　非概率抽样

抽样方法总体上可以分为非概率抽样(nonprobability sampling)和概率抽样(probability sampling)两大类。概率抽样遵循随机原则,这样就能保证总体中每个单位或元素被抽中的概率,[②]从而使样本对总体的代表性更佳;非概率抽样不遵循随机原则,无法计算总体中每个单位或元素被抽中的概率,甚至有些单位或元素被抽中的概率为零。

可以看到,非概率抽样抽出的样本对总体缺乏代表性,这是其缺点,可非概率抽样也有自己的优点,如省时省力、便利易行,因而在实际研究中仍有其不可替代的价值。具体选择哪种抽样方式,可以从以下几个方面进行综合考量:[③]

第一,研究目的。一些研究并不追求将结果推广到总体,而是为了了解某种新现象的特点,或者对具有鲜明差异的个案进行比较,或者通过测试调查改进问卷设计,

---

① 袁方:《社会研究方法教程》,北京大学出版社,1997年,第200–201页。

② 每个单位或元素被抽中的概率或者是均等的,或者满足"已知非零"(known non zero)原则,即某个单位或元素被抽中的概率不能为零。

③ 参见罗杰·D.维曼、约瑟夫·R.多米尼克:《大众媒介研究导论》(第七版),金兼斌等译,清华大学出版社,2005年,第92页。

这时可以采用非概率抽样。

第二，成本与时间。一般而言，概率抽样花费的成本较高、时间较多，在客观条件有限的情况下，非概率抽样也是一个选择。

第三，可接受的误差范围。在一些探索性研究或试验性研究中，控制误差并不是首要的考量因素，这时也可以采用非概率抽样。

第四，是否具有实施概率抽样的可能。有些研究无法确定总体成员，如偷渡者、吸毒者、帮派成员等，也就无法采用概率抽样，只能借助非概率抽样。

第五，总体中的单位或元素高度同质，或者研究变量在总体中均匀分布，也可以使用非概率抽样。例如人们到商店购买铅笔，售货员一般随手取一支拿给顾客（方便抽样法），而不会将所有铅笔排列出来让顾客随机抽取，就是因为这些工业化产品高度同质，没有必要采用概率抽样。

常用的非概率抽样方法有：随意抽样、立意抽样、滚雪球抽样、配额抽样等。

一、随意抽样

随意抽样（haphazard sampling）又称为方便抽样（convenience sampling）、易得抽样（available sampling）。由研究者通过随意、偶遇的方式选择那些愿意参加调查的个体或群体。随意抽样最典型的形式就是在街头、广场、公园等场合向过往的路人发放问卷或询问问题。此外，将问题或问卷挂在网页上或转发到微博、微信朋友圈、微信群中，同样属于随意抽样。[①]一些媒体机构开展的随访报道、投票调查等也属于方便抽样，如央视调查“你幸福吗？”或者“投票选出我最喜爱/支持的明星（球队）”活动等。

随意抽样选出的样本看似偶然，但仍是一种非概率抽样，这是因为有些符合调查范围的对象受限于调查的时间、地点、方式或调查者的视野而被天然排除在外，导致总体中的有些单位或元素被抽中的概率为零。因此，通过随意抽样选出的样本对总体缺乏代表性，在将从样本得出的结论推广到总体时要非常慎重。这里需要特别提醒的是，作为学习过研究方法、具备基本科学素养的读者，我们在遇到一些媒体发布的通过方便抽样得出的调查结果时要抱有怀疑态度，因为这类结果往往不能说明实质问题。

尽管如此，有时在特定情况下随意抽样也可以为研究带来帮助。例如有研究者想了解我国民众对媒介公信力的判断情况，在缺乏可资借鉴的实证研究情况下，运用随意抽样，于2004年11月13—20日对北京报摊读者进行了30个小样本的访谈调查。调查发现了民众判断媒介公信力的两个基本维度：“政府权威性”；“有用性”“真实性体验”。[②]

① 这种方式产生的样本也被称为志愿样本（volunteer sample）。

② 喻国明等：《中国大众媒介的传播效果与公信力研究——基础理论、评测方法与实证分析》，经济科学出版社，2009年，前言，第7-8页。

二、立意抽样

立意抽样(purposive sampling),又称判断抽样(judgmental sampling),是指"主要依赖研究者的能力,研究者根据各种限制,如机会、兴趣、资源,最重要的是所要调查的问题等,来决定所要观察的内容"。①

立意抽样特别适用于以下几种情况:②

第一,研究者使用它来选择特别能提供信息的独特个案。例如,有研究者研究了报纸对少数民族形象的"再现",选择的目标报纸是《北京青年报》,这是因为"在报纸发行地上,选取中国政治、经济、文化中心首都北京。并在北京发行的报刊中,综合考虑报纸的发行量和影响力做出选择。根据中华人民共和国新闻出版总署的《第三期中国报业竞争力监测报告》,北京地区入选全国晚报都市类报纸20强的为《北京晚报》《北京青年报》。从中选取排名略高一位的《北京青年报》作为研究对象"。③

第二,研究者可能使用立意抽样来选取难以接近、特殊总体中的成员。美国社会学家威廉·怀特在研究美国马萨诸塞州波士顿市一个名叫"科纳维尔"的意大利贫民社区时,一开始毫无头绪,不知如何才能"进入"该社区,直到他通过街坊文教馆的一位工作人员认识了多克:"从某种意义上说,我的研究是在1937年2月4日晚上,即那位社会工作者叫我去和多克见面时开始的。她把我们带到她的办公室以后就离开了,以便让我们谈话……我终于向他表达出了我对他的钦佩。我说,'你知道,要了解一个社区,开头是最难的。要不是和你一起,只怕我花几年的功(工)夫也看不到这些事情'。"④

第三,当研究者想要确认特殊个案类型,以便进行深入探究时,可采用。例如,郭建斌研究媒介对"家-国"关系的建构,他将考察对象锁定在一个非常特殊的"场所"(locale)以便进行"深描"——云南省怒江傈僳族自治州贡山独龙族怒族自治县独龙江乡迪政当行政村,这是因为该村具有"少、边、穷"三种典型特征:"少"指"少数民族","该村庄所属的贡山县是中国唯一的一个独龙族自治县……","边"指边疆,"独龙江乡西面与缅甸联邦(The Union of Myanmar)相连,境内国境线长91.7公里……","穷"即贫困,"2008年全乡经济总收入432万元,农民人均纯收入805元,属于贫困乡"。⑤

---

① 丹尼·L.乔金森:《参与观察法:关于人类研究的一种方法》,张小山,龙筱红译,重庆大学出版社,2015年,第44页。

② 劳伦斯·纽曼:《社会研究方法:定性和定量的取向(第五版)》,郝大海译,中国人民大学出版社,2007年,第269页。

③ 覃诗翔:《中国少数民族的"他者"再现——对2006年〈北京青年报〉少数民族新闻的内容分析》,《传播与社会学刊》,2010年,(总)第14期。

④ 威廉·富特·怀特:《街角社会:一个意大利人贫民区的社会结构》,黄育馥译,商务印书馆,1994年,第377-378页。

⑤ 郭建斌:《媒介仪式中的"家—国"重构与游离——基于中国西南一个少数民族村庄田野调查的讨论》,《开放时代》,2012年第5期。

三、滚雪球抽样

滚雪球抽样(snowball sampling),又称关系链抽样(chain-referral sampling),顾名思义,是指先找到某个调查对象,然后根据该调查对象提供的建议、帮助或信息,按图索骥、顺藤摸瓜,接下去寻找更多的调查对象,就像滚雪球越滚越大一样,使调查对象不断增加,直到符合研究所需为止。当特定的研究总体因模糊、隐蔽、藏匿而难以找到时,滚雪球抽样是一种非常适宜的抽样方法。

例如,威廉·怀特在与多克熟悉之后,又在后者的帮助下结识了更多“诺顿帮”的成员,图4-1[①]所示的社会关系网络背后也是“滚雪球”的过程。约翰·汤普森在研究英国和美国的大众出版业时也曾运用滚雪球抽样来寻找潜在的访谈对象:“我还会在采访中询问我的被采访者,向他们咨询其他值得采访的人,我也通过这种方式认识了很多人和潜在的采访对象。”[②]

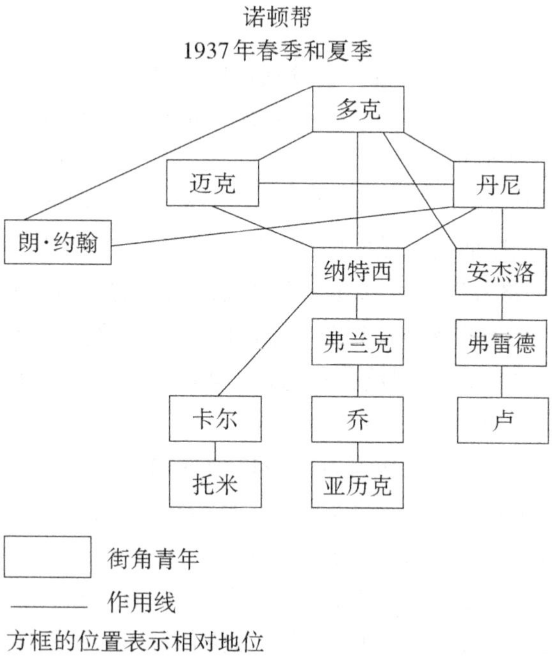

图4-1 “滚雪球抽样”的社会关系网络

① 威廉·富特·怀特:《街角社会:一个意大利人贫民区的社会结构》,黄育馥译,商务印书馆,1994年,第30页。

② 约翰·B.汤普森:《文化商人:21世纪的出版业》,张志强、何平、姚小菲译,译林出版社,2016年,第323页。

四、配额抽样

配额抽样(quota sampling),是指研究者将总体按某一特点划分为不同的子群体(subgroup),然后根据样本中所需各子群体的比例分配给子群体一定的配额单位或元素。例如,假定某高校有学生10000人,其中男女生比例为6:4,研究生和本科生比例为2:8,理工科和文史科比例为7:3,如果想按照配额抽样法抽取一个1000人的样本,该如何做呢?首先,根据三类特征(性别、学历、专业)将学生总体进行分类,共形成8个子群体(2×2×2)(表4-1):

表4-1 配额抽样的配额表

分类		总体		样本	
		男生	女生	男生	女生
理工类	研究生	840	560	84	56
	本科生	3360	2240	336	224
文史类	研究生	360	240	36	24
	本科生	1440	960	144	96

然后根据配额从每一个子群体中分别抽样,如理工类研究生男生需从840人的子群体中抽取84个成员,文史类本科生女生需从960人的子群体中抽出96个成员,以此类推,最终组成一个1000人的样本。

可以看到,配额抽样建立在对总体特征有一定了解和把握的基础上,这使它抽出的样本比其他非概率抽样抽出的样本具有更好的代表性。运用配额抽样最早也是著名的案例之一是乔治·盖洛普等人对1936年美国总统大选的预测。他们将总体选民按照性别、收入、年龄、城乡、种族等特征划分为不同的子群体,然后从不同的子群体中根据配额选出相应数量的调查对象,最终仅仅通过对4000—5000位选民进行投票意向调查就成功预测了当年的大选结果。接下来,盖洛普及其创建的美国舆论研究所(American Institute of Public Opinion)又成功预测了1940和1944年总统大选的结果。

尽管如此,配额抽样仍是一种非概率抽样,这是因为其样本仍然受制于研究者的主观选择。配额抽样的局限性表现在三点:

第一,研究总体的构成情况是不断变化的,事先规定的配额是否符合子群体在总体中的真实比例是一个不容忽视的问题。盖洛普运用配额抽样法对1948年美国总统大选的预测就是一个例子,二战结束后大量人口涌入城市降低了美国乡村人口的比例,而盖洛普仍然沿用1940年人口普查的配额比例,这就使样本中乡村投票者的比例超过了实际情况,最终导致了预测的失败。

第二，用来对总体进行划分的特征（变量）是由研究者主观判断的，该特征（变量）是否与研究问题相关是不好判断的。例如，有研究者想研究“大学生的知识付费意愿”，将总体按照性别、学历、专业分类进行配额抽样，这种方法很可能无法体现样本在“家庭收入”特征上的代表性，因为“付费意愿”更可能和“家庭收入”有更大的相关性。

第三，斯图尔特曾经指出：“至今我们仍然没有可以用于估计这样的样本的标准误差的有效方法……配额抽样隐瞒了这样那样的无回答问题。”[①]这就是说，当研究者遇到拒绝接受调查的受访者或无法联系受访者时，只能简单地选择同一子群体中的另一位成员进行调查，这实质上仍然是随意抽样的做法。

学者周裕琼聚焦当前中国的人口老龄化与生活日益媒介数字化之间的矛盾，研究了老年群体在微信时代的数字崛起现象。作者采用了配额加便利的抽样方法，研究者为了提升样本的代表性，根据官方公布的性别比例和年龄比例，推算出官方未予公布的两者之联合分布，在此基础上对样本进行总量不变（$N=280$）的加权处理。研究者在问卷调查过程中发现了这个群体的特殊性：一是老年群体更愿意交谈；二是和其他受访者相比，老年人更不容易理解结构式的量化问卷。因此，此文最后还使用了深度访谈方法。研究者选取了非采纳者、轻度使用者、中度使用者、重度使用者等不同类型的老年人总计18位进行了深入访谈，获取他们微信采纳的影响因素的资料。[②]

第三节　概率抽样

我们已经反复强调，要想提高样本结论的推断能力，最关键的就是提升样本对总体的代表性，而提升样本的代表性最主要的就是尽量排除操作者的主观干扰，依据随机原则从总体中选出样本。由于概率抽样遵循随机原则，所以一般而言它抽出的样本比非概率抽样具有更高的代表性。除此之外，概率抽样有统计学和概率原理作基础，使我们可以对抽样误差进行计算、估计和控制，因而概率抽样在社会科学研究中运用得十分广泛。

① 引自加里·T.亨利：《实用抽样方法》，沈崇麟译，重庆大学出版社，2008年，第16页。

② 周裕琼：《数字弱势群体的崛起：老年人微信采纳与使用影响因素研究》，《新闻与传播研究》，2018年第7期。

一、抽样框

与非概率抽样一样，进行概率抽样也需要先明确研究的总体。例如，我们假定某项研究的总体是“2020年的全国选民”，但这时总体仍然是一个抽象的概念，要想进行概率抽样，需要将其转化为具有可操作性的现实对应物，如果我们能拿到“选民登记簿”，那么就可以实施概率抽样了。这种等同于或近似于总体中所有单位或元素清单/列表的事物，被称为抽样框(sampling frame)。好的抽样框要尽可能与研究总体相一致，然而规模较大的研究，获取好的抽样框并非一件简单的事情，在条件有限的情况下只能退而求其次，寻求次优的抽样框。在美国的选民意愿调查研究中，如果没有现成的“选民登记簿”，可以使用电话簿、纳税记录、驾驶执照等来替代。

在理论上，应该先定义研究总体，然后收集总体的所有单位或元素组成抽样框。但这样做并不现实，在实践中，我们往往是“用什么料，做什么菜”，也就是说先寻找现成的抽样框，然后在对这些可获得的抽样框进行评估、检验之后，从中挑出最适合我们需要的、代表了研究总体的那个。[①]这样一来，选用合适的抽样框便成为概率抽样的关键环节。

有了抽样框以后，便可以进行概率抽样了。我们接下来介绍传播学中常用的概率抽样方法：简单随机抽样、系统抽样、分层抽样、整群抽样、多级抽样。

二、简单随机抽样

简单随机抽样(simple random sampling)，是最基本的概率抽样方法，也是其他概率抽样的基础。简单随机抽样的方法是：将样本框中的所有单位或元素编号，然后利用抽签或随机数表等方法生成符合样本量需要的随机数，再抽取样本框中与随机数相对应的单位或元素，组成最终的样本。简单随机抽样分为不回置的随机抽样(random sampling without replacement)和回置的随机抽样(random sampling with replacement)。前者是指每次抽出一个单位或元素后不再将其放回总体当中，后者是指每次抽出一个单位或元素后仍将其放回总体当中。回置的随机抽样可以确保每个单位或元素被抽中的概率相等，为$p=n/N$(n代表样本量，N代表总体)。尽管回置的随机抽样符合严格的统计学要求，但也可能将某个单位或元素多次抽取，造成不便，所以在实践中更常采用不回置的随机抽样。在总体足够大而样本量又有限的情况下，不回置的随机抽样可以近似于等概率抽样。

---

① 艾尔·巴比：《社会研究方法(第10版)》，邱泽奇译，华夏出版社，2005年，第193页。

生成随机数的方法多种多样，可以采取人工抽签、摇号机、随机数拨号（常用于电话调查）等，较常采用的是随机数表（random-number table）。表4-2是一张随机数表，共包含20列、10行。假定现在需要从编号为0-99的100个总体中抽出10个单位，我们可以先从20列数字中随机抽取2列，再从10行数字中随机抽取1行，比如抽中的是第11、12列和第6行，则85就是第一个随机数，接下来可以此数为起点横向、纵向或斜向选取邻接的数字，直到选够10个为止（如某行/列数字不够可换行/列，遇到相同数字则跳过）。比如从85开始横向选择，则这10个随机数分别为：85、53、83、29、95、87、18、15、70、07。

表4-2 简单随机抽样的随机数

3	9	6	5	7	6	4	5	4	5	1	9	9	0	6	9	6	4	6	1
7	3	7	1	2	3	7	0	9	0	6	5	9	7	6	0	1	2	1	1
7	2	2	0	4	7	3	3	8	4	5	1	6	7	4	7	9	7	1	9
7	5	1	7	2	5	6	9	1	7	1	7	9	5	2	1	7	8	5	8
3	7	4	8	7	9	8	8	7	4	6	3	5	2	0	6	3	4	3	0
0	2	8	9	0	8	1	6	9	4	8	5	5	3	8	3	2	9	9	5
8	7	1	8	1	5	7	0	0	7	3	7	7	9	4	9	1	2	3	8
9	8	8	3	7	1	8	0	1	5	8	9	0	9	3	9	5	9	2	4
1	0	0	8	5	8	0	7	0	4	7	6	6	2	1	6	4	8	6	8
4	9	9	0	5	6	3	7	3	1	7	1	8	2	1	3	5	0	4	1

简单随机抽样方便易行，但它也存在一些不足：第一，如果总体或抽样框规模很大，则对其中的单位或元素逐一编号就是一件非常费时费力的工作，简单随机抽样就不太可行了；第二，如果总体内部不同部分之间的异质性很大，则通过简单随机抽样并非总能得到具有代表性的样本。

三、系统抽样

系统抽样（systematic sampling），也被称为等距随机抽样（systematic random sampling），指的是在总体中每隔k个间距抽取出单位或元素的抽样方法。系统抽样涉及抽样间距（sampling interval）的概念，是指两个被选单位或元素之间的距离，其计算方法是$k=N/n$（其中，N代表总体，n代表样本量）。例如，研究者拟从240人组成的总体中抽取15人作为样本，则抽样间距为240/15=16。系统抽样的实施步骤为：

(1)将总体或抽样框中的所有单位或元素编号。

(2)根据总体和样本量计算抽样间距k,随机选取第一个号码。

(3)以第一个号码为起点每隔k个抽取下一个号码,直到符合所需为止。

比如上例中,抽样间距$k=16$,在1—240中随机抽取第一个数字为80,下一个就是96(80+16),以此类推,最终编号为80、96、112、128、144、160、176、192、208、224、240、16、32、48、64的个体被选出来组成样本。例如,在进行社会化媒体之涟漪效应研究中,研究者基于2013年《中国好声音》的微博口碑数据进行抽样分析,研究者每隔7天都固定在0:00与24:00之间抽取一定热门微博样本量,5周内共抽取热门微博43条,因43条热门微博的转载和评论量巨大,研究者为使样本更精细,对43条热门微博进行了再次抽样,再次抽样仍然是以周为单位,选取每周热度排行前十位的微博进行排序,以此来验证涟漪效应的总效果的影响因素。

不难发现,系统抽样在简单随机抽样的基础上进行了简化,关键就在于引入了抽样间距。但事物总是一分为二的,抽样间距固然简化了系统抽样的程序,但也为其带来了潜在的风险,即周期性(periodicity)问题。所谓周期性问题是指,总体中单位或元素的排列呈现周期特征,且该周期与抽样间距产生"同频",这就是周期性偏差,导致抽出的样本无法很好地代表总体。比如,对报纸进行抽样,如果抽样间距恰好为7,则很可能抽出的都是一周中固定某天的报纸,而我们知道很多日报都会设置"周刊",如周一"体育专刊"、周日"娱乐专刊",这样抽出的样本便无法代表总体了。解决周期性偏差问题有两种方法:第一,打破总体中单位或元素的排列特征,将其随机排列,例如将所有报纸随机编号,打破自然周的循环顺序;第二,调整抽样间距,使其不再与总体的周期特征相同步。

四、分层抽样

分层抽样(stratified sampling),先将总体中的单位或元素按某种属性分组(确保每个单位或元素都能且只能分入一组),然后在每一个组中分别抽取单位或元素,共同组成最后的样本。分层抽样比简单随机抽样和系统抽样抽出的样本代表性更佳,这是因为通过将总体分组确保了组内同质(homogeneous)和组间异质(heterogeneous),这样,具有组间差异的单位或元素都能有至少一个成员被抽出。

比如,假设某社区80岁以上的老龄女性人口占5%,如果采用简单随机抽样或系统抽样,则80岁以上的老龄女性人口由于抽样误差未必会有代表被抽中,但如果采取分层抽样,则可以保证该年龄段有成员被抽出,从而提高了样本的代表性。因此,当总体的规模比较大,且其单位或元素呈现出组内同质、组间异质特征的时候,适宜采取分层抽样。

分层抽样和非概率抽样中的配额抽样有些类似，都是将总体根据某些特征进行分类，然后从子群体中分别抽样。但分层抽样之所以属于概率抽样，就在于从子群体中分别抽样时，它遵循随机原则，运用概率抽样法（如简单随机抽样或系统抽样）从中选出样本；配额抽样在从子群体中分别抽样时，不遵循随机原则，运用非概率抽样法（如随意抽样或立意抽样）从中选出样本。此外，分层抽样对总体做出划分的信息更有理论根据，“对样本框做这样的分层，与所预测的研究结论存在着相关性。换句话说，对样本框的分层不是随意的，而应有利于整个研究”。[①]

分层抽样可以进一步分为成比例分层抽样（proportionate stratified sampling）和非等比（例）分层抽样（disproportionate stratified sampling）。顾名思义，前者指总体中每个单位或元素被抽中的概率是相等的，如果某社区中80岁以上的老龄女性占总人口的5%，那么抽出的样本中80岁以上的老龄女性也要占5%。后者指总体中每个单位或元素被抽中的概率不相等，某个群体成员被抽中的概率大于其他群体。运用非等比分层抽样，往往是为了在样本构成中突出某个群体的代表比例。比如某社区拟出台一项针对80岁以上老龄女性的惠民措施，想调查社区成员的态度，由于该措施与特定群体密切相关，那么在抽样时就可能提高该群体在样本中所占的比例。对于非等比分层抽样，有时需要在数据分析环节对超出比例的那部分样本进行加权处理（weighting）。

在社会科学研究中，分层抽样是使用最广泛的概率抽样方法之一。例如，保罗·拉扎斯菲尔德等人开展的经典研究“伊里县调查”就采用了分层抽样法：1940年5月，伊里县每四户人家中就会有一户受到一名工作人员的访问……（我们）从中选出3000人，以尽可能地代表整个县。这一民意测验组在年龄、性别、居住地、受教育程度、是否有电话和汽车以及出生地方面均具有代表性。通过分层抽样，从测验组中选取4个600人的样本组。每个样本组和其他组都非常匹配，实际上成为整个测验组和伊里县本身的微缩样本。[②]

学者黄顺铭聚焦虚拟知识分享现象，构建了两个竞争性概念模型：计划行为理论修正模型和计划行为理论扩展模型。研究者采用了分层抽样的方法获取大学生知乎用户的知识分享态度、主观规范、控制力、自我效能、意向等相关经验资料。作者以重庆主城区33所高校为抽样框，进行分层抽样。重庆市两所高校（重庆大学和西南大学）进入样本，其他15所本科院校中随机抽取出4所院校；从16所专科院校随机抽取4所院校。[③]

① 琼恩·基顿、邓建国、张国良：《传播研究方法》，复旦大学出版社，2009年，第131页。

② 保罗·F.拉扎斯菲尔德、伯纳德·贝雷尔森、黑兹尔·高德特：《人民的选择——选民如何在总统选战中做决定》（第三版），唐茜译，中国人民大学出版社，2012年，第3页。

③ 黄顺铭：《虚拟社区里的知识分享：基于两个竞争性计划行为理论模型的分析》，《新闻与传播研究》，2018年第6期。

五、整群抽样

在研究范围比较广的时候,研究者很难掌握总体所有单位或元素的完整名单,但如果能掌握城镇、街区、住户、学校等群集名单,这时可以考虑整群抽样(cluster sampling)。整群抽样的步骤包括:列出群集的名单,然后在这些群集中随机抽样,被抽中的群集内所有单位或元素全部纳入样本,未被抽中的群集则一个单位或元素也不纳入。

当总体可以分为不同群集,且不同群集彼此之间的异质性不大,而群集内部的异质性对总体具有较好的代表性,这时适宜采用整群抽样。比如,某小学五年级共10个班,假定研究者无法掌握所有学生的名单,但已知这10个班分班时遵循随机原则,这时可以采用整群抽样,直接以班为集群抽取整班样本。

整群抽样的误差一般来说比较大,但方便易行、节省成本,在适当提高样本量的情况下也是一种不错的选择。比如,有研究者调查了上海地区新闻专业本科生的职业认同情况,抽样时先运用分层抽样将上海开办新闻类本科教育的14所高校分为三类:综合性大学、专业性大学、理工类大学,然后从每一层选出两所大学共计六所大学,最后以学生宿舍为单位进行整群抽样。①

六、多级抽样

多级抽样(multi-stage sampling)建立在整群抽样的基础上,只是把群扩展到了多个层级而已。比如对某城市人口进行抽样,在无法获得全市人口名单的情况下,可以先对整个城市的街区进行抽样(街区的名单相对易得),然后从抽中的街区中选择家庭,最后再从家庭中抽取个人。

多级抽样需要重复操作列表名册和抽样两个步骤,因此每一级都要有自己的抽样框。最高级抽样框中的单位被称作初级抽样单位(primary sampling unit,PSU),次一级抽样框中的单位被称为次级抽样单位(secondary sampling unit,SSU)。在每一级内抽样时可以采用简单随机抽样或系统抽样,如此循环往复下去,直到抽出样本为止。可以看到,层级划分越精细,样本对总体的代表性也越好。

在总体的规模比较大,单位或要素的异质性分布也很复杂的情况下,适宜采用多级抽样。例如,有研究者在调查我国民众的媒介素养及其影响因素时采用了多级抽样:"首先,根据从佛山市人口统计局获得的资料,研究者从佛山市的三个区(佛山下

① 陶建杰、张涛:《上海地区新闻专业本科生的职业认同及其影响因素》,《国际新闻界》,2016年第8期。

属的另两个不属于城市范畴的区被排除在外)共233个居委会中随机抽取出50个居委会;然后,依托居委会整理和保存的居民户籍资料卡片,采取系统随机抽样方式在被抽中的每个居委会中抽出12户家庭;最后,根据“最近生日法”(last birthday rules),从每户家庭中选择一个人作为访问对象。”[①]该抽样方案以佛山市区16岁以上的市民为研究总体,共包括四个层级:区—居委会—家庭—个人。

七、抽样设计的框架

最后需要强调的是,抽样看似只是一个独立环节,实则对抽样的考量贯穿于研究的全过程,是一项牵一发而动全身的系统工程。有作者总结了抽样前、中、后三阶段不同的注意事项,值得初学者借鉴(表4-3):[②]

表4-3 抽样设计的框架

抽样前抉择
1.研究性质是什么?探索性的、描述性的还是分析性的?
2.最感兴趣的变量是什么?
3.研究的总体目标是什么?
4.某些子总体或特定的群体是否对研究很重要?
5.用什么样的方法收集数据?
6.是否适宜进行抽样?
抽样抉择
1.什么样的目标总体清单可作为抽样框使用?
2.可容忍的误差或估计的效应的大小是多少?
3.将采用什么类型的抽样技术?
4.选择的概率是相等的还是不等的?
5.选入样本的单位是多少?
抽样后抉择
1.如何评估无回答问题的影响?
2.样本数据是否需要加权?
3.标准误差和与研究的估计值相关的置信区间有多大?[③]

① 郭中实、周葆华、陆晔:《媒介素养、政治认知、媒介功能与媒介使用:理论关系初探》,载萧小穗、黄懿慧、宋韵雅编:《透视传播与社会》,香港中文大学出版社,2016,第422页

② 加里·T.亨利:《实用抽样方法》,沈崇麟译,重庆大学出版社,2008年,第42-53页。

③ 原文为“研究变量的标准误差是什么”。

第五章　质化文本分析法

传播学中对媒介内容的研究往往有两种取向:一是量化的内容分析;二是质化的文本分析。尽管它们的研究对象都是媒介内容,由于研究取向的差异,两者还是存在很多差异(表5-1):

表5-1　量化的内容分析法与质化的文本分析法的差异

差异项	量化的内容分析法	质化的文本分析法
样本规模	大	小,大多数是个案
抽样手段	非概率抽样和概率抽样	非概率抽样
资料分析手段	数理统计	解读与阐释
研究目的	从样本推断总体	理解媒介内容
研究对象	媒介内容的表层意义	媒介内容的深层意义
内在效度	低等至中等	低等

传播学开始注重对媒介内容进行质化的文本分析,主要是源于伯明翰学派的文化研究观念的影响。雷蒙·威廉斯拓展了阿诺德、利维斯的精英主义的文化观念,将文化理解为“全部的生活方式”,威廉斯的文化观念拓展了“文本”的内涵,它引领学者将文本研究从原来的以符号形式建构的精神文本拓展到日常的物质生活场域。

20世纪80年代,欧美学者的文本分析对象变得非常宽泛,从电视新闻、照片、期刊到流行音乐、畅销书、肥皂剧、综艺节目、脱口秀、真人秀等大众文化的各种文本形式。随着20世纪90年代中国文化研究的兴起,许多学者在研究上海早期的现代性时,开始将研究对象转向20世纪三四十年代的上海的百货公司、咖啡厅、广告、月历牌、电影院、百乐门舞厅等物质生活文本和场景。因此,伯明翰学派的文化观念也拓展了文本的内涵。

第一节 质化的文本分析法的基本概念

一、文本

本章所介绍的研究方法主要以文本(Text)为分析对象。"文本"这一概念表面看似乎比较单一,但实际上随着近年研究的深入,这一概念的内涵与外延已经发生了很大的变化。为了更好地理解与学习这一部分的研究方法,在具体探讨各个方法之前,本节将首先介绍"文本"这一概念与本部分的研究方法之间的关系。

提到"文本",人们自然而然地会将其与"文字"联系起来,因此误以为"文本"研究是针对由文字形式所表现的材料来进行分析。诚然,"文本分析"在很长一段时间仅仅指的是对文字材料的分析,包括书面表达与口头表达的分析。以诺曼·费尔克拉夫(Norman Fairclough)为代表,早期的话语分析有着鲜明的语言学特点。而将"文本"限定在文字材料的做法也成为了此类研究方法的不足之处。换句话说,早期的文本研究是将其他形式的材料均转化成文字形式进行分析与解读,从而抹去了"形式"对意义构建的影响。

然而,随着研究发展,特别是后现代主义思潮与批判流派的兴起,"文本"这一概念的范畴不断扩展。1975年,罗兰·巴特(Roland Barthe)在他的研究中把"文本"定义为"意义与/或意识形态的物化"。随后,众多学者都采用了这一定义,其中包括了话语分析理论的代表人物:厄尼斯特·拉克劳(Ernesto Laclau)与尚塔尔·墨菲(Chantal Mouffe)。罗兰·巴特对"文本"的定义,不仅将"文本"的范畴不断扩展,而且将研究重点放在根植于"文本"中的意义、代表形象与意识形态,而不仅仅局限于"文本"的呈现形式。自此,"文本"、"文本研究"与"话语分析"等相关概念也从原先的语言学中发展出来,相关研究中跨学科的特点逐步明显;而随着米歇尔·福柯(Michel Foucault)对"话语"这一概念的研究与探索,相关研究进一步强调其"批判性",本书将在之后更深入地讨论这两个概念。

所以,在本章中所介绍的方法中的研究对象均为"文本"。这里的"文本"不是仅指语音或书写的文字材料,而是包含所有"意义或意识形态的物化材料",包括但不限于文字、语音、影像、甚至"过程"。特别是在符号学方法中所介绍的"多形式材料的批判性话语分析"(Multimodal Critical Discourse Analysis,简称MMCDA)与话语分析章节中所介绍的相关方法,涉及的文本类型相当丰富。

二、文本研究的维度

本章节中涉及的文本分析法有符号学研究方法、修辞学研究方法、叙事学研究方法、框架分析以及话语分析等方法。这些分析方法之间有着一定的内在逻辑关系，本节将对这一关系进行简要的梳理，方便研究者选择适合自己的研究方法。

无论是符号学、修辞学还是话语分析等研究方法，文本研究时时刻刻都在与“话语(Discourse)”这一概念打交道。关于“话语”的概念，本书将在“话语分析”部分进行详细的讨论。此处主要讨论涉及“话语”这一概念时的分析维度，从而窥探这些研究方法之间的关系。关于维度的理解与划分有着多种理论，本书选择了对话语研究的两种理解来进行介绍，它们分别是由诺曼·费尔克拉夫(Norman Fairclough)，以及鲁伊兹(Jorge Ruiz)结合阿隆索(Luis Enrique Alonso)的研究所提出的(图5-1，5-2)。这两种理解并无对错之分，费尔克拉夫是基于其对于“话语”这一概念的理解所得出；而鲁伊兹的框架则是从研究方法的层次与进展所提出。

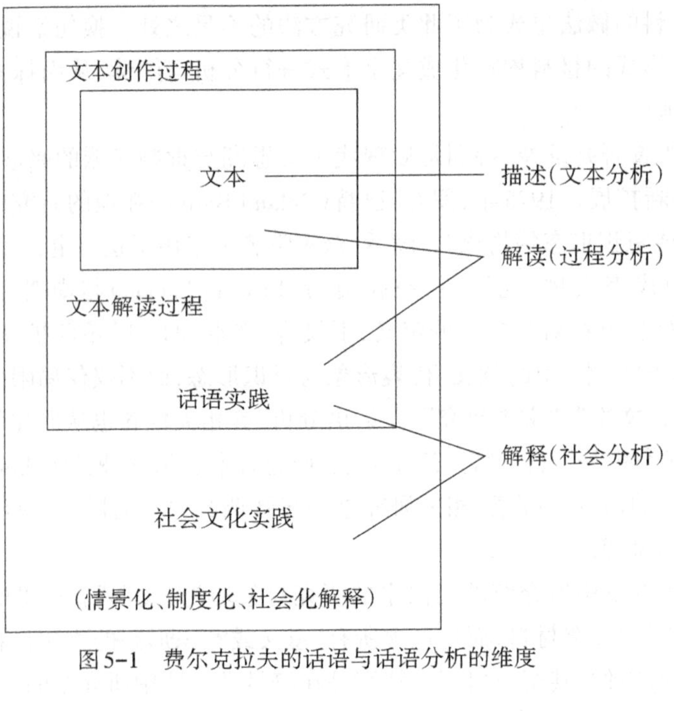

图5-1　费尔克拉夫的话语与话语分析的维度

通过对相关概念的操作化，费尔克拉夫提出了三维度的分析框架[①②]，他认为每一个话语事件都可以从文本、话语实践与社会文化实践的角度进行理解与分析。第一个维度为文本（Text）本身，主要分析对象为文本的内容与形式（参看图5-1）[③]。由于费尔克拉夫的语言学背景，因此在其早期的论述中，这一分析更侧重于语法、选词、语义等的分析。第二个维度为"话语实践"（Discourse practice），这一维度是连接"文本"与更广阔的"社会实践"的桥梁。"话语实践"旨在从社会认知角度分析文本的"制造"，并对文本进行解读。因此，这一维度的任务不仅包括对互动参与者如何解释和产生文本进行分析，同时还包括不同话语之间的关系，也就是"话语间性（Interdiscursivity）"，不过费尔克拉夫更倾向于使用话语秩序（Orders of Discourse）这一概念。第三个维度也就是对"社会文化实践"（Sociocultural practice）的分析，它针对的是解析在话语背后更为广阔的社会与文化背景。在这一维度中，"权力"成为了分析的中心。费尔克拉夫采纳了葛兰西（Antonio Gramsci）对"霸权"概念的分析与诠释，从话语与霸权的本质联系出发，提出对话语实践的控制、争夺话语秩序的斗争。换句话说，费尔克拉夫的话语分析可以分成三部分，即描述、解读与解释（图5-1）。

为了能更好地从社会角度对话语进行解读，鲁伊兹提出话语必须从多种角度进行分析，他提出话语分析应该从文本分析（Textual analysis），语境分析（Contextual analysis）与社会话语分析（Sociological discourse analysis）三个维度进行分析（图5-2）。文本分析主要聚焦在话语的表达维度，把话语作为单一的"对象"，旨在描述话语的主要特征，即是说通过文本表达了什么或者想要表达什么。从语境维度分析，在特定的话语体系、时间、地点中，话语被当作具有话语意图的主体。这一分析将更好地理解话语，阐明话语目的。简单来讲就是阐明话语的目的是什么，如何使用话语。从社会话语层面分析，话语被当作信息、意识形态或者社会的产物。因此，这一维度的分析目的是对话语的社会阐释与解读，也就是话语意味着什么。

① Fairclough Norman. "Discourse and Text: Linguistic and Intertextual Analysis within Discourse Analysis" Discourse & Society , vol. 3 no.2 (1992): 193–217.

② Fairclough N., Analysing discourse: Textual analysis for social research (London: Routledge,2003), pp.5–16.

③ Fairclough N. Critical discourse analysis: The critical study of language (New York: Routledge, 2013), p.133.

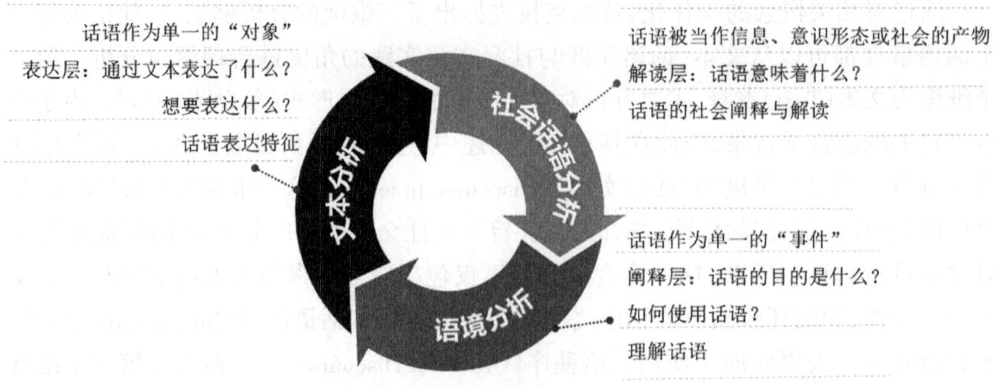

图5-2 鲁伊兹提出的文本分析的过程

无论是费尔克拉夫还是鲁伊兹的研究维度划分，往往带来一种文本研究是线性推进的错误认识。以费尔克拉夫的维度划分为例，研究者会误认为三个层次之间是线性发展关系，即：第一步进行文本层面的描述，第二步是对话语实践的解读，第三步是社会实践的话语解释。这种对研究过程的理解存在着一定的片面性。诚然，文本研究在理论上会遵循“文本分析-语境分析-社会话语分析”或者“描述-解读-解释”的分析路径。但是在实际的分析过程中，无论选取哪一个路径，三个维度并不是彼此独立的。事实上，在进行分析过程中，三者是同时进行的：各维度之间似乎在进行“对话”一般，形成了循环往复。以鲁伊兹的维度划分为例，文本分析和语境分析引起了社会话语分析的解读，社会话语分析的解读过程又或多或少地映射在了另外两个维度上。在进行文本分析的过程中，为了能够更好地描述话语特征，需要定位话语产生的语境。在语境分析过程中，又会定位到全新的文本分析。因此，无论是费尔克拉夫还是鲁伊兹，文本研究方法都不是一个单纯的线性过程，而是一种循环往复的过程，而这个过程的终点，则是研究者认为研究目标已达成之时。

正如前文所言，对文本或者话语分析维度的简述更多是为了厘清这一部分中所介绍的研究方法之间的关系。将不同的分析方法与其所在维度进行定位，不仅能够更好地帮助研究者理清分析步骤，同时有助于发现研究中潜在的问题，从而进行更为全面的研究。如前文所述，从研究方法角度，按照鲁伊兹的划分方法，传统意义上的符号学分析方法、叙事学分析方法、修辞学分析方法，均属于其所提出的“文本分析”层面；框架分析属于“语境分析”层面；批判性话语分析属于“社会话语分析”层面。

随着研究与研究方法的发展，无论是符号学、叙事学还是批判性话语分析，均跨越了单一维度。因此在本章中，符号学研究方法将介绍基于符号学理论的“MMCDA”；叙事学研究方法将介绍基于叙事学与符号学理论的“叙事符号学”；修辞学研究方法则会从亚里士多德的修辞学理论入手,讨论修辞学方法与“说服”过程;框架分析部分将介绍基于戈夫曼理论所提出的“框架分析法”;最后的批判性话语分析部分将会简要介绍其中一种批判性话语分析方法:费尔克拉夫的批判性话语分析。由于不同的研究目的与研究阶段,在确定研究方法时有可能选择一种或者多种研究方法。同时,正如本章开篇所言,本章研究方法的对象为“文本”,也就是传播学模型中的“信息”,对其他对象的研究,比如受众、媒介等,还需要结合其他章节所介绍的研究方法。

第二节　符号学分析

一、符号学的理论根基和发展史

本节将讨论符号学的历史以及如何利用符号学研究方法进行传播学研究。符号学的研究方法对传播学研究有着深远的影响,因为符号学所试图解答的问题是“符号”如何产生意义,也就是说,符号学属于诠释学的一种;而在批判理论影响下,“文本”与“意义”成为传播学重要的研究对象与目标。因此,符号学与传播学在这一点上不谋而合。

本节将一方面介绍“符号”这一概念在符号学研究中的中心地位以及索绪尔的思想;另一方面,在所有文本研究方法中,符号学研究方法或许是少有的能够对非文字材料进行研究分析的研究方法。因此本节还将会介绍基于符号学理论的“多形式材料的批判性话语分析”。

在柏拉图时代,人们已经对“符号”概念进行过激烈讨论。然而,直到19世纪末至20世纪初,专门针对“符号”的研究与讨论才见雏形。在符号学中,对“符号”的研究与理解,在一定程度上要归功于费迪南德·索绪尔(Ferdinand de Saussure)的研究与探索,特别是其著作《通用语言学课程》(Cours de linguistique Générale)。索绪尔被称作现代语言学之父与当代符号学之父。[1]他一直试图寻找如何理解并解读语言的工作方式的系统。他认为“符号”是语言的最基本单位,符号可以被分为“能指”与“所指”两个部分,然而这种区分仅仅存在于分析层面,在实际应用时这两个部分经常融为一体。

① Preucel Robert., Archaeological semiotics (West Sussex: John Wiley & Sons, 2006), p. 21.

“所指”(Signified)指的是在语言活动中所表示的具体事物或者抽象概念,比如“桌子上的那个星巴克杯子”,而“能指”(Signifer)则是在语言活动中表示具体事物或抽象概念的语言符号。对前一个例子而言,即是“猫爪杯”这个词或者是被说出来的“猫爪杯”这三个字的读音。而在现实世界中与“符号”相对应的“事物”称之为“所指对象”。

索绪尔对“能指”与“所指”的区分的重要意义在于某个特定的“能指”与“所指”之间并没有什么必然的关系,也就是“符号的任意性原理”。比如,对于“桌子上的那个星巴克杯子”,人们可以叫它“猫爪杯”,也可以叫它“咖啡杯”或者其他任何名字,用英语的话可以叫“mug”。换句话说,对于同一个“所指”,在同一个语言与不同语言中能够找到不同的“能指”来与其对应。与此同时,一个“能指”有可能包括着不同的含义。比如“杯具”既可以表示喝咖啡的杯子,但由于网络语言的发展,“杯具”也当作“悲剧”的替代词。同时,“杯具”这个词还“获得”了超出原本词性的含义,在网络语言中,该词甚至可以当作动词进行使用,例如“你杯具了”。

“符号的任意性”对符号学研究至关重要。因为“能指”与“所指”之间的特指关系并不取决于“能指”与“所指”之间的固有连接。索绪尔继而提出,这一特定关系取决于符号之间的差异。因此,“猫爪杯”这个词的含义并不取决于“桌子上的那个星巴克杯子”跟“猫爪杯”之间的关系,而是取决于“猫爪杯”跟“咖啡杯”、“圣诞节限定杯”与“茶杯”等符号之间的关系。这一“任意性”原则看似只会给研究带来麻烦。

然而,直到这里,尚未解答“符号是什么?”这一问题。这个问题有多种答案,本书选择采用威廉森对符号的简单定义,在《解码广告》一书中,威廉森并不是单纯地从商业诚信或营销角度来进行批判,而是基于符号学与意识形态来对广告进行进一步的审视,在讨论广告的商业功能基础之上,对广告在塑造受众的社会意识、传递资本主义世界观特别是消费主义意识形态方面进行了深入的剖析,而符号学便是其进行检视的重要工具。威廉森将符号简单地定义为“事物+意义=符号”。威廉森基于广告实践从而提出这一定义,来弥补在学术分析中对符号的解读、划分、分析模式与广告实践的失调。[①]“符号的任意性”使得事物和意义之间的关系不是一成不变的,符号与符号间的关系同样需要进行研究。因此,符号学研究目标之一,便是阐明“能指”与“所指”彼此关联与分离的不同方式。符号学研究的逻辑便是将文本的内容拆分为其各个组成部分,并将各个组成部分与更加广阔的语境、社会背景或话语联系起来,也就是前文所说的“文本研究的特点在于跨层次和跨维度”。符号学研究是用来了解符号

① Williamson Judith., Decoding advertisements: ideology and meaning in advertising (London: Marion Boyers, 1978), p.16.

与符号之间是如何协同工作，以及符号与文化、知识互动后产生了什么样的含义。换句话说，索绪尔提出的符号学概念认为符号系统间的关系“规定着人们对于‘意义’的理解，无论是亲属关系、礼节行为、数学或是艺术”，[①]这一注重结构的符号学传统被称作“结构主义符号学”。

基于索绪尔的理论所产生和发展的结构主义符号学，经过列维·斯特劳斯（Claude Lévi-Strauss）、罗兰·巴特（Roland Barthes）、马涩·牟斯（Marcel Mauss）等人的研究后得到了长足的发展，并在20世纪六七十年代被普遍地接受。但是在20世纪末，结构主义符号学受到了广泛的批评与质疑，其中一个常见的批评便是，这一研究方法认为“事物”与“意义”之间是自主并基于“文化共识”的联系，这些均与文本的“作者”没有丝毫关系。而符号与“文化共识”之间的连接则是研究者在研究中进行构建的。阿隆索（Luís Enrique Alonso）和卡莱霍（Javier Callejo）指出，如果结构主义符号学研究传统走到极端，文本的作者无非充当了“更新”现有的话语实践或文化知识背景的角色。而这一“话语实践或文化知识背景”的更新与文本的“作者”也没有丝毫关系。[②]如此一来不仅抹杀了“作者”在符号系统中的作用（但作者显然是有作用的），同时还放大了符号学研究的主观性。不过在我们看来符号学研究的目的是扩充人们对于文本的理解，因此主观性并不会抹杀符号学研究的贡献。

总而言之，以索绪尔的理论为基础所发展出的结构主义符号学研究并不会让研究者对其敬而远之，也绝非一无是处。鉴于其上述不足，结构主义符号学研究方法可能无法贯穿整个文本研究始终，单独使用结构主义符号学研究方法难以完全达到文本研究的目的。不过在“文本”层面运用结构主义符号学研究，能够为研究提供相关的数据与信息，更好地推进后续深入的研究，同时也不会导致无依据解读甚至过度解读话语。

二、多模式材料的批判性话语分析（MMCDA）

“文本研究”“话语分析”从研究伊始直到现在，都与“语言”有着千丝万缕的关系。正如博格与莱克曼所言，语言是构建社会现实与储存社会知识最重要的资源。[③]现代符号学的奠基人索绪尔，首先被提及的名号甚至是当代语言学之父，讲述其符号学思想的重要著作也叫作《通用语言学课程》。这一情况也会出现在研究中，即研究者往往注重

① Manning Peter., Semiotics and fieldwork (Vol. 7) (Newbury Park, CA: Sage, 1987), pp. 25–26 .

② Alonso Luís Enrique and Javier Callejo., “El análisis del discurso: del postmodernismo a las razones prácticas”Reis No.88 (1999): 37–73.

③ Berger Peter, Peter Ludwig Berger and Thomas Luckmann., The social construction of reality: A treatise in the sociology of knowledge (No. 10) (Uk: Penguin, 1991), pp. 51–52.

对书写或口述文本的研究，忽略或者至少说是轻视其他形式的信息。MMCDA的目的便是对多种模式的信息所构成的文本进行分析与解读，以弥补传统研究方法的不足。

根据克莱斯(Kress G)的研究，“模式”是一种由社会塑造而来并由文化赋予意义的符号资源。其中，图像、文字、排版、音乐、手势、演讲、移动影像、配乐与3D模型都是用于交流与表现的模式。[①]克莱斯将“模式”定义为一种符号“资源”，不同的“资源”都可供用于传递某个信息。例如，假设某人因病无法去上课，可以选择给授课老师发一封邮件，采用文字的方式告知；也可以选择给授课老师打电话，通过语音的方式；或者通过微信视频电话、移动影像(视频)加语音的方式；或者赌运气去逃课，通过行动(或者说沉默)，试图蒙混过关。在特定的社会情形下，“模式”是有限的，而信息传播方式需要选择“适当”的模式。

因此，在这一研究中“模式”的选择至关重要，而这一选择不仅仅是由社会情形所决定的，“作者”在其中也同时起着重要作用。“恰当”的模式在很多情形下是有限的，而非唯一。在这个时候，“作者”的选择不仅仅由约定习俗所决定，同时也由“作者”的个人喜好与个人情况所决定。继续方才请病假的例子，假设某人并没有生病，而是在外面吃火锅而不想回去上课，那么在请假方式上可以选择的“模式”有文字模式(电子邮件、微信或QQ文字信息)、语音模式(电话、微信或QQ语音留言)、移动影像加语音(视频通话)以及信使(由他人代为请假)。而在装病的情况下，其他模式显然都比文字模式暴露的风险更大。作为理性人会毫不犹豫地选择文字模式，不管是邮件还是留言。由此可见，MMCDA的分析同时会关注不同模式在表达与传播过程中的作用，以及模式与模式之间的相互关系。一方面，MMCDA是分析多种模式，以及“作者”的介入，因此使用条件更为宽泛；另一方面，MMCDA的本质是批判性话语分析，从而有着更深的分析深度与批判性，故这一方法实用价值也较高。

三、符号学分析实践

在开始介绍MMCDA的分析步骤之前，首先需要说明一下这个研究方法的注意事项。

首先，不存在任何一个“放之四海而皆准”的多模式材料分析方法。所有针对“多模式”的分析都需要随着针对不同的材料、研究问题以及研究背景等而改变。本节仅为研究者提供一般性步骤以及在分析过程中的一些值得借鉴或参考的问题，以辅助

① Kress Gunther., Multimodality: A social semiotic approach to contemporary communication (London:Routledge, 2009), p. 79.

研究者完成每个研究步骤。所涉参考问题均从克莱斯与范·卢文、马钦与梅尔以及詹克斯瑞、霍勒尔与梅耶的相关研究中提炼而来。其次,“多模式”这一概念中“模式”之间可能存在着巨大差别。不同“模式”可能需要不同的分析手段。例如对文字的分析与对动画的分析极有可能采取不同的手段。故如上所述,没有“放之四海而皆准”的多模式材料分析方法。换言之,就是要具体问题具体分析。

本节中MMCDA方法的理论基础包括视觉社会学与符号学,特别是克莱斯与范·卢文的社会符号学,穆勒、杜姆的结构-诠释视角的符号分析等理论。2013年,在霍勒尔关于澳大利亚企业社会责任的研究以及2014年霍勒尔、詹克斯瑞与格拉夫斯特伦有关商业媒体对全球金融危机的构造的研究进一步使用并发展了此研究方法。此研究方法分为五步,每一步都有一系列的引导或参考问题来帮助研究者完成该步骤的分析。与此同时,此方法灵活性较强,其中某些研究步骤可以根据研究目的予以一定程度上的调整。

接下来,本节将选择腾讯2019年第三季度业绩展示的其中一页作为案例来具体介绍符号学分析的步骤(图5-3)。

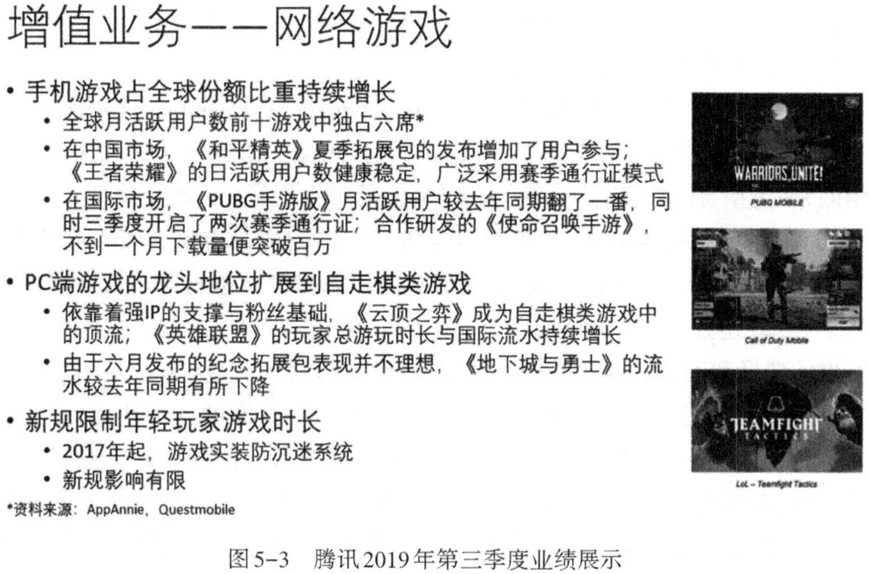

图5-3 腾讯2019年第三季度业绩展示

腾讯科技有限责任公司是中国规模最大的互联网公司,其业务涉及社交、娱乐、金融、资讯、工具和平台等不同领域。目前,腾讯拥有中国国内使用人数最多的社交软件“腾讯QQ”和“微信”,以及中国国内最大的网络游戏社区“腾讯游戏”。基于此,案例文本属于经济与商业范畴。对相关社会文化背景的分析景则需要考虑我国对游戏,特别是未成年人网络游戏行为的监管,中美贸易问题,企业的社会责任等方面。

企业的业绩展示属于企业的公开内容,由企业定期进行发布,公众可以在企业官网下载。从制作来看,通常是"由行政管理和传播专家代表公司集体制作的"。[①]与普通的业绩新闻报道不同,业绩展示针对的不是一般的受众,而是对企业有着不同兴趣的特殊受众与用户,例如金融分析师、股东、竞争对手、银行和债权人、监管机构、记者或非政府组织等。同时,需要注意的是,在腾讯网站下载的业绩展示是由英文写成的,因此这一展示针对的受众群体不仅只有中国的干系人。

业绩展示与企业年报某种程度上相似。企业业绩展示不同于企业年报对企业现况、财务状况等的展示,它对企业结构有着更加严格的规定,有着更多的可供企业发挥的空间,有着更多自主选择展示形式的余地。业绩展示的主要目的是介绍公司战略,说明实践和结果。旨在通过这种方式塑造公众对其的印象,同时向干系人提供业绩信息。一方面,业绩展示是信息公开的需求,另一方面则是希望向干系人传递企业发展的积极信号。

业绩展示通常以幻灯片形式出现,往往选用较多的视觉元素(例如表格、照片等)辅助解释,说明,以增强文本的解释性。一些公司还会添加其他材料和触觉模式(例如,不同的表面或三维元素),或者在报告的电子版本中添加视频剪辑等等。

话归正传,本案例MMCDA分析步骤如下:

第一步:描述模式出现的媒介类型(Characterizing the genre)。"Genre"一词在文学、音乐、传播学等多种学科中都有着重要的研究意义。而各个学科对该词的翻译都不尽相同,如类型、体裁、流派等等。此处"Genre"可以理解为"媒介类型"或"媒介背景",例如企业年报、政府公文、综艺节目等等。不同的媒介类型有着不同的"规则"。这些"规则"将影响文本的内容以及呈现形式。例如在撰写教材与写作学术论文时所使用的语言、表述方式、材料便是完全不同的。在分析文本时,这些规则可为理解作者所做出的选择和读者解释文本提供基本框架。因此首先需要分析这些规则。

以下几个问题将引导大家更好地分析媒介类型及其维度。请注意,这并不是所有需要分析的内容。根据研究问题,并非所有问题都需要回答。以下问题仅供引导分析的方向,拓展分析的思路:文本的社会文化、时空背景是什么?文本的制作人是谁?文本的受众是谁?这一媒介类型的目的是什么?关于这一类型,有哪些约定俗成的规则?在多模式的视角下,这一媒介类型有哪些特点?

第二步:捕捉外显内容(Capturing the Manifest Content)。分析文本的外显内容可

① Höllerer Markus., "From taken-for-granted to explicit commitment: The rise of CSR in a corporatist country," Journal of Management Studies No. 50 (2013): 573-606.

以采取多种方式，其本质都是内容分析的不同方法。此步骤旨在使研究人员熟悉并了解文本所使用的“语言”及其最主要的特征。这一步骤聚焦于单词和视觉元素的常规含义。引导问题如下：文字的特定“词汇”是什么？该文本使用了哪种修辞、文体技巧和策略？如何描述整个文本的“设计”和“布局”？

研究人员可能依赖于现有文献中采用的多种编码方案来解决上述问题。例如，在对视觉词汇进行编码时，可以寻找不同的人（例如，男性/女性，年轻人/老年人），动作（例如，单向/双向）和视觉文字中的设置（例如外部/内部，私人/商业）等等。对样式的分析，有关摄影和绘画的文献会有启发作用，可得到言语文本更详细的描述。例如照明、透视、视线、场景或观看者与图像之间的交互。最后，布局涉及组成整个文本的不同方式，其中包括模式之间的定位、重叠或其他“引用”。本节将基于案例简要说明这一点。

该业绩展示幻灯片中文字表述主要有两个特点：一方面，文字表述释放出极大的积极信号，例如扩大全球市场、全球前十游戏榜占六位、*CoD*（*Call of Duty*）移动版一月下载量破亿等等。但同时，腾讯并没有隐瞒其在*DnF*的收入下滑，并将其原因归结为“周年庆拓展包销量未达预期”。另一方面，展示中所提及的游戏均为腾讯旗下高知名度游戏，而非全部游戏，比如*CoD*移动版、云顶之弈、王者荣耀等等。选择图片方面，该展示没有选择在国内国际表现稳定的王者荣耀，而是选择了旗下三大IP——*PUBG*移动版、*CoD*移动版与云顶之弈。下一步将会进一步讨论这一点。在展示的最后提到了有关互联网游戏监管的问题，下一步中也会具体讨论这些结合文字的修辞策略。

在布局方面，文字与图片采用传统的左右分列，比例约为七比三，图片的选取也并未有特殊之处。因此，如上所述，引导问题仅起到引导作用，并非需要回应所有问题。

第三步：重建隐含元素（Reconstructing Latent Elements）。这一步的工作是通过文本背后更加广泛的意义结构分析，来补充分析表面外显的内容以及修辞和文体的策略。

此步骤的主要目标是在文本中显而易见的意义之外，去试图理解并掌握其潜在含义。引导问题的总体视角大多相似：文本中体现了社会现实的哪些部分或“领域”？假设社会背景如何才能使文本“有意义”？文本中可以找到哪些“缺席”的预期和意外？

文本中各个元素所涉及的更为广泛的社会环境和跨学科环境都必须在这一步的分析中重建。不同的编码策略适用于不同的文本和体裁。前置分析所得的比喻手法等各种修辞手段和论证结构都可以作为开启这一步的"钥匙",一般来说,所有阐释学的研究都可以为这一步提供相应的灵感与指导。[①②③]

本案例中,其展示形式为幻灯片,因此各方面表述十分简洁明确,不论是文字还是图片都与该页主题"游戏产业"紧密相连。一方面,积极与正向的表述占主导地位,此类话语旨在表现出中国游戏产业的活力与光明的前景。另一方面,公开DnF收益下降以及开诚布公地讨论国内互联网游戏监管问题。此举有两个用意:一是给未来可能的收益下降埋下伏笔;二是指出"新的防沉迷系统"与互联网游戏监管实际收效甚微,进而从侧面表示腾讯游戏的专业性以及未来可期。图片所示的三个游戏不仅是知名IP,同时还来自相对腾讯公司而言的"外国公司"。选取此类代理或合作的游戏作为配图能够暗示投资者腾讯游戏的国际化与多元化,从而增强投资者的信心。

但是在上述分析中不难发现缺少了腾讯游戏的两个重要元素。首先缺席的是腾讯游戏中的王牌之一:王者荣耀。作为腾讯旗下盈利能力最强的游戏之一,王者荣耀在新赛季推出之际不仅被一笔带过,也没有相应配图。其中一个原因便是有关王者荣耀相关的舆论多与游戏成瘾、互联网游戏监管相关。倘若过度涉及会导致外界对腾讯游戏或中国游戏市场不信任。另一个缺席的要素则是"自研游戏"与平台。在本幻灯片中,腾讯没有介绍其自研游戏、主机游戏、Wegame平台以及与任天堂的国行Switch相关合作。之前有关的战略回顾中对游戏全球化的报告,自研游戏、主机游戏与自家的Wegame平台也均有"缺席",这些可以试图从游戏产业的角度进行分析解读。比如相关游戏的收入情况或许并不利于提高投资者的信心,与国行Switch的合作到所支持的游戏都仍有一定的不确定性等等。这些"缺席"则在一定程度上加强了腾讯游戏"国际化"的形象,冲淡了先前有关游戏的不利舆论的影响,同时加强了投资者对腾讯游戏与中国游戏市场的信心。

第四步:模式组合(Composition)。先前的三步都是将不同模式的文本拆分开来,进行相对独立的分析。模式组合将通过更加整合的视角,以不同的方式来组合样本中不同模式的文本,这是多模式文本意义形成的核心手段之一。在这一步中,研究者需要试着探索各个模式之间的关系,例如,模式间的层级关系是什么?是否有文本作者有所侧重某一模式?不同模式所呈现或隐含的意义是否相似?模式之间是否存在

---

① Keller Reiner., Wissenssoziologische Diskursanalyse. Grundlegung eines Forschungsprogramms (Wiesbaden: VS Verlag, 2008).

② Hitzler Ronald and Anne Honer., Sozialwissenschaftliche Hermeneutik (Opladen: UTB, 1997).

③ Hitzler Ronald, Norbert Schröer and Jo Reichertz., Hermeneutische Wissenssoziologie. Standpunkte zur Theorie der Interpretation (Konstanz: UVK Universitäts-Verlag, 1999).

相互配合呼应?

因此,这一步共有三个引导问题:不同模式的信息是如何相互联系的?文本中的不同模式的信息在文本中是否有着特定的角色或者功能?整合不同模式的信息会产生怎样的信息或者叙事?

根据先前的分析可以看出,在样本幻灯片中,虽然以文字为主图片为辅,但实际上二者是相辅相成的。文字在这一文本中扮演着主要信息提供者的角色,为读者提供相关的信息;图片则巧妙地将不宣于纸上的信息传达出来,例如国际化与多元化。二者一同描绘出一个国际化、多元化的腾讯游戏。在展示中,无论是腾讯游戏的业务能力、发展与创造力还是中国游戏市场的发展前景都十分好。

然而以上分析仍有待完善。作为展示用的幻灯片,无论是文字还是图片,都无法深入详细地提供有关发展视角的信息。这一"模式"缺失将使得研究者需要十分细致地结合该季度财报、新闻稿等才能做出结论。因此,在研究过程中,特别是在模式组合这一步,研究者将第一次从宏观的角度整合和分析数据。这便要求研究者能够察觉出隐藏和缺失的材料与模式,并对研究加以修正。

第五步:批判评估(Conclusions and Critical Evaluation)。先前的四步中,研究者的重心都在所分析的文本上。而在这一步,研究者则需要从更加宏大的视角去审视与解读文本,探索文本的社会意义。批判分析一向都能提供较多的操作与解读空间,很多研究者也会将最后的问题直接指向权力、资本与利益等角度。不同于先前几步,批判评估中的规则与约束性相对较小,本案例分析中,笔者也只会更多地指向可能的研究方向与思路,而不提出结论:

对腾讯企业相关游戏的回顾幻灯片的分析,未来可以首先针对缺失的自研游戏、腾讯游戏展示出的国际化、多元化的角度来思考中国游戏产业的未来发展,分析游戏产业的发展模式与风险,解读独立游戏的生存困境等等。另一个思路是针对中国互联网游戏监管与腾讯游戏所呈现的"应对自信"进行分析,研究指向游戏文化或是游戏分级。此外,游戏产业的盈利、企业商业报告的表现形式、报告语言等等主体都可以成为这一步的潜在分析方向。

本案例只是对单一文本的数据进行了分析。涉及更多的文本数据的分析也可采用相同范式,只是在分析整合之时需要考虑文本间的互文性,而非单纯的模式间的"组合"。如案例分析中的第四步,根据研究问题需要追加有关财报、新闻报道等文本的分析,多文本分析有时也需要借助其他的工具,如框架分析,或者费尔克拉夫对互文性的理解,或者是福柯对互文性的解释等。

同时也必须认识到这一研究方法的局限性,尤其是涉及文字、声音、影像等较多模式的文本分析时,一方面,不仅需要研究者具备较高研究能力和更加丰富的知识储备,还需要研究者掌握多种分析技巧与知识。另一方面,这一研究对数据也有着一定的要求,例如通过焦点小组讨论或者参与式观察所收集的数据,由于相关数据多以文字表述为主(无论是书面还是影音),并没有一种"多"模式的数据,便不容易进行此类分析,采用更加传统的话语分析或批判性话语分析会有更多的收获。

第三节　叙事学分析

一、叙事与叙事结构

"叙事"这一概念,经常与"故事"同时出现,指的是一个有着开头、发展与结尾的,包含讲述者的经历或理解的故事。[①]叙事是对某一个事件或某一系列事件的重新叙述。叙事的主要目的是引起兴趣和娱乐,[②]因此其通常描述特殊或者不常见的或者有着一定的复杂性的事件。例如我们每天过着办公室与家两点一线的生活,因此聊天时往往不会讲述日常的两点一线,而会选择某个周末去吉百利巧克力工厂的故事。同时,叙事通常包括讲述者的亲身经历,往往能够拉近讲述者与其受众的距离,因此也会被用作说服的辅助手段。例如在美剧《波士顿律师》中,在进行最终的结辩时,阿兰·肖(Alan Shore)团队的律师通常会讲一个故事,以此拉近与陪审团的距离以便更好地说服陪审团。

叙事通常分为两种:即简单叙事与情节叙事。简单叙事指的是对某一事件的复述性描述。此类叙事大多不会采用复杂的叙事结构,通常按照时间顺序推进,例如电视或者报纸新闻对会议、交通事故、自然灾害等的报道。一般情况下,情节叙事不一定按照时间顺序推进,而是由作者根据情节、故事类型、表达媒介特点等有意地进行排列与安排,以传达其思想。例如昆汀·塔伦蒂诺(Quentin Tarantino)在电影《八恶人》中对情节的碎片化安排以及在随后将《八恶人》改编成迷你剧时不同的情节安排。

在提到情节叙事的时候,不得不提到"叙事结构"这一概念。叙事结构可以被视

---

① Titscher Stefan and Bryan Jenner, eds. Methods of text and discourse analysis: In search of meaning. (Newbury Park, CA: Sage 2000), p.125

② Holman Hugh and William Harmon.A Handbook to Literature. (Indiana: The Bobbs - Merill Company, 1980), pp. 283–284.

为一种框架，作者根据这一框架调整故事情节的顺序、风格，最终将故事呈现给读者。叙事框架的相关研究可以追溯到柏拉图、亚里士多德的著作中。20世纪中期，这一问题又重新引起学者的关注。罗兰·巴特的《叙事作品结构分析导论》一文可堪称为奠基之作。巴特在他的研究中试图采用演绎推理的方法，通过建立一种规则或者原则来对叙事进行研究。巴特将叙事分为三个层次，即：功能层，研究基本的叙述单位及相互关系；行动层，研究人物的分类，依据人物的行动范围来对人物进行分类；叙述层，研究叙述人、作者与读者的相互关系。

巴特认为，“这三个层次是通过一种渐进整合的方式互相连接起来的：一种‘功能’只能当它在‘行动者’的行动中占有地位时才具有意义；而这一行为本身又因通过一个基于一定规则构成的话语得到‘叙述’才获得最终意义”。[①]基于此，巴特从功能层入手，试图详细描述与研究构成叙事文本的各级单位与其关系。同时引入“序列”的概念：功能相互连接成一个整体，这个衔接的组织便是“序列”。“序列”间的交错与组合会产生更高一级的层次，即行动层。例如，“阴郁”“神秘”“古怪”这些形容词单独出现时是处于“功能”层的。一旦将它们组合在一起，便明确地构建出了一个或者一种特定的人物，也就是一个“行动”。

与此同时弗拉迪米尔·普洛普（Vladimir Propp）、约瑟夫·坎贝尔（Joseph Campbell）和诺思洛普·弗莱（Northrop Frye）的研究也试图寻找出叙事的普遍性以及其深层共有的基本元素。例如弗莱对叙事的“四季”原型的阐述。弗莱将叙事体裁、人的生命循环、相关联的神话故事用四季来进行类比，他将春季与喜剧相类比，象征着人生中刚出生的阶段，与创世、造物类神话相似；夏季与浪漫幻想题材的叙事相比，象征着人的青年与成长的阶段，与胜利、团聚类的神话相似；秋季则相当于悲剧，代表着人的年老，与神话中衰弱、分离、失势的相关内容相契合；冬季则是反讽反乌托邦题材的象征，代表着人的死亡，与神话中有关黑暗、混乱与死亡的相关话题相关联。

然而在很多批评者看来，大多数的叙事研究，其所采用的研究方法是“措辞宽松，十分直观，且全靠分析者自定义的概念”进行的。而这一评价对格雷马斯提出并发展的叙事符号学研究方法而言并不完全正确，这一研究方法也将是这一章所要介绍的，将着重针对情节叙事以及其叙事结构的研究。

① Barthes Roland and Lionel Duisit. An introduction to the structural analysis of narrative. New literary history, vol. 6 No. 2 (1975): 237–272.

二、理论起源与假设

叙事符号学研究方法的理论基础源自索绪尔、皮尔斯等人所做的研究。同时，俄罗斯形式主义学者也对格雷马斯影响深远，例如罗曼·雅各布森、维克托·什克洛夫斯基，其中最重要的是上文提到过的弗拉迪米尔·普洛普。1958年，普洛普发表了关于俄罗斯童话的分析，研究强调了"形式"在意义传递中的作用。童话建立的叙事结构对所有故事都至关重要。在对一百多个童话的分析中，普洛普确定了31种"功能"（例如伤害，阻碍等），这些功能由不同的参与者承担并相互关联，从而构成了七个行动空间（例如，反派、支持者、真实英雄、伪英雄等等）。普洛普指出，不同文化的童话都有着相似的主题，只是在不同童话中更换了角色，但是角色的功能没有发生过改变，因此其叙事结构也没有变化。例如"龙绑架了国王的女儿"跟"后妈赶走了白雪公主"是一样的故事，因为只是更换了角色而作用却没有发生变化（表5-2）：

表5-2 "龙绑架国王女儿"与"后妈赶走白雪公主"的相同叙事结构

角色	功能	替换
龙	恶势力	后妈
国王	统治者	国王（隐含）
女儿	爱人	白雪公主
绑架	消失	赶走

这些功能与行动空间的组合形成了一定的顺序结构，这些结构存在与否带来四个可能存在的剧情发展，即：1.通过奋斗和胜利得到发展；2.通过完成一个困难的任务得到发展；3.同时通过1跟2得到发展；4.不通过以上任何形式得到发展。

格雷马斯的研究中减少了可能的功能和行动空间的数量。他认为普洛普七个行动空间可以简化为三组结构关系：主体与目标、支配者与接受者以及助手与叛徒。三组关系可以揭示许多爱情故事的简单结构，其中涉及主体和客体、接受者和发送者之间的关系。很多功能，例如"禁锢"与"暴力"，虽然普洛普区分开了二者，但格雷马斯认为由于"暴力"的目的或结果便是"禁锢"，因此可以合二为一。

同时，格雷马斯采纳了符号学对传播的理解，上文符号学研究方法中已有阐释，此处不赘述。基于符号学对传播的理解，叙事结构可分成表面结构与深层结构。[①②]表面结构指文本中浅显的，可直接识别和理解的形式。表面结构可通过传统的文本

① Greimas Algirdas Julien and François Rastier. "The interaction of semiotic constraints." Yale French Studies No.41 (1968): 86-105.

② Fiol Marlene, "Narrative semiotics: theory, procedure and illustration." Mapping strategic thought 377 (1990): 401.

和内容分析方法来进行研究分析。深层结构是指嵌入文本中的基本价值体系，它由规范、价值和态度组成。这些规范、价值和态度在文本中反映了特定社会系统的价值和规范结构，因此具有一定普适性。

格雷马斯的第三个层次是在“表面结构”跟“深层结构”之间的表现形式结构。格雷马斯认为“意义的产生首先不是通过产生话语或者话语中的结合形式，而是通过叙事结构来进行传递的 。正是这些结构产生了以话语来表达的有意义的话语”。[①]叙事结构利用这些层次与层次间的相关关系来产生和组织表面结构的含义，可能衍生文本的一系列选择、基本条件和角色。

文本的叙事结构特征表现为六个角色，格雷马斯称之为“行动者”。这些角色引领整个故事：

（1）支配者：指将规则和价值观付诸实践并代表文本意识形态的特定力量。

（2）接受者：指支配者赋予价值的对象。接受者携带支配者所传递的价值。

（3）主体：在叙述中扮演主要角色。

（4）目标：主体所追求的对象，它代表了主体的兴趣所在。

（5）助手：作为支持方有助于受试者进行有关努力。

（6）叛徒：作为阻碍力量，代表一切试图阻止主体脱离目标的事物。

这些角色不一定都是人。在各种力量之间，只有一定的关系与事件是可能发生的。“主体”将自己引向“目标”，在借助“助手”的支持的同时还可能受到“叛徒”的阻止。所有一切都发生在“支配者”的价值结构中，通过“接受者”来呈现。正如李芳民（2006）在研究小说这种叙事文学时指出：故事情节与人物是最主要、最活跃的部分。但不论是故事情节的发生与展开，还是人物的各种活动，总是在一定的时空中进行的。[②]在这里，时空包括了“时间”与“空间”两个影响因素。格雷马斯将两者称为“同位素”，它们体现了叙事发生的环境背景以及其在时间维度的指向，即过去、现在或是未来。

三、深层结构

在分析了叙事结构之后，我们对叙事的框架以及其表面结构有了一定的认识与了解。在格雷马斯的叙事研究中，更为重要的一步是探索与分析深层结构。对深层结构的探索与分析旨在探寻叙事中所蕴含的价值观。事实上，在经过抽丝剥茧的分

① Greimas Algirdas. On meaning: Selected writings in semiotic theory. (Minneapolis: University of Minnesota Press: 1987), p.64.

② 李芳民：《唐五代佛寺辑考》，商务印书馆，2006年，第396页。

析后，会发现很多貌似各不相同的叙事结构实际上是基于同一个深层结构的，它们基础的价值观是一致的。例如游戏《刺客信条3》与电影《勇敢的心》，无论是表现形式、角色人物性格，还是角色价值观等角度都大相径庭。然而两个故事在涉及"自由"与"压迫"时的态度则是鲜明一致的：主角均代表着自由与胜利——无论主角是游戏中一名"不起眼"的刺客，还是苏格兰独立运动的领袖。当我们用这种思路来分析近年来大热的好莱坞电影时，不难发现类似的框架层出不穷。事实上叙事的深层框架的分析工具需要满足很多条件：首先需要同时具备复杂性、逻辑一致性与分析地点的稳定性，这样才能够有效地反映所分析的叙事；其次这一工具要能在分析者与所分析的文本之间建立一定的客观与距离感，同时还能具有一定的准确性。一个典型的能够完全符合上述条件的工具便是以格雷马斯名字命名的格雷马斯矩阵或符号矩阵。

在讲解符号矩阵的时候，格雷马斯经常使用红绿灯的例子进行说明：我们在上幼儿园的时候都背过这样的顺口溜：红灯停，绿灯行，黄灯亮了等一等。无论是行人还是驾车者，在路口看到红灯的时候，知道这一符号所代表的是停下，即S1；绿灯所代表的便是行走、开车，即S2。S1与S2之间的逻辑关系是相互对立的；而与S1"停下"相反的也就是"不要停"，即S-1；同理与S2"行走"相反的"不能行"便是S-2，S-2与S-1之间的逻辑关系也是互相对立的。而在交通信号的条件下，S-1与S-2的功能均被"黄灯"所拥有。换言之，在等待红灯变成绿灯的过程中，黄灯传递的是"S-2"的信号，即不能行；在绿灯行驶过程中看到另一方向的信号灯闪现黄灯的时候，正在马路中间的人应当迅速通过，这时黄灯所传递的便是"S-1"的信号，即不能停。由此我们可以看出"S1"与"S-2"之间的关系跟"S2"与"S-1"之间的关系是一致的，即补充的关系（图5-4）。

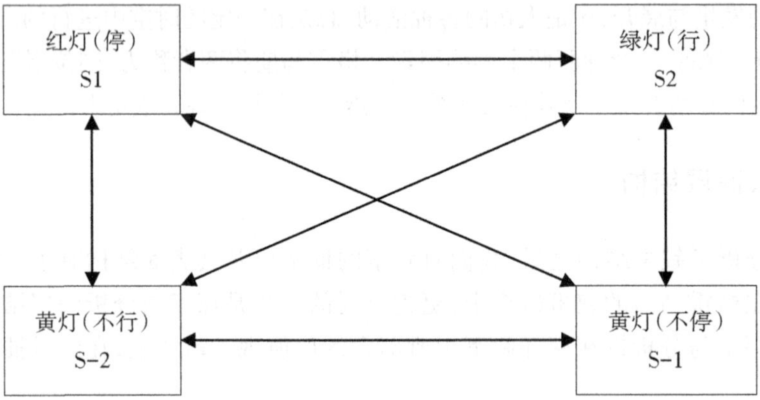

图5-4　交通信号灯符号意义

这种分析框架还可以从静态入手，分析在叙事的某一时间点其所呈现的价值关系的同时也可以分析价值的动态变化，以观测其行动背后价值观的衍变和发展。仍然以交通信号灯为例，现在交通信号灯中，“黄灯”已经逐渐淡出我们的视野，取而代之的便是“倒计时”形式，这一倒计时形式在“哪一秒”处发挥着“黄灯”的作用，或者“黄灯”所代表的“等一等”概念是否消失，这便是从一种动态发展的角度来看待我们出行的问题。

四、叙事分析实践

一般而言，对叙事的理解与研究一般分为三个阶段，本节以刘晓倩(2014)[①]的研究《从格雷马斯的叙事学理论解析电影〈亲爱的〉》为例。《亲爱的》这部电影聚焦“被拐儿童”这一题材，讲述了失去孩子的田文军与鲁晓娟去找寻自己被拐的孩子以及收养被拐儿童的李红琴试图找回“自己的”孩子的故事。在这个研究中，刘晓倩从叙事角度对这部电影进行解读，既探索了“真情”与“爱”在作品中的呈现，同时又对电影有关小人物与“他者”的城市生活、被拐儿童教育等社会问题进行初步的分析与反思。

第一阶段是从整体上熟悉与理解故事。本阶段按照主题、发展或过程等将叙事拆分为不同的部分，以便分析叙事结构与深层结构。在刘晓倩的成文中可以看到两个清晰的分析步骤。第一步是角色分析，第二步是“否定中的情节推动”。在所有分析之前，刘晓倩从整体上将叙事分成两个部分，“即田鹏被找到之前和田鹏被找到之后”。这一步旨在为后续叙事结构与深层结构的分析进行叙事拆分，提供基础。

第二阶段详细分析每一个拆分的部分的“叙事结构”。根据格雷马斯对叙事的理解、理论以及先前的叙事研究的探索，提切尔(Stefan Titscher)等人[②]认为这一阶段分为五步：第一步是明确每一个拆分部分叙事中的所有角色，并加以分析。同时分析“空间”与“时间”两个元素在叙事中的体现。第二步是明确每一部分中各个角色之间的关系与状态，例如，他们的行为是主动还是被动的？各个角色之间是否有联系？第三步是明确每一个角色的行动，例如，这些行动是怎样的？应该怎样定性这些行动？事实上，对行动的抽象定性也是旨在明确角色间的关系。第四步是根据先前的分析，确定各个被拆分的部分在叙事的整体中所起到的作用。提切尔等人认为，如果按照作用与目的划分，每个部分对整体的叙事只会是“认知参与”(Cognitive Involvement)即提供相关的知识与技能、相对应的背景知识或“实用参与”(Pragmatic Involvement)即对

① 刘晓倩：《从格雷马斯的叙事学理论解析电影〈亲爱的〉》，《重庆广播电视大学学报》，2014年第6期。

② Titscher Stefan and Bryan Jenner, eds. Methods of text and discourse analysis: In search of meaning. (Newbury Park, CA: Sage 2000), pp. 129-130.

提供的知识与技能进行验证、确认与应用。

最后一步是整合所有拆分部分的分析，换言之，这一步需要重新按照叙事去整合先前按照主题、发展或过程所拆分的不同部分。在整合的过程中去审视角色之间的关系是否有变化，角色的状态、身份是否产生了变化，有哪些角色消失了等等。

在该研究中，以田鹏是否被找到作为分界线，首先确认各个角色在叙事中扮演的角色，分析之间的关系，并列出人物关系图（图5-5）：

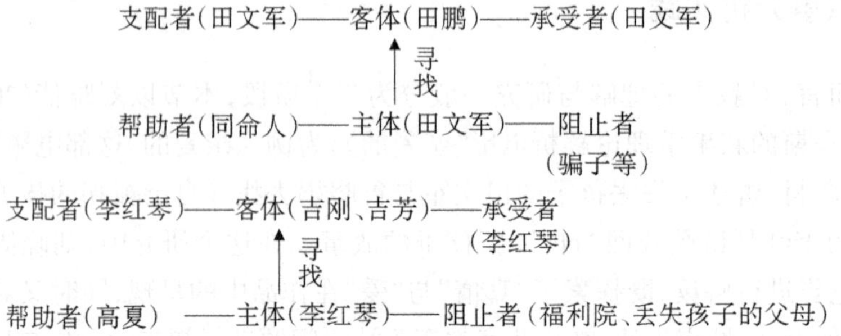

图5-5 《亲爱的》人物关系图1

作者指出两部分中的主体虽然是不同的人物，然而两人新的行动与功能却是一致的，即帮助者（助手）与阻止者（叛徒）的身份也并非静态固定的，而是随着剧情的变化而变化的，即某一人物在不同时间扮演着不同的叙事角色。作者指出，将两部分联系起来的是“李红琴的丈夫和田文军的儿子”。她从而得出了又一组人物关系（图5-6），梳理该组关系加上前两部分的分析实则又为下一步分析打下了基础。

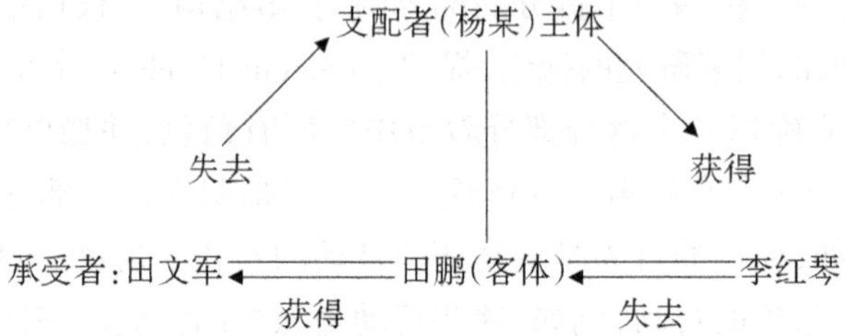

图5-6 《亲爱的》人物关系图2

运用格雷马斯框架还可从其他角度解读《亲爱的》（图5-7）。比如可以从时间与空间的角度入手。刘晓倩关于深度结构的分析中已经明确这一叙事所发生的空间，也就是深圳。因此，时空角度的分析能够为分析结论打下重要的基础。还可以运用细节、动态变化等进一步分析和阐释角色，使得研究更加充分。

同时需要注意，在选择运用叙事学研究过程中，对角色与叙事结构的分析在很多的研究中并未能够明显体现出来。一般来说，许多研究者都会在“背景介绍”、“文献综述”或“研究方法”部分的“数据收集”或“数据描述”部分选用格雷马斯矩阵前两个阶段所得出的结论。这样的研究路径，很容易被批判为过于主观。但如若能够完成对叙事结构的分析，在篇幅等客观条件的约束之下，这依旧是可以接受的。

采用“格雷马斯矩阵”的研究大多将重心放在第三阶段，也就是分析深层结构。经过前两个阶段分析后，研究者已经和研究文本之间建立起了客观距离感。基于第二阶段的分析所得出的结果，第三阶段的分析同时又赋予研究者较高的自由度与解释权。本案例中，在第二阶段分析完角色的行动、关系、发展，时间与空间等之后，研究者已经认知到叙事所体现的价值观，研究者通过符号矩阵来进行梳理并呈现出来，相关价值间的关系也因此得以体现。

需要注意的是，研究者站在自己立场上所观察到的叙事价值取向与叙事中支配者所表现的价值取向可能相向或相悖，这样的价值取向也有着一定的研究价值。运用符号矩阵对研究者观察到的价值以及文本中支配者呈现出的价值进行对比分析后，可能挖掘出该叙事中隐藏的价值取向。

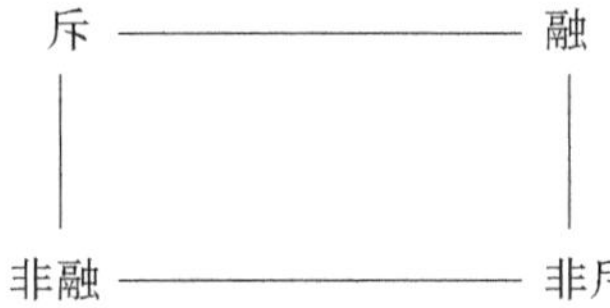

图5-7 《亲爱的》的核心对立概念

本案例研究指出，田鹏作为外来人口中的未成人，在他融入这个新城市的过程中存在矛盾和对立，该案例提出核心的对立概念为“融”与“斥”。(图5-7)这种矛盾首先体现在田鹏在“方言”与“普通话”之间的挣扎。田鹏坚持说方言则可以视为对城市文明的“斥”，说普通话则可以视为对城市文明的“融”。田鹏在城市文明的“融”与“斥”的矛盾中推动着性格的发展变化。事实上，这样的“融”与“斥”是外界强加给田鹏的。因此，田鹏最初坚持自己的方言，也就是“斥”的一面，而对“融”是抵抗的。他通过保持方言来采取“非融”的价值取向，从而支持“斥”的一面。而随着田鹏被拐走，又回到家中，家人放松了对方言，即“斥”的反对与压迫，因此方言表达便成为了“非斥”。这样田鹏的“非融”相向的价值取向让其感受到家庭与父母的爱，或许会有助于他“融”入城市生活。

综上所述，运用格雷马斯符号矩阵，对这一作品的价值分析可以延伸出有关外来人口融入新的城市生活的讨论、外来人口身份认同的讨论或对家庭关系与父母之爱的讨论等等。

不可忽视的是，格雷马斯符号矩阵研究方法还是存在一定的局限性。首先，虽然很多学者都持有“传播皆叙事”的观点，并认为传播都可以通过叙事的视角与方法进行探索。但符号矩阵主要针对叙事，故而在运用到非叙事文本的研究时仍然受到一定局限。其次，格雷马斯符号矩阵主要针对单一叙事。换言之，难以通过这种方法去研究和探索文本的互文性，同时也很难去应对大批量的叙事，因此需要文本分析法中的其他方法加以辅助。再者，由于格雷马斯符号矩阵往往只关注和探究单一叙事，因此实际研究的运用中很难去分析作品本身的语境、作者的背景对文本的影响，以及社会、文化、历史对叙事的影响。同理，如需对上述影响进行分析，同样需要借助文本研究法中其他的分析工具。

思考题：

1. 一般从哪几个层面进行叙事学研究分析？
2. 影视叙事视角应该如何进行选择才是最正确的？
3. 叙事政治是什么？

第四节　框架分析

在进入本节学习之前，请大家思考这样一道问题：我们假设，某地区受到流行病的侵袭，这一流行病可能将导致600人死亡。作为决策者，你有方案A与方案B选择。若采用方案A，可以使200名患者获救；采用方案B，那么600人全部获救的可能性为1/3，无人获救的可能性为2/3。请问你会采用哪种方案？

同样的场景，作为决策者，摆在你面前的有方案C与方案D。如果选择方案C，那么会有400名患者失去生命；选择方案D，无人死亡的概率为1/3，600人全部死亡的概率为2/3，你又会采用哪个方案？

我想你们都有自己的答案，而这两道问题则是出自心理学家卡尼曼（Kahneman）与特沃斯基（Tversky）[①]展望理论（Prospect Theory，也称前景理论、预期理论）的相关实验中，根据他们的实验，在方案A与B的选择中，72%的人选择了方案A；而在方案C与D的选择中，78%的人选择的方案D。其实大家不难看出，方案A与方案C，方案B与方案D，在结果上是一致的，它们之间的不同仅仅是表述方式的不同，在信息不变的情

---

① Kahneman Daniel and Amos Tversky., “Choices, values, and frames,” in Leonard C MacLean and William T Ziemba, eds. Handbook of the fundamentals of financial decision making: Part Ⅰ. (Singapore: World Scientific Pub,2013), pp. 269–278.

况下，不同的表述方式给观众产生了不同的影响，进而影响人们所做出的决策。这种表述方式的不同，卡尼曼与特沃斯基称为信息陈述框架的不同。

我们再分享一个故事：

有个吝啬鬼不小心掉进河里，好心人趴在岸边喊道："快把手给我，我把你拉上来！"但这吝啬鬼就是不肯伸出自己的手。好心人开始很纳闷，后来突然醒悟，就冲着快要下沉的吝啬鬼大喊"我把手给你，你快抓住我！"，这吝啬鬼一下就抓住了这个好心人的手。

好心人最后能够让吝啬鬼获救，主要原因在于他采用了吝啬鬼的惯常思维和行为框架。心理学上把这种由于不一样表达导致不一样结果的现象称为"框架效应"。我们在心理咨询中常常会碰到受人际关系困惑的求助者，有些就是由于表达不恰当所致。"框架效应"告诉我们：在人际沟通中，关键不在于说什么，在于怎么说。因此，无论是对传播者来说，还是普通的受众来说，对框架的理解，将有助于提升沟通的效率。框架与框架分析便是本节要讨论的内容。

一、"框架"的理论基础

（一）海德的归因理论

归因理论最初是由F.海德（F.Heider,1958）在《人际关系心理》中提出来的。他指出人的行为的原因可分为内部原因和外部原因。内部原因是指存在于行为者本身的因素，如需要、情绪、兴趣、态度、信念、努力程度等等；外部原因是指行为者周围环境中的因素，如，他人的期望、奖励、惩罚、指示、命令，天气的好坏、工作的难易程度等等。以在校学生为例，一个学生决定去图书馆学习，分析他去图书馆学习这个行为的原因。从内部原因来看，在于这个学生不想浪费时光，想通过学习来丰富自己；从外部原因来看，也可能是这个学生受到了老师、家长的鞭策，为了不辜负他们的期望，因此选择了去学习。所以，一个行为的产生，是在内部与外部原因的共同作用下促成的。内部原因和外部原因相辅相成，共同推动行为的发生。

海德认为人们归因时，通常使用不变性原则，就是寻找某一特定结果与特定原因间的不变联系。一方面，世界是复杂的，一个人不可能对任何一件事都付出自己全部的精力。因此，以一种不变性原则去应对千变万化的生活，在很多时候可以帮助人们更迅速地认识到事物本质，快速做出决定，提高行动效率。另一面，由于人具有惰性，很多时候面对复杂的、新鲜的事物,为了更便捷、更轻易地得到一个结论,不变性法则则提供了一个十分具有说服力的证明,减少了自己思考的困惑。但要意识到,不变性法则的应用应该是一个开放的、不断调试的过程,它是人生经验不断积累与反思的过程,而不是一种思维的僵化和闭塞。

如果某特定原因在许多条件下总是与某种结果相联,特定原因不存在,相应的结果也不出现。这就可把特定结果归结于那个特定原因。结合上文提到的,将结果与原因对应起来,并且将这一因果关系确定下来成为一种不变性,是需要不断调试与反思的。以控制实验法为例,可能造成一个物体变动的因素有很多,如果将其他因素控制起来,每次只突出一个因素的作用,那么这个不断尝试,不断排除的过程,其实就是一个寻求与确定引起物体变动的特定因素的过程。

不变性原则的思想方法是科学的,用这种方法可找到某种行为或其结果的关键原因。不变性原则的确立需要在无数的变动中找到准确的对应关系,那么一旦这一原则确立,其适用范围便是普遍的,可以帮助人们快速地找到事物的关键。因此,这一原则是科学的,具备普遍性。但也要辩证地看待这一普遍性与科学性,正是因为普遍,所以在这一原则的指导下,所看到的关键也可能只是一个表层的关键。科学性的确立,一方面在于对过往经验的应用,一方面也来自对具体事物的具体分析,不断地吸取经验,扩充不变性的内涵。

海德的"归因理论"是关于人的某种行为与其动机、目的和价值取向等属性之间逻辑结合的理论。一个人的某种行为、动机、目的和价值取向等种种因素,一起构成了一个人的独特存在,上述所涉及的几个因素都是构成这个人的一部分,如同一个人的肢体一般不可分割。"行为"作为连接人的实体器官与精神活动中介,在涉及动机、目的等意识层面因素时,自然也需要与之保持逻辑自洽。"归因理论"就是这一逻辑自洽的具体表述,一个人的行为是有原因的,不是盲目的。与此同时这一理论也是可逆的,一个人的行动有相应的原因作支撑,而一个原因的形成,也有现实的行动作基础,两者相互缠绕,相辅相成。

归因可分为两类。一是情境归因:情境归因是把个人行为的根本原因归为外部力量,如环境条件、社会舆论、工作任务、天气的变化等。二是个人倾向归因:个人倾向归因是把个人行为的根本原因归结为个人的自身特点,如能力、兴趣、性格、努力程度等。以一个人的成绩好坏为例,成绩的好坏作为一个既定的事实,去分析其背后的原因。首先,从情境归因来看,一个人成绩很好,与他所在学校浓厚的学习氛围是分不开的,也和老师的认真负责关系密切。其次,从其个人倾向归因,因为这位同学对这门学科非常感兴趣,因此付出了很多努力,所以取得了好成绩。同上述所讲的内部与外部原因相似，情境因素与个人倾向归因也相互呼应，共同达成了最终的结果。

（二）戈夫曼的框架理论

提到框架与框架分析，戈夫曼是无论如何都绕不过的学者，而在讨论戈夫曼做出的贡献之前，同许多学者一样，本节选择从另一个论断说起："框架即元传播"，这一论断是由人类学家贝特森（Bateson）在自己的研究中所提出[①]。贝特森试图回答的问题是：动物（包括人类）为什么能够在不同的情况下使用同样的符号用于不同的互动？这一问题是在他观察旧金山动物园的两只猴子"互动"过程中发现的，两只猴子采取了一系列看似打斗的动作，然而观察它们的行动与所释放的信号来看，它们是在嬉戏而非相互攻击，那么这两只猴子是怎么意识到彼此是在游戏而非争斗。同样，作为观察者的我们，又是怎样做出这样的论断呢？基于这些思考，贝特森提出了"元传播"这一概念。

"元传播"指的是"沟通双方对如何理解信息的编码与双方关系所进行的传播活动"，也就是"关于传播的传播"。贝特森指出，传播由三元素组合而成：(1)感官刺激的符号，(2)此符号的指代，(3)区别当前指代其他指代以及参与者所需要采取的对应活动的规则。举一个简单的例子，现在你收到了一条信息，只有两个字："笨蛋"。无疑，"笨蛋"两个字便是"感官刺激的符号"。假如这条消息是你热恋期的恋人，在看到你在约会地点找了半天没找到他时发出的信息，你会把它理解成"爱意或者爱称"，而不是对你的"辱骂与侮辱"（当然也有可能，不过跟着我的思路走好吗?），你或许选择表情包或颜文字卡组，掩面、憨笑，断然不会劈头盖脸地直接开始争吵。在这里，"爱意与爱称"便是"笨蛋"这一符号的指代，而把符号与指代相连接的是基于双方关系、当时情景等所作出的判断，并进而决定下一步的行动。"区别当前指代其他指代以及参与者所需要采取的对应活动的规则"便是元传播的内容，框架便是元传播维度的信息，是信息传递者提供给接收者应当如何理解符号的诠释规则。

戈夫曼（Goffman）的框架分析便吸取了这一元传播与框架的理论与理解，提出"框架指的是人们用来认识和阐释外在客观世界的认知结构，人们对现实生活经验的归纳、结构与阐释都依赖一定的框架，框架使得人们能够分辨、感知、理解、归纳众多具体信息"。[②]通过对框架的研究，戈夫曼试图回答的问题是：在某一事件发生时，人们如何理解与判断现在发生了什么？也就是人们如何建构社会现实？戈夫曼认为框架可以为理解与解读事件提供一定的思路、视角甚至合理的解释，即"解释图示"，能够

① Gregory Bateson, "The message 'This is play'", Group processes No.2 (1956): 145-241.

② Goffman Erving., Frame analysis: An essay on the organization of experience (Harvard University Press, 1974).p10-11.

对纷繁复杂的事物与现象进行分辨、觉察、确认与命名。

戈夫曼还运用音乐术语对这一概念进行进一步的解释与细化。首先，戈夫曼认为，我们对“真实”的认知是通过对“社会真实”进行转化，这种转换便类似钢琴的“调音”，而调音的前提是“基调”，戈夫曼解释为“一系列特定的常规，传播活动的参与者将一些初始框架中有意义的活动基于这些常规转化为另外的活动”。这一转化的目的是使参与者们能够对正在发生的事物产生共同认识并进行互动。与此同时，戈夫曼提出了另一种不同于“调音”的转换方式，便是“捏造”，“捏造”是行为人有意为使另一方对事物产生错误认识，而对信息进行有目的有选择性的建构。“捏造”也分为两类，一类是良性的，在“捏造”中并不以侵害参与者的利益为目的，甚至是为了参与者的利益而进行的（结果并不一定如此），例如玩笑、恶作剧、善意的谎言等等，参考电影《美丽人生》；而另一种则是侵略性的，一方通过刻意的建构进而损害另一方的利益，例如虚假信息、断章取义、偷换概念等。

面对任何事件，我们的经验与收到的信息都会让我们同时拥有多个不同的框架或采取不同的视角对信息进行解读、筛选、组织。比如李佳琦在一次直播中展示不粘锅时，鸡蛋粘锅进而导致此次直播带货现场“翻车”。其余的带货主播可能会把这次事件作为“翻车”事故的典型，或许更会关注如何避免自己出现类似的“翻车”事故，或者如果类似的事故发生在自己身上，自己应该如何应对。然而，李佳琦团队则会将此称为“个例”，对所带的产品也表示“不是产品的问题，是没有按照说明书操作的问题”；作为产品的品牌方，他们关注的则是这次“翻车”事故对产品形象和销售的影响，品牌方表示“此事件对于该产品的销量没有负面影响”。作为消费者的你我，我们可能会关注这究竟是产品问题还是操作失误？李佳琦先前带的货是否也会存在质量隐患……这种在庞大的信息与元素中抽出各自关注的元素，组成解读社会现实的切片，戈夫曼将其称作“截片”。

人们在不同的框架、不同的截片中进行筛选、接受、呈现等，便与戈夫曼另一贡献，也就是“拟剧理论”相联系。“拟剧理论”所关注的是人们在生活中如何运用符号来设计与展示在他人面前的形象。就像戏剧一样，进行表演并收获良好的效果。也像戏剧一样，戈夫曼提出了关于“台前”与“幕后”的区分。戈夫曼认为，在某一行动的具体情境之下，人们会选择某一框架位于“台前”，展示在行动者的视野内。在确定选择某一框架后，便意味着排除了其他框架，同时限定了可采取的互动类型，而这些也突出了情境的相关特点，对框架分析的方法与方向提供了启发。然而无论是贝特森还是戈夫曼，他们将“框架”视为一种新的思路与视角，并没有进行清晰明确的界定，更多的是描述性的解释，而这也使得恩特曼(Entman)[①]在自己的研究中对先前有关框架的研究描述为“散乱的概念化”。

二、“框架”究竟是什么？

在先前对“框架”的讨论中，我们可以看到“框架”这一概念的双重性，既包括了静态的“框架”，同时还包括框架的建构与传递，当然，这也与“框架”(Frame)一词在英文中包括名词与动词两种词性相关，而这种双重性便使得框架分析在以下三大范畴中有着较强的适用性：1.话语本身，即文本的再现形式与体系；2.话语的建构，即框架的建构过程；3.话语的效果(潘忠党，2006)。[②]“框架理论进入传播学领域是20世纪90年代初期的事”(王彦，2017)，[③]特别是在新闻与大众传播的范畴中，框架与框架分析得到了众多学者的青睐。不过直到现在，我们还没有对框架这一概念进行明确的界定，而正由于这些不同的范畴，框架也有着众多不同的定义。

坦卡德等人在他们的研究中将框架定义为“对于新闻内容的中心组织思想，通过选择、强调、排除与阐释的方式，指出事件的争议点并提供解释的情景”，[④]在此，着重强调的是“选择”、“强调”、“排除”与“阐释”这四个词，通过选择、强调、排除与阐释试图让受众对某一事物的态度与特点产生联想。恩特曼更加注重“选择”与“强调”的重要性，认为通过选择与强调，“将现实事件的某一部分挑选出来，在传播中扩大，通过此方式来‘定性议题’‘责任归咎’，进行‘道德评价’并提出‘解决意见’”。[⑤]而这一定义更为我们确定框架提供了重要的提示，在进行事物的分析时，可以通过“问题定性”、“责任归咎”、“道德判断”与“解决方法”这些功能来对框架进行确定与划分，从而进行后续的研究。

瑞兹的定义或许是现如今最全面的。瑞兹认为，框架是社会共享的、在时间上稳

① Entman Robert M. "Framing: Towards Clarification of A Fractured Paradigm." McQuail's reader in mass communication theory (1993), pp. 390-397.

② 潘忠党：《架构分析：一个亟需理论澄清的领域》，《传播与社会学刊》，2006年第1期。

③ 王彦：《沉默的框架：框架理论六十年的时间脉络与空间想象》，《浙江大学学报》(人文社会科学版)，2017年第6期。

④ Tankard James. et al., Media frames: Approaches to conceptualization and measurement(paper presented at the Association for Education in Journalism and Mass Communication, Boston, MA, 1991), pp. 1-28.

⑤ Entman Robert, "Framing: Towards clarification of a fractured paradigm." McQuail's reader in mass communication theory (1993), pp. 390-397.

定的，通过象征手段对社会世界有意义地进行结构化的组织原则[①]，在这一定义中，瑞兹强调了框架的六个方面：

第一是“组织”。不同的框架在如何成功、全面或完整地组织信息方面各不相同，就像先前提到的对信息的“选择、强调、排除与阐释”那样，这些都是属于对信息的“组织”。

第二是“原则”。对信息的组织并非凭空的或者仅仅根据文本的字面含义，而是根据一些抽象的原则，这些抽象的原则并非显而易见。

第三是“共享”。框架的重要性与沟通性只有在某一层面的共享才能体现。

第四是“稳定”。相较于变动，稳定的框架无疑有着更大的影响力，若某一个体持续接触特定框架所建构的信息，则个体很有可能将框架所构建的现实视为现实本身。

第五是“象征”。框架通过象征的表现手法揭示出来。

第六是“结构化”。框架通过提供可识别的模式或结构来组织，这些模式或结构的复杂性可能有所不同。对框架这六个方面的讨论将帮助我们更好地回答框架的出现、巩固以及框架的影响等方面的问题。

三、框架研究议题

传播学中框架研究一般集中在新闻生产框架、媒体框架和受众框架方面，下面以典型研究案例分别解析上述三种框架研究议题。

(一)新闻生产框架

从新闻生产角度来看新闻媒体如何判断事件的新闻性、如何建构事件的新闻性。美国学者盖伊·塔奇曼的《做新闻》把新闻看作一种框架，新闻是根据框架来生产的，新闻最终是一种意识形态，是被建构的现实。各个媒体按照自身的定位，设计新闻框架，框架的设立意味着内容被选择、被突出。虽然内容在框架之下依旧具备一定的灵活性，但总体的方向与定位已被设立。因此，框架的设立也意味着对文本的再现进行了设定。塔奇曼依据这个框架讨论了新闻工作者的时空安排、新闻生产的基本问题。塔奇曼通过举例前人的成果，以极强的理论性来论证自己的观点：新闻最终都是一种意识形态，是被建构的现实。

---

① Reese Stephen, Gandy and August Grant., “Prologue-Framing Public Life: A Bridging Model for Media Research,” in Framing Public Life: Perspectives on Media and Our Understanding of the Social World (Mahwah NJ: Lawrence Erlbaum, 2001),pp 1-24

（二）媒体框架

从内容研究的角度来看大众媒体的内容框架是什么，即媒体框架——话语的建构：框架建构的行动和过程。美国传播学者吉特林的《新左派运动的媒介镜像》，研究了《纽约时报》和哥伦比亚广播公司对20世纪60年代美国学生运动的新闻报道框架，即媒体框架，他从微观、中观、宏观三重维度，逐步厘清媒体报道的框架（表5-3）。

表5-3　20世纪60年代美国学生运动新闻报道的媒体框架

宏观层面	“极端分子组织的社会运动”
中观层面	“为了方便进行抗议活动，学生主张在校内建立警戒区”；“学生运动参与者喊出了马克思主义的口号”；“学生打出了越南共产党的党旗”——强化了学生运动极端主义形象
微观层面	描绘学生的词汇：危险的、缺少理智的、无头脑的； 描绘学生运动的词汇：缺乏有效组织的；惹麻烦的；不爱国的；主张暴力的……

吉特林在书中分析了《纽约时报》对学生运动的报道如何抑扬褒贬，在运动过程公众人物的声誉如何与日俱增，又如何慢慢消散，暴力如何不断升级，以及媒体的选择如何影响20世纪60年代这场学生运动和社会政治变迁。

（三）受众框架

从效果角度研究受众如何接收和处理媒介信息，这就是受众框架。

首先，受众框架的建构来自受众自身。结合上文的“归因”理论，受众会受到自我价值观、个人经历等相关因素的影响，对新闻文本的解读会带有个人的特点，而这一个性化的解读又受制于“不变性”的原则。因此，受众会逐渐地形成一个稳固的框架去解读文本。

其次，受众框架建构也被新闻媒体有意识地引导。新闻媒体面对受众的个性化解读不是无奈的，而是充分了解并以此为基础进行有针对性的投放，受众在面对这些投放的新闻文本时，他们的框架建构也会产生改变。总之，受众框架的建立是一个博弈与动态的过程。

新闻生产框架、媒体框架、受众框架，三者之间彼此互动，构成了公共生活的动态整体。新闻文本位于框架分析的中心位置，连接了新闻生产和消费两个阶段，连接了新闻生产者和消费者两个群体，这是我们理解媒体框架的重要环节。与此同时，新闻文本也是一个生产者与消费者彼此交流的场所，生产者以文本引导受众，获取收益，消费者以文本了解世事，并对文本做出评价与选择。这三者之间存在着变动与接洽的关系，总体上都是一个变动与平衡的交替过程。

与传统的大众媒体时代相比，互联网时代的新闻生产与传播格局发生了革命性变化。互联网时代的新闻生产、传播、接受已经没有大众传媒时代那种泾渭分明的格局,新闻生产、传播、接受已经处于高度融合状态。因此,互联网时代的新闻框架,已经不是传统媒体时代那种可以准确厘清新闻生产框架、媒体框架和受众框架的结构,这也是新闻框架所面临的新命题。

四、框架分析实践

由于多重的视角以及较大的范畴,框架分析有着众多的路径,例如甘姆森的"诠释包袱"、坦卡德的"框架列表"、范·迪克的批判性话语分析取向等等。本节介绍的是以恩特曼框架的四大功能作为分析基础的框架分析,根据陈怀林与杨柳的研究,"恩特曼的定义在世界顶级英语传播学期刊里面是被引用最多的一个……从1990年到2013年期间,共90篇发表在世界排名靠前15位英语传播学期刊上的论文引用了恩特曼的定义"。[①]这一框架主要有以下分析步骤:

首先是选定一件事、一个物或一个人,听起来似乎理所当然,因为任何一个在传播中出现的框架与特定的事件、话题或人物相关联时,才能够被定义,进而被研究。例如,在陈怀林与杨柳的研究中,研究者选择了澳门地区的"内地游客潮"作为研究对象,无论是新闻报道采用的框架,还是受众的接受与互动采用的框架,都与"澳门规定"相关的框架存在不同。即使是同一事件,在不同的时间点也会有不同的框架。

若试图探索框架在传播中是如何影响舆论的,那么第二步研究者则需要摘取出特定的态度。在所选取的案例研究中,对"大陆游客潮",我们既可以选择从总体上分辨人们对这一事件的态度,即正面、负面或中立,同时我们也可以像两位研究者一样,基于人们对"内地游客潮"的归因来进行考量,不同的框架则是基于这些不同的态度而建构的。

其次是通过对文本的阅读、分析,根据恩特曼提出的框架四项功能对所选文本的框架进行确认与辨识。在这一步中,更为普遍的做法便是,采用先前介绍过的"内容分析"的技术来确定每一功能框架。恩特曼提出的四项功能则作为编码的基本维度,通过部分典型报道与案例的初步分析,以及系列初步访谈来确认初步的编码表,进而对分析单位进行编码分析与确认。根据不同的研究目的与研究问题,这一步也会有不同的做法与侧重。例如在Zhou与Moy的有关"宝马案"的研究中,[②]研究者主要关注了舆论框架与媒体框架随时间的变化以及框架间的互动,因此在框架的确定与描述

① 陈怀林、杨柳:《标识和框架对热点事件舆论的影响——以澳门的"大陆游客潮"为例》,《新闻与传播研究》,2015年第7期。

② Zhou Yuqiong and Patricia Moy., "Parsing framing processes: The interplay between online public opinion and media coverage,"Journal of communication vol.57 No.1 (2007): 79–98.

中，研究者并没有选择文章的标题、隐喻、图片、段落等作为分析单位，而是采用恩特曼的功能框架将一篇新闻或帖文作为一个整体来进行编码。编码时，这一研究将每一篇新闻或帖文所承担的主要功能作为其功能，并在这一功能下选取对应的框架。也就是说，每一篇文章只对应一个框架，当然，这样的编码选择是基于研究目的与问题来设计的。

特朗勃（Graig Trumbo），选取了新闻标题与导言定义了“气候变化影响”、“气候变化证据”、“应对行为”和“解决方法”四个框架来挖掘美国主流媒体的气候变化报道，讨论框架与信息来源之间的关系。[①]在陈怀林与杨柳的研究中，基于文本的广泛阅读与分析，首先提炼出“内地游客潮”议题下的三个主框架，并根据恩特曼提出的框架四项功能，为每一个主框架细分出四个子框架，以此进行进一步的分析。这一方法所得到的框架有着较强的逻辑性与系统性，但在一定程度上限制了研究者的思路，也可能遗漏某些框架。

在对框架进行辨识与确认的时候，上文提到的过程是基于先前的理论与研究，先确定框架类型，进而进行确认。另一种常见的方式是不直接给出框架，而是通过对文本的主题、标题、关键词、消息来源、多媒体资料以及排版进行统计分析，在解释量化资料的基础上分别对背后的框架进行辨识分析。例如，吴彤、徐建华（2016）在分析气候变化报道时[②]，通过对文本的大量阅读，采用循环检验的方式，总结出12个议题框架。这一方法十分细致，同时给予研究人员一定的操作空间，为辨识出更多的框架提供了可能，然而框架间的逻辑性与系统性存在着一定的缺陷，需要研究者进一步的讨论与分析。

接下来的步骤，则是根据研究目的与问题，基于确定的框架进一步分析。在现阶段的研究中，单纯对框架进行辨识与确认的描述性研究已经较少，如万小广所说，完整的框架分析，应当涵盖上文所说的“话语、话语建构和话语效果”三个范畴，[③]但现如今的研究也早已超脱这三个范畴，在这里将介绍一些在确定框架后可行的分析思路：

第一个可行的思路便是研究框架对受众的影响，探索受众对框架的认同以及框架对受众对事物认知的态度的影响，陈怀林和杨柳的研究便是其中一个很好的例子。在确认与辨识出“内地游客潮”的议题主框架与子框架后，研究者从框架以及媒介使

① Trumbo Craig., “Constructing climate change: claims and frames in US news coverage of an environmental issue”, Public understanding of sciencevol.5 No.3 (1996): 269-284.

② 吴彤、徐建华：《基于内容分析法的气候变化报道国际比较》，《北京大学学报》（自然科学版），2016年第2期。

③ 万小广：《论架构分析在新闻传播学研究中的应用》，《国际新闻界》，2010年第9期。

用习惯、有关内地游客信息的来源、相关态度等角度进行调查问题的设计,同时结合"标识"理论,采用调查方法探索标识和事件解读框架如何影响澳门市民们对"内地游客潮"的态度,得出结论:(1)受众对内地游客的标识的认同受到其人口学变量、价值观和特定传媒使用的制约;(2)对不同标识的好恶又与选择事件的解读框架密切相关;(3)标识与解读框架进而共同显著影响了受众对"内地游客潮"的态度。

第二种常见的思路是探索时间对框架的影响,探索同一事件、同一话题甚至同一个人在一定的时间范围内框架的变化与更迭。例如吴彤、徐建华的研究,根据气候变化议题报道的数量和趋势,将1997—2012年划分为4个阶段,进而分析不同媒体在不同阶段报道气候变化问题时所使用框架的差异与变化,分析时选取了各家报纸在不同时期最常使用的3个框架,以及使用该框架的报道篇目数量,通过整合比较得出结论:各国媒体使用的报道框架与其所属国的国际气候变化谈判立场相关联。

第三种思路则需要一定的联想与想象力,对有联系的不同事物的不同框架进行比较,试图探索媒介对现实塑造的影响。卡特(2013)在对框架与框架建构社会现实的讨论中举了这样一个例子:通过分析美国在非典跟炭疽热传染的新闻报道发现,疫情报道采用了引发众人过度恐慌甚至偏执的框架,他认为相关的报道所传递的恐慌远大于实际造成的危害。相比较非典跟炭疽热,心脏疾病早已被证实更具有危害性,然而相关报道则采取了完全不同框架。他认为某一事件的重要性,会由于其被理解与报道的框架与当时所处的情景被夸张、削弱甚至误判。[①]

当然,框架分析也有着其适用条件,虽然也有学者对电影、电视剧等进行框架分析,然而在现在的传播学研究中,框架分析更多地应用于新闻报道。而且,在对框架的定义中,坦卡德强调了对文本的"选择、强调、排除与阐释",而在框架的确定与辨识再到之后的分析过程中,我们更关注或者说更容易关注的是被"选择、强调、阐释"的文本,而被"排除"的文本便也在分析中被"排除"了,但是"排除"的框架或许更值得研究,"缺席"本身便是一种意义。但似乎很难对被排除的文本与框架进行一定研究的分析,这也需要我们借助其它的分析技术,例如批判性话语分析等。

五、框架分析运用案例

本研究以李海波、郭建斌的论文《事实陈述vs.道德评判:中国大陆报纸对"老人摔

---

① Carter Michael. "The hermeneutics of frames and framing: An examination of the media's construction of reality." Sage Open vol.3 No. 2 (2013): 1–12.

倒"报道的框架分析》(《新闻与传播研究》2013年第一期)为范本,采用框架分析法对媒体报道"老人摔倒"做系统性阐述。论文以"老人摔倒"这一社会议题的报道为例,阐述媒体在进行报道时所使用的报道框架。

框架分析的实施步骤包括提出研究问题,界定研究总体和研究范围,建立内容分析编码表,类目建构,信度检验及类目统计,框架提炼及分析讨论,提出研究结论。

(一)提出研究问题

李海波、郭建斌根据以往的研究发现,过去对"老人摔倒"这一话题的报道多使用"道德框架"这一报道框架,根据近年该议题的新闻报道的阅读,研究者认为议题存在多种报道框架,因此提出以下问题:

(1)媒体如何对"老人跌倒"这一话题进行呈现?

(2)媒体对这一事件的报道采取了哪些框架?

(3)这些框架相比以前,有哪些变化?

(4)这些变与不变,说明了什么?

(二)界定研究总体与研究范围

论文采取"百度新闻"这一检索工具,以"老人摔倒""老人跌倒""老太摔倒""老太跌倒""老太太摔倒""老太太跌倒"这六个关键词,检索2011年、2010年,以及2007年和2004年的相关文本。

1.检索工具选择原因

在目前对报纸内容的"框架"分析中,通常使用"慧科"(wisers)的报纸数据库,但由于研究者所在的大学图书馆没有购买"慧科"的数据,只能使用网络搜索引擎。在比较了几个搜索引擎的所搜结果之后,研究者发现"百度新闻"得到的数据最为丰富,遂采用"百度新闻"的搜索结果。

2.关键词选择原因

为了获取尽可能多的文本,经过不同尝试,并秉持尽量简洁以避免遗漏的原则,最终决定使用6个关键词:"老人摔倒""老人跌倒""老太摔倒""老太跌倒""老太太摔倒""老太太跌倒"。经过前期的尝试发现,以"关键词位于新闻全文中"的方式搜索,会出现大量无关或关联度低的文本,所以确定关键词位置为"仅在新闻的标题中"。

3.时间选择原因

论文发表时间为2013年,在时间段的选择上,首先确定搜索2011年和2010年的文本;因为2007年"彭宇案"是一个标志性事件,此研究也希望探求此类报道的框架演变情况,所以接着搜索2007年和2004年的文本。在搜索过程中,研究者发现,2007年和2004年相关报道数量较少,很难探讨框架演变,一方面可能因为当时媒体不太关注此类题材,另外也可能是受制于技术因素,当时的很多相关报道并没有上网。

(三)建立内容分析编码表

在筛选文本的同时,研究者制作了一个内容分析编码表。这个编码表以新闻的5要素(5W)为核心,根据具体的分析需要,增加了媒体名称、消息来源、报道者、延伸事件、新闻链接、文本字数等项目。文本和编码表确定之后,由10位编码员进行初步编码,然后再对编码的结果进行信度检验。此研究最终选定634篇报道作为样本。按照研究经验,框架研究的样本不能过少,不能只有个位数,也不能太多,最好在1千以内。一般学者们做报道框架研究的样本在300—600之间较多。

(四)类目建构

在初步编码的过程中,经过10位编码员的讨论,将目标文本的报道角度分为以下11个类别,并给出操作定义。每篇文本的报道角度可能不止一个,我们限定每篇文本最多归纳3个报道角度。11个类目及操性定义、代表文本(仅列出标题)如下:

(1)助人为乐:老人摔倒后得到好心人救助,重点赞扬好心人助人为乐的品质。(这是对"助人为乐"报道角度内涵意义的阐释,即可操作化定义)

典型报道:《老人骑车摔倒医生伸手相救》(《唐山晚报》2011年3月2日)、《上楼摔倒爬不起多亏邻居来帮忙八旬老人写诗感谢七旬恩人》(《衢州晚报》2011年3月9日)。

(2)谴责冷漠者:老人摔倒,路人怕担责任没有扶起老人,或者老人摔倒后很长时间内没有被扶起,重点描述老人可怜无助或者路人冷漠。(这是对"谴责冷漠者"报道角度内涵意义的阐释,即可操作化定义)

典型报道:《老人街头骑车摔倒路人怕惹"麻烦"不敢伸手扶》(《海南特区报》2011年1月12日)、《福州85岁老人摔倒马路众人围观直至其死亡》(《云南信息报》2011年1月5日)。

(3)老人讹诈:摔倒的老人被好心人扶起,反诬好心人是肇事者。典型事件为轰动全国的"南京彭宇案"。重点谴责摔倒的老人或家属,为施救者鸣不平。(这是对"老人讹诈"报道角度内涵意义的阐释,即可操作化定义)

典型报道:《网友发帖称好心扶摔倒老太反遭对方女儿讹钱》(《城市晚报》2011年2月20日)、《扶起跌倒老人却被讹钱还遭到拘禁殴打?》(《半岛都市报》2011年11月30日)。

(4)感激好人:摔倒的老人被人扶起或送去医院救治,老人或家属感激施救者。

多与助人为乐一起出现。(这是对“感激好人”报道角度内涵意义的阐释,即可操作化定义)

典型报道:《男子扶起摔倒老人送医院孙女悬赏千元找好心人》(《钱江晚报》2011年11月21日)、《七旬老人早市跌倒众人争相上前搀扶让老人倍感温暖》(《大连晚报》2011年11月1日)。

(5)奖励:因扶起老人获相关部门奖励,并因此获得荣誉或奖金。(这是对“奖励”报道角度内涵意义的阐释,即可操作化定义)

典型报道:《七旬老太跌倒两高中生相助受到奖励》(《南方都市报》2011年1月12日)、《高中生搀扶起摔倒的老人获得巨额奖励》(《半岛都市报》2011年1月14日)。

(6)纠纷:老人摔倒后,在责任归属方面与相关人员发生争执,双方各执一词,相互扯皮。(这是对“纠纷”报道角度内涵意义的阐释,即可操作化定义)

典型报道:《六旬老人工作时摔倒一审判超市赔》(《东南快报》2010年12月11日)、《老太追车摔倒身亡司机涉嫌交通肇事被公诉》(《新京报》2010年4月9日)。

(7)问责公共服务:老人在公共场合摔倒,原因是公共服务有缺陷,重点谴责公共管理不力,并呼吁修正。(这是对“问责公共服务”报道角度内涵意义的阐释,即可操作化定义)

典型报道:《污水横流结冰大清早老人摔倒》(《西安晚报》2010年12月22日)、《屡有老人在此摔倒这条人行道设计是否有缺陷》(《杭州日报》2011年1月18日)。

(8)诉讼:因老人摔倒事件引起法律纠纷。(这是对“诉讼”报道角度内涵意义的阐释,即可操作化定义)

典型报道:《六旬老人工作时摔倒一审判超市赔》(《东南快报》2010年12月11日)、《老太追车摔倒身亡司机涉嫌交通肇事被公诉》(《新京报》2010年4月9日)。

(9)事实陈述:基本客观中立地陈述事实,无明显立场或主题。(这是对“事实陈述”报道角度内涵意义的阐释,即可操作化定义)

典型报道:《老人倒走不慎摔倒头部着地生命垂危》(《现代金报》2011年2月15日)、《突然跌倒后未及时爬起6旬老太丧命公交车下》(《现代快报》2011年11月1日)。

(10)投诉:老人摔倒后,老人或家属向居委会、物业或者消费者协会、工商局等仲裁机构投诉,申请调解。(这是对“投诉”报道角度内涵意义的阐释,即可操作化定义)

典型报道:《老人故宫内摔伤家属索赔遭拒》(《法制晚报》2010年1月12日)、《江阴华东医疗轮椅支架断裂老人摔倒在地》(《新法制报》2010年12月10日)。

(11)作证:老人摔倒,有人救助但需要找旁观者作证,或因为责任纠纷寻找证人。(这是对“作证”报道角度内涵意义的阐释,即可操作化定义)

典型报道:《成都一老人晨练跌倒3个人怕担责任一起才敢扶起》(《华西都市报》2010年12月18日)、《78岁老人摔倒一度无人敢扶小伙扶起路人作证》(《扬子晚报》2011年1月25日)。

(五)信度检验及类目统计

第一次编码结束后,我们用复证(replication)的方法来检验信度,即10位编码员重新分配任务,对同一篇文本进行第二次编码。然后以全部634篇文本作为抽样框,以随机的方式进行系统抽样(每年度文本数量不同,抽样间距随之调整),获取样本86个,其中对报道角度归纳前后一致的有78个,归类一致性指数为0.91。对结果不同的8篇样本,10位编码员再讨论分析,在达成共识的基础上修改,然后编码员再一次重分任务,检验并修改二次编码结果中不一致的情况。634篇报道中11个报道角度类目的具体分布情况如下(表5-4):

表5-4 报道角度分布

报道角度类目	频率	百分比/%
助人为乐	332	37.5
谴责冷漠者	141	15.9
事实陈述	124	14.0
感激好人	88	9.9
诉讼	62	7.0
作证	42	4.7
问责公共服务	31	3.5
纠纷	25	2.8
奖励	19	2.1
老人讹诈	17	1.9
投诉	4	0.5

(六)框架提炼及分析讨论

1.框架提炼

秉承"框架是新闻文本所呈现出来的某种模式化的表达方式"的定义,根据上文统计结果中各个报道角度的出现频率高低,并借鉴瑟曼特克和沃肯伯格的分类,将纸媒关于"老人摔倒"事件的新闻报道主要提炼为4类框架(表5-5)。

表5-5　媒介框架出现频率

框架类别	道德框架	事实陈述框架	法律框架	问责框架	其他	合计
出现频率	578(65.3%)	124(14.0%)	104(11.8%)	31(3.5%)	48(5.4%)	885(100%)

(1)道德框架:媒体从道德层面来描述和解释新闻事件,这种模式包含4种报道角度,或表扬好心人(助人为乐,37.5%),或批评旁观者(谴责冷漠者,15.9%),或称颂被救者和施救者互怀善念(感激好人,9.9%),或指责被救者不义(老人讹诈,1.9%)。该报道模式所占比例为65.3%,是此类报道中所占比例最高的。

(2)事实陈述框架:媒体按照事件本身逻辑来诠释此类议题,这种报道模式基本客观中立,无明显立场。此类报道所占比例为14.0%。

(3)法律框架:媒体从法律责任的角度来诠释事实,或渲染双方相持不下对簿公堂(诉讼,7.0%),或突出施救者自我保护意识(作证,4.7%)。此类报道所占比例为11.8%。

(4)问责框架:媒体从批评公共设施存在漏洞、问责政府相关部门的角度来描述和解释事实。此类报道所占比例为3.5%。

2.分析讨论

(分析)2011、2010、2007和2004年的新闻文本,可发现"道德框架"所占比重高达65.3%,仅"助人为乐"这一个报道角度就高达37.5%。此项研究中所说的"道德框架",其实包含多种视角,"助人为乐""感激好人""谴责冷漠者""老人讹诈"等角度又是最为突出的4个方面。

"法律框架",在纸媒的报道中同样存在,且所占比例(11.8%)颇为可观。新闻是建构的现实,但离不开事实的本源,报道框架的多元或许表明社会实践发生了某些变化,比如社会成员法律意识的增强,面对同样的"老人摔倒"事件,用法律武器维护自身权益的行为逐渐增多。

"问责框架",在中国媒体报道中同样可见。这类报道主要分为两种情况:摔倒的老人或家属指责政府相关部门,如市政管理局、城市规划局等;当事人并未提及公共服务,但媒体报道时批评政府相关部门。

"法律框架"和"问责框架"渐成气候,在一定程度上说明纸媒的报道框架是多元的。

一个有趣的现象是,在此项研究中"事实陈述框架"占到了14.0%,这又引发了我们对传统新闻学问题的一些省思。如果从所谓"纯新闻"的角度来讲,这样一类"事实陈述框架"更加合乎新闻"专业主义"的要求。选择其他框架,或多或少,都明显地偏离了这一"正常"的轨道。

(七)提出研究结论

此研究采取框架分析的思路,以纸媒对"老人摔倒"议题的新闻报道为研究对象,在对大量具体文本的报道角度进行统计分析的基础上,辨识出4类框架,分别是"道德框架"、"事实陈述框架"、"法律框架"和"问责框架"。

"道德框架"指媒体从道德层面来描述和解释新闻事件,包括助人为乐、谴责冷漠者、感激好人、老人讹诈等报道角度;

"事实陈述框架"指媒体按照事件本身逻辑来诠释事件,基本客观中立,无明显立场;

"法律框架"指媒体从法律责任的角度来诠释事实,包括诉讼和作证等报道角度;

"问责框架"指媒体从批评公共设施存在的漏洞、问责政府相关部门的角度来描述和解释事实。

这4个框架,我们进一步区分为3个不同的层级,"道德框架"位于第一层级,是核心框架;"事实陈述框架"和"法律框架"作为次级框架;"问责框架"作为第三层级。这样的层级划分有利于深化对框架分析的认识和理解。

研究结果表明,纸媒对此类议题的报道框架具有多元化特征。虽然"道德框架"仍占有较大比重,但"法律""问责"等框架亦渐成气候,形成框架竞合态势。即便在"道德框架"中,也并非局限在"助人为乐"单一角度,而是呈现出"谴责冷漠者"、"老人讹诈"和"感激好人"等多元视角并存的格局。

(八)结束语

受制于诸多限制,此研究尚存在一些缺陷与不足。比如,此研究局限于媒介内容的分析,对框架背后的历史、社会背景只能做简单的描述,对框架形成的真实原因以及对受众的影响,并没有实证地考察。理论上讲,完整的框架分析应该包含话语、话语的建构和话语的接受三大环节,强调用统一的理论把媒介内容、新闻生产和传播效果整合起来研究,分析取向上要求采取各种方法,对行动的场景、方式、动因和后果等相互关联考察。这些不足有待于在以后的研究中进一步分析。

又如,此研究对框架的操作化定义为"新闻文本所呈现出来的某种模式化的表达方式",具体方法上先识别单篇文本的报道角度,然后在统计分析的基础上辨识出报道模式即框架。这样尝试的合理性和可靠性,有待于进一步检验。

思考题:

1. 简述框架理论,并举例说明其实际运用。

2. 请举一个适合运用内容分析法的选题,并进行分析阐述。

第五节 修辞学研究方法

美剧或者美国电影中经常会出现这样一句台词:“It's a rhetorical question.”。Rhetorical question的中文意思是“反问”,而rhetorical这个词的意思是“修辞的”。使用明知故问的表达方式会起到加强语气,发人深思,增强语言的气势与说服力的效果。这种修辞手法最终落脚点是“说服”,这同样也是本节“修辞”(rhetoric)要讨论的主题。

一、修辞学与亚里士多德

关于修辞的研究可以追溯到古希腊时期人们对辩论、雄辩术与真理的讨论。Rhetoric一词的最早使用见于柏拉图的《高尔吉亚篇》,不过当时与另一词,即Oratory(“雄辩术”)的意思重叠。二者的目的都是说服,因此修辞学也被称为是“说服的技艺”。柏拉图本人认为不管是修辞学还是雄辩术都是智者通过操纵语言文字来蛊惑听众,去阻碍人们探索真理。因此柏拉图以辩证法来反对修辞学,主张使用哲理性话语进行真理的探索,而非使用修辞术来进行“虚假说服”,他的学生亚里士多德则持有不同的看法。

亚里士多德在《修辞学》中开门见山地指出:“修辞学是辩证法的对应部分”,由此肯定了修辞学的地位。同时,亚里士多德认为修辞学与辩证法是相辅相成的。辩证法的目的与使命是探寻真理,修辞学则是传播和实践真理,二者珠联璧合,构建出了基于真理与知识的传播说服体系。亚里士多德虽然批判了老师柏拉图反对修辞学的观点,但是他也同时将修辞的适用范围限定在三种演说中:1.议事演说,即“阐明议事提案的利弊”;2.法庭演说,控告或辩护;3.公民大会的展示性演说。亚里士多德在《修辞学》中提出了三种说服策略:

第一种是道德诉说,即通过讲述者自身的可信度来进行说服。例如,2017年国家整治虚假广告时,轰动一时的“一人分饰多角”虚假医药广告案。该案中,刘某一人先后以中华中医医学会镇咳副会长、东方咳嗽研究院副院长、中华中医医学会风湿分会委员、某医院退休老院长、北京大学专家、苗医传人、蒙医第五代传人等不同虚假身份在不同医药广告中出镜。刘某通过以上看似专业、权威的身份为各种医药产品宣传，使得其推广的医药产品"看起来"疗效显著，从而达到引骗观众购买的目的。

第二种说服策略是理性诉求，即明确传达客观信息，通过归纳法或者演绎法的逻辑推理，加强诉求对象的认知，引导其进行分析和判断，从而达到说服的目的。以手机广告为例，各类手机宣传册上，厂商选择通过对比各类型号的配置，手机运行速度以及测评来展示手机的质量，说明其性能优越。买家选购此类商品时往往会多次地考量与对比，因此，针对此类产品，运用理性诉求效果更好。

第三种策略是情感诉求，即针对诉求对象的心理或社会需求表达相关情绪，通过激发诉求对象的情感反应从而达到说服目的。此类诉求不包括或只包括少量客观信息，主要依赖于感觉、感情、情绪来建立起诉者与诉求对象之间的情感联系。禁烟广告是典型案例之一。如广告中会通过对比吸烟者的肺部影像与未吸烟者的肺部影像，患病比例等，刺激观众产生恐惧情绪，从而传递"吸烟有害健康"的信息，以阻止人们吸烟。

此外，亚里士多德还强调了"Kairos"的概念。"Kairos（Καιρός）"为古希腊词，原意为契机，修辞学中意为传递信息的时间与说服效果之间的关系。现代修辞学者赫斯（Aaron Hess）对"Kairos"解释为"通俗而言，就是该说的话要在该说的时间说出来"。[①] 亚里士多德认为应根据情景选择恰当的说服策略，故而每种策略有它最佳的使用时机。采用道德诉说进行说服时，应选择新晋当红的诉者来发声。例如，众多厂商现在喜欢选择当红或流量明星作为品牌或产品的代言人。当听众愿意并乐于听取意见的时候，则更适合采用理性诉求进行说服。比如，在课堂或研讨会上进行课题展示的时候，往往会使用逻辑说理的方式来表达观点。在公共危机发生之时，也是诉诸情感进行说服的绝佳时机，例如在非典期间，人们被"劝说"去大肆囤积食用盐、板蓝根、醋等。

西塞罗、昆提利安等人继亚里士多德之后又进一步发展了修辞学，他们将"修辞五艺"即"取材"、"布局"、"风格"、"记忆"和"演说"作为培养修辞学者乃至政治演说家的基本功。随后，修辞学一直是一项重要的研究，且涌现出众多伟大的修辞学家，例如圣·奥古斯丁、卡希多拉斯、彼得拉克、威尔逊、培根、坎贝尔等。但是，修辞学研究的范围仍局限在口头表达方式、书面表达方式以及政治演说等主题中。直到20世纪，随着现代语言学的发展，现代修辞学重新焕发活力，从语言和言语区分的角度研究语言修辞手段、修辞方法和整个言语修辞规律。

修辞与传播这两个概念自诞生伊始便有着紧密的联系。传播学的研究中频繁应

---

① Hess Aaron., "Critical-rhetorical ethnography: Rethinking the place and process of rhetoric," Communication Studies vol. 62 No.2 (2011): 127-152.

用修辞学的理论与研究方法，特别是在“说服”场景下，比如对广告、政治宣传等的研究。近年兴起的电子游戏的研究中，也有研究者提出了借助“过程修辞”的概念来研究电子游戏中价值观的传递。本节主要介绍幻想主题分析，它是现代修辞学的重要研究方法之一。

二、符号融合理论与幻想主题分析

从更广阔的视角来看，幻想主题分析法是文本分析的修辞批判法的一种，它是“描述、分析、解读、评估文本中的说服信息的系统研究方法”。[①]根据安德鲁斯的研究，在进行文本分析中采用修辞批判的视角主要有五个功能：阐明说服性信息的目的；有助于理解文本的社会、历史与文化背景；可以用于批判研究现实社会；通过研究理论如何指导说服话语实践对相关理论进行进一步探索；能够帮助理解说服机制以及进行有效说服。

欧内斯特·鲍曼（Ernest Bormann）基于贝尔斯（Robert Bales）有关小团体互动沟通研究所提出的符号融合理论（Symbolic Convergence Theory）是幻想主题分析的理论基础。鲍曼发现很多人会分享与创造一系列被贝尔斯称作“戏剧化”的故事与经历，参与分享的人群通过分享行为形成了一个紧密的群体。符号融合理论试图理解并分析这一群体通过共享的情感、动机与意义所构建的群体显在的同一性。为了达到这种群体的同一性，符号融合理论认为“戏剧化”或者幻想故事是沟通的重要手段。人们往往为了更好地解释与理解日常发生的事件而采用“戏剧化”或构建幻想故事，其中意义、情感、价值以及行为动机共同构成了传播行为的重要背景。因此，符号融合理论还可以被认为是归因理论的一种。

鲍曼随后在1980年提出“符号现实”（Symbolic Reality）的概念来进一步描述与分析团体成员间符号融合趋同的情况。他认为符号间的互动和融合形成了幻想主题，即两个或多个人的符号世界，在沟通过程中通过共享戏剧情节，彼此接近、重叠，进而形成某个团体的共识载体。鲍曼的研究指出，符号融合理论的结构分为三部分：描述在群体意识与交流中反复出现的沟通形式与内容；说明群体意识的产生、发展与维持方式；解释在群体中的个体是怎样开始（或停止）分享群体共享的符号现实的。

幻想主题分析法是与符号融合理论匹配的研究方法。幻想主题分析法包括幻想主题、幻想类型和语义视野三个部分。此处“幻想”（Fantasy）一词的意思也不同于日

---

① Frey Lawrence, Carl Botan and Gary Kreps et al., Investigating communication (NY: Allyn & Bacon, 2000),p. 207.

常或词典的解释。鲍曼将“幻想”定义为“为了实现心理或修辞上的需求而对事件进行创造性或想象性的表达”。因此,符号融合理论与传统的修辞学一样,并不关注“真相”或者“真理”,而把重心放在相关事件的表达方法上以及在传播与分享这些幻想的过程中群体如何接受幻想并作出反应。我们可以将“幻想主题”(Fantasy Theme)这一概念当作幻想的内容来进行理解:幻想主题反映并创造了这一群体的文化与价值观,所以在研究中学者都会试图寻找、描述并解读群体共享的那些幻想主题。

幻想主题着重的是幻想,也就是戏剧化表达事件,因此幻想主题与肯尼斯·伯克(Kenneth Burke)的戏剧分析类似。幻想主题一般分为三部分:场景、人物与行为。它可以是一个词、一句话、一段文字甚至是一个表情包。幻想主题呈现或试图呈现的不仅是群体对当下事件的说明,还有其对先前事件的描述定性与对未来事件的预测。例如,在打CS国际服的时候,当玩家试图在关键时刻力挽狂澜,却以微弱的劣势输掉比赛的时候,对手或者队友会在聊天栏中发出“NT”(nice try)。而这一系列互动都可以看作类似话题的“幻想主题”,情景是玩家在CS国际服试图力挽狂澜却遗憾失败,人物是对手或是队友,而行为便是在聊天对话框中发送“NT”。鲍曼认为幻想主题体现了群体成员想表达的意义、情感、动机与行为,我们回到刚刚“NT”的例子来讨论这四个方面的存在。在CS国际服的例子中,我们先看队友所发的“NT”的意义:干得真的不错,差一点儿就成功了;情感:鼓励、支持;动机:提振士气,争取赢得比赛;行为:鼓励;而对手所发“NT”的意义为:干得不错,差点儿就成功了,不过还是我们更强点儿;情感:鼓励与嘲讽;动机:希望有更好的对手打出精彩的比赛,享受比赛;行为:鼓励与嘲讽。

在刚刚的例子中,玩家们是在“同一群体”内进行沟通,也就是那些经常在CS国际服进行比赛、游戏的玩家,在面对类似的情景时,大家便会采取同样的回应模式。然而同样的“NT”,在LOL变成了一个咒骂词。当一个从未在CS国际服玩游戏的LOL玩家首次在CS国际服遇到类似表述时,作为“非群体成员”会首先带入自己先前的经验,然而经过游戏与沟通之后,便会接受类似表述,成为该群体成员之一。因此我们可以看出,“幻想主题”是一种试图影响意见不同者或“墙头草”的表达或修辞方式;这些多个相似或相同的幻想主题聚集在一起并相互联系时,便产生了幻想类型(Fantasy Type)。幻想类型是“对于幻想主题的浓缩与概括,当我们认为某些论断是理所当然的时候出现”。[①]还选择刚才的例子进行说明,在CS国际服的沟通中,“NT”、“GG”(good game)、“GLHF”(good luck have fun)等表述便可以归纳成CS国际服中非战术沟通的一

① Olufowote James., “Rousing and redirecting a sleeping giant: Symbolic convergence theory and complexities in the communicative constitution of collective action”Management Communication Quarterly vol.19 No.3 (2006): 451-492.

种幻想类型。也就是说，这类沟通不会像游戏内战术安排、攻守方向、道具使用等简称暗号对玩家在游戏战术沟通层面实施影响，而是在非战术层面产生影响。这一幻想类型用于提升玩家的游戏体验，而类似的幻想类型便会迁移到其他游戏，甚至工作、生活之中。

幻想主题与幻想类型这两个概念多在小群体中频繁出现，而正如鲍曼所言，“幻想始于小组，随后将会出现在公共演说中，继而被大众媒体所接受，最后向社会大众传播”。鲍曼为了回应相关的批评并进一步发展幻想主题，于是提出了语义视野（Rhetorical Vision）的概念来将其更好地应用于大众传播的分析中。他将语义视野定义为“将大众带入同一符号现实的复合戏剧”。[①]

与幻想主题所不同的是，语义视野除了描述场景、人物与行为之外，还加入了正当性机制的概念。其中，场景是事件或戏剧里的主要地点和人物所在的环境；人物指的是反复出现在事件或剧中的人或被赋予人的属性的事物；行为叫作情节，即人物参与其中的作为；正当性机制指的是使得事件或戏剧变得正当合法的机制，一般由来自较高层次的力量或价值观充当。以著名的辛普森案为例,辩方的结辩词尤为典型。辩方在长达数小时的结案陈词中花了巨大的篇幅来描绘辛普森（角色）在生活中（场景）与女儿一同合影玩耍的场景，在聚会中热情地亲吻家庭成员的场景，经常与好友一起运动、谈笑风生的场景，与家人爱人一起聊天欢笑（行为）的场景。这些归结在一起都属于同一个幻想主题：辛普森是一个热爱生活、热爱家庭的好丈夫、好父亲、好朋友、好人。而这一幻想主题与辛普森案的辩护之间的关系在于其暗示了一个价值观：好人是不会犯下如此恐怖的罪行的，因为他们正直，尊敬他人，热爱生活（正当性机制）。由此也可以看出，幻想主题分析的对象是已经被创造出来的幻想主题、幻想类型与语义视野。

三、修辞学研究方法实践

幻想主题分析已经具有较为完善的分析过程与步骤。鲍曼[②]和弗斯[③]提炼出进行幻想主题分析的以下七个具体步骤：

① Cragan John and Donald Shields., The use of symbolic convergence theory in corporate strategic planning: A case study. Journal of Applied Communication Research, vol.20 No. 2(1992), pp.199–218.

② Bormann Ernest ., “Fantasy and rhetorical vision: The rhetorical criticism of social reality” Quarterly Journal of Speech vol.58 No.4 (1972): 396–407.

③ Foss Sonja., Rhetorical criticism: Exploration and practice (Long Grove: Waveland Press, 2017), pp 25–27.

(1)明确可分析文本。如录音、影片、采访稿或研究者的亲身观察和经历。

(2)了解文本对社会产生的影响。

(3)在所选择的文本上逐字细心地找出不断被重复、复诵的字词句或文字下的主题。即找出团队成员用于诠释现实的戏剧化信息与符号象征(包括明显的和隐藏的)。

(4)记录上述被复诵的信息并对照文本细心检查。

(5)尝试从场景主题、角色主题、行动主题出发去组织信息,构建成幻想主题,再将重复的幻想主题归纳为幻想类型,进一步构建语义视野。

(6)从幻想主题、幻想类型、语义视野这三者中的联系界定其背后的动机。

(7)评估语义视野。

此处选择吴玫与梁韵的研究《中国—东盟博览会品牌形象研究:基于符号融合的理论视角》为典型案例进行解读。[1]这篇研究以"中国—东盟博览会"的品牌设计与宣传为例,首先试图发现"中国—东盟博览会"的推广者所构建的"中国-东盟"的活动形象品牌,随后研究分析受众对这一品牌的认识、解读与接受,从而探讨"符号融合理论"对国家形象、品牌塑造等相关研究的借鉴性。

在该研究中,无论是从符号融合理论的描述中还是相关概念的解读中都不难发现,幻想主题分析方法有着鲜明的互文性。这一特性要求研究者要明确地界定与选取其分析的文本,并对文本的选择进行说明。案例中的研究对象是三段专门为宣传"中国—东盟博览会"而录制的对外宣传视频。视频源自中国—东盟博览会官网。文中指出"中国—东盟博览会"官网作为最具权威的唯一官方宣传网站,是东盟国家了解该博览会、甚至中国的重要窗口,也是中国广西南宁扩大海外影响力的主要平台。研究中首先详细而明确地介绍了研究对象,然后提供能够帮助读者找到这一研究对象的平台与资源来辅助理解研究,同时论证了选择其作为研究对象的原因。

在符号融合理论的理论框架中,幻想类型是幻想主题与语义视野之间沟通的桥梁。在案例所示研究中,两位研究者发现了三个幻想类型,在此主要解读和分析其以"水"作为主要符号的幻想类型以及相关幻想主题。研究中发现"水"这个符号"将中国与东盟之间的关系具象化,符号化",于是便选用宣传片主标题之一的"源远流长,水到渠成"指称这一幻想类型。在解读中,"水"不仅仅指代将中国与东盟国家相连的重要河流如澜沧江、湄公河,同时"水"在中国文化中隐喻"财富"以及象征着"生机与活力"。因此,该研究指出,"'水'的意象贯穿于整个宣传片,将宣传片的主旨发挥得淋漓尽致,最终成为了复诵的符号"。

---

① 吴玫、梁韵:《中国—东盟博览会品牌形象研究:基于符号融合的理论视角》,《文化与传播》,2015年第2期。

“水”这个幻想类型中包括了四个幻想主题。该研究除了描述与分析每一幻想主题的场景、人物与行为之外，还同时分析并建立了各个幻想主题间的关系，以此来更好地诠释这一幻想类型。宣传片中首先表达出中国与东盟国家有着紧密的合作与联系，大家共创财富（即宣传片中各国妇女们来到流经她们国家并与中国河流相通的江河边，用各种不同的方式“取水”）。中国—东盟博览会不仅是双方合作关系的表现，同时还提供了加深各方合作的平台。东盟各国整合资源，更好地发挥出各国的经济潜力（即宣传片中各国所取的水经过层层传递，最终来到中国，长城；带有各国名字的水滴汇成“10+1≥11”）。传递与参与传递的人们的行为更加充分地体现了各国间的亲近关系与长久的友谊，即宣传片中各国的孩子与大人一同传水，手牵手微笑（幻想部分类型见表5-6）。

表5-6

幻想类型三:源远流长水到渠版				
幻想主题	场景	人物	行为	幻想对象
大江东去百川归海	东盟国家	身穿传统衣服的妇女	1.码头边用绳子系着水壶取水;微笑 2.岸边取一钵水;微笑 3.溪边取水;微笑 4.江边用银质水瓢取水;微笑 5.丛林间取溪水;微笑 6.江边头顶取来的水;微笑 7.跪地取水;微笑 8.半身浸入江内取水;微笑 9.临江取水;微笑 10.鱼身狮面石像喷泉取水;微笑	中国与东盟的关系
水从四面八方汇聚于此	中国与东盟国家	当地孩子与妇女	十国间的人们传递盛着水的罐子	中国与东盟的关系
每一滴水在此汇聚	中国与东盟国家	当地风景人物	带有国家名字的水滴汇聚成“10+1≥11”	中国与东盟的关系
友谊永久	广西南宁	各国的小孩和大人	抬头看向同一片天空;手牵着手微笑;汇聚一堂	中国与东盟的关系

在这一幻想主题分析中，吴玫与梁韵分析了“水”作为符号的幻想主题与语义视野的关系，由于“水”这一符号在中华文化中承载着多种寓意，因此也表现了多层次的语义视野，“水”既代表着“各国资源”又有“源头”之意，同时还有“连接”的寓意，因此

在对“水的汇聚”或“水到渠成”进行解读时，这些都与中华文化传统相连。

案例中关于“水”的幻想主题分析，其精妙之处在于除了分析了三段宣传片之外，还采用焦点小组讨论方式收集了东盟国家11位在华留学生，对这些信息的接受与解读。在焦点小组讨论中，对“水”这一符号又产生了不同的幻想主题、幻想类型与语义视野。研究发现，海外观众更多是从当地的生活与宗教文化背景出发来形成“水”的语义视野。他们首先关注的是“水”在日常生活中作为维持生产生活的重要元素所发挥的作用，或者是从宗教、文化出发，关注“水”所蕴含的“祝福”“纯洁”“神圣”“希望”等象征意义。通过对比双方的幻想主题、幻想类型与语义视野，发现双方都接受以“水”的连接含义所构建的语义视野。

案例中的研究在一定程度上弥补了幻想主题分析乃至所有修辞学研究本身的缺陷。作为关于“说服”的研究，传统的修辞学研究首先关注的是修辞的技巧，而说服的“效果”大多是作为默认条件而存在的。在现实的传播行为中，传播效果，特别是在大众传播中对非群体人士的传播效果，永远是未知的。诚如案例所示的研究中，两位学者的反思：“在过去的外宣话语体系中，侧重点都在‘我想表达什么’，而忽略了‘你怎么想’，‘我怎么表达才能打动你’。我们的外宣倾向‘宏观’话语，……但因为缺乏对受众思维图景的了解，流于自说自话，缺乏打动人心的力量。”

还必须指出的是，传统的修辞学研究方法还有其他缺陷。一方面修辞学研究更多的是关注于文本本身，因此对社会、文化与历史背景的探索有着一定的局限性，故而需要借助其他的分析工具来进行相关分析。另一方面，修辞学研究方法对互文性并未进行更深入的分析，这也在一定程度上影响了修辞学研究方法的应用，例如幻想主题分析虽然关注了文本的互文性，但互文性在幻想主题分析中被默认为文本间的和谐统一，并没有更深入地对互文性进行讨论与分析。

四、修辞学研究运用案例

本节以刘涛的论文《西方数据新闻中的中国：一个视觉修辞分析框架》（《新闻与传播研究》2016年第2期）为范本，采用了视觉的修辞方法对西方数据新闻中的中国报道进行了系统性的分析。该文章认为，西方媒体在用数据新闻报道中国国情时，所运用的视觉修辞对中国的国际形象造成了一定的扭曲。

米歇尔在《图像理论》一书中提出：所谓视觉修辞，意为借助图像化的方式开展“劝服性话语”生产的符号实践。视觉修辞分析的实施步骤包括提出研究问题，界定研究对象和研究范围，建立视觉修辞框架，分析与结论。

（一）提出研究问题

刘涛在论文中提出，“数据化”和“可视化”是数据新闻的两大特征，在数据可视化的实践过程中，存在着对现实的还原与重构。论文认为，西方主流媒体在对中国进行数据新闻报道时，使用的视觉修辞策略实现了对中国形象的“另类建构”。

（二）界定研究对象和研究范围

论文的研究对象为西方主流媒体以中国为议题对象的数据新闻，以及全球议题中与中国有关的数据新闻。其中包括，从2011年1月1日至2015年9月1日的《卫报》和《纽约时报》中有关中国的报道，以及全球编辑网络主办的数据新闻奖的全部获奖作品。

1.媒体选择原因

（1）地缘因素：《卫报》和《纽约时报》分别代表英国和美国极具影响力的报纸媒体。

（2）专业因素：二者在数据新闻实践上具有全球影响力。具体来说，《卫报》于2009年成立全球第一个专业的数据新闻平台“数据博客”（Date Blog），同年成立并开放数据商店（date store），在数据新闻实践上令全球瞩目；《纽约时报》是美国较早开展开放数据与数据新闻实践的代表性媒体，推出的The Upshot平台主打数据新闻，是美国报业数字化转型公认的领跑者。西方数据新闻领域极负盛名的《数据新闻手册》将《卫报》和《纽约时报》视为全球数据新闻生产的两大巨头。

综上，此研究的样本代表了当时西方的主流态度，它们的数据新闻的实践上在西方有一定的认可度。因此，研究样本具备代表性。

2.时间选择原因

研究者检索发现，西方数据新闻的涉华报道数量自2011年以来呈现总体上升的趋势，而选取的此篇论文的发表时间为2016年。因此，在时间上此篇论文选取的是2011年1月1日到2015年9月1日。样本在时间选择上体现了时间的全面性和连续性，更能全面和准确地反映西方代表性媒体在对中国进行数据新闻报道上的总体情况。

（三）建立视觉修辞框架

论文在研究思路上主要是从西方数据新闻涉华报道的可视化行为切入，聚焦于整个修辞过程中的具体的修辞实践和修辞环节。为了厘清视觉修辞的具体环节和实践，客观上需要对视觉修辞过程进行必要的细化、拆解和确立，而这直接指向了可视化实践的构成体系——修辞对象、修辞目标和修辞方法。

具体来说，视觉修辞的对象是数据，如何选择、组织和呈现数据，这是视觉修辞框架确立的前提和基础;视觉修辞的目标是重构一种新的数据关系,即通过数据关系来体现话语关系,因此数据关系决定了视觉修辞的意义方向与话语落点;视觉修辞的方法强调抵达特定的数据关系所需要的叙事策略和操作方案,尤其体现为对叙事学意义上的认知维度的确立——时间和空间是两种最基本的认知维度,而交互实践则拓展了文本叙事的认知深度,因为交互行为其实就是在纵深维度上的一种数据整合方式。因此时间修辞、空间修辞、交互修辞便成为可视化过程中三种非常重要的叙事策略和操作方案。

从视觉修辞的对象、目标和方法综合来看,西方数据新闻的视觉框架可以从数据、关系、时间、空间、交互五个内在关联的微观修辞实践切入(图5-8)。此研究接下来将立足于五种具体的修辞实践,分别探讨每一个修辞实践的符号行为及其深层的话语生产机制,以此完整地把握西方数据新闻涉华报道的视觉修辞框架。

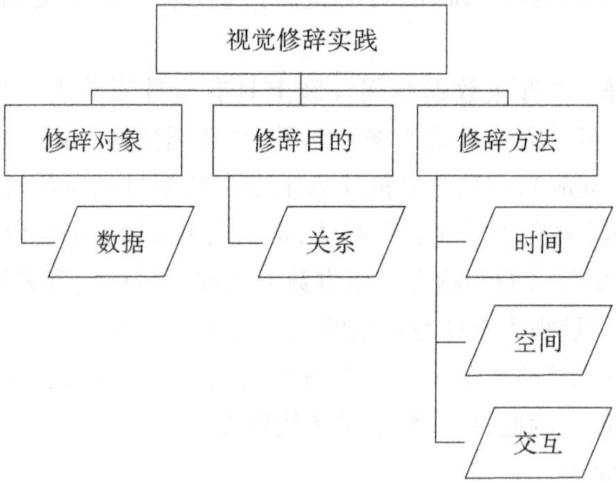

图5-8　修辞框架

(四)分析与结论

1.数据:从数据“链条”到数据“拼图”

传统新闻中,数据和人存在一种阐释的关系,数据不是孤立的,而是带着深刻的人文内涵和叙事功能,并且,数据和数据之间存在着诸如因果、推演、演绎等认知手段,因此呈现出一种数据“链条”。

如今的数据新闻中的数据呈现更像是一种数据“拼图”。所谓数据“拼图”,意为数据之间并不存在推理、论证、因果、演绎等逻辑关系,而仅仅是一种简单的、朴素的、机械的类比和比较。尽管每个数据的指涉对象和表征内容是清晰的、明确的,然而所有数据聚合到一起并形成一面数据“拼图”,其实相当于赋予了数据一种新的阐释语境。

从数据“链条”到数据“拼图”，实际上是重置了一种权力语境。因此，数据的选择、组织、布局和符号化等修辞环节都会影响并决定视觉框架的呈现方式，其结果往往使数据携带了原本不可承受的意识形态话语，而这恰恰是数据新闻实践中视觉框架生产极为隐蔽的修辞策略。

2.关系：相关关系与因果关系的“概念置换”

数据关系存在多种类型和形式，但常见的数据关系是相关关系和因果关系。相关不等于因果，前者关注的是“是什么”，后者关注的是“为什么”；前者属于非决定论范畴，后者是一种朴素的决定论思想。进一步讲，相关关系仅仅是揭示事物之间存在方式上的关联性，而并非强调二者之间的决定关系或因果逻辑。

一般来说，只有同一语境、同一类型、同一层次的数据才具有比较的可能性与科学性，一旦不同背景的数据被置于同一个关系结构中时，它们之间可能存在一定的相关关系，但绝非因果关系。纵观西方数据新闻的涉华报道，一种常见的视觉修辞手段就是制造一幅“因果幻想”，使人们很容易站在西方优势话语立场上想象中国，并将可能的相关关系误认为一种直接的因果关系——中国的“举动”引起、决定或导致了其他国家的经济下滑、军费增加、工厂外迁、贸易制裁、冲突加剧等。

3.时间：时间线与“时间政治学”

主流话语常见的叙事策略就是对历史时间上的重大事件、重大人物、重大事实的精心选择、裁剪和拼贴，以此勾勒历史叙事的主体节点和框架，从而形成特定意识形态规约下的历史叙事。

按照新历史主义观点，历史节点如何选择？时间框架如何管理？历史素材如何取舍？这都是时间维度上的修辞行为。荣获2013年最佳数据新闻奖的《链接中国》在时间线上呈现了新中国成立以来的重大事件，然而绝大部分事件都是关乎中国的负面事件，而某些极度敏感的政治事件则在视觉上被刻意强调。因此，西方媒体在“如何讲述中国”方面，西方数据新闻尝试在时间维度上展示其可能的叙事偏见，时间与政治深刻地嵌套在彼此的诠释体系中，并最终建构了一套通往历史认知的“新历史叙事”。

4.空间：全球地图与“新地缘叙事”

在由地图所主导的数据新闻景观中，国家构成了数据新闻最基本的认知单元，并且在地图所铺设的视觉体系和关系结构中微妙而传神地传递着特定的意识形态话语，而这一话语过程则是借助符号学意义上的“标出”行为完成的。具体来说，西方媒体有意使用带有强烈情绪的色彩、图案、标识在全球地缘版图上对中国区域进行强调，这是一种典型的“视觉凸显性表达”，即在一个全球性的比较语境中对中国的有意突出、放大和渲染，以此呈现中国与世界的内在张力与紧张关系。

沿着全球地图所设定的叙事背景和区隔模块，西方数据新闻创设了一个比较语境，其功能就是通过对中国的符号化处理来重构中国与世界的想象性关系，进而在视觉意义上制造了一种"新地缘叙事"，这一叙事最大的特点就是在视觉意义上对中国的符号化处理，使其成为一个携带意义的符号对象。

同时，符号化也就是片面化。片面化意味着对事物某些属性的刻意呈现或对其他属性的有意掩盖，使其携带特定的可感知的品质与意义。在以地图为基础的数据新闻图景中，西方媒体往往在中国与世界的"视觉关系"上"大做文章"，最典型的修辞策略就是对中国属性的片面化呈现。具体来说，西方话语片面化地呈现中国不同于世界的差异性，并将这种差异性通过视觉途径进行夸张、放大和凸显，其目的就是将中国建构为一个孤立的、危险的、异己的、不合时宜的"他者存在"。

5.交互：数据的戏剧性与语法体系

交互叙事的功能和目的就是铺设、改写或再造人们的认知路径，从而引导或限定人们的接收过程，因而是一种直观且逼真的通往"框架"含义的修辞实践。在数据新闻的交互实践中，我们所"经历"的新闻世界，只不过是提前预设的新闻话语的戏剧化呈现而已。

相对于静态的图表新闻，交互类数据新闻虽然提供了我们接近新闻更多的认知路径，但整个路径设计又是被限定的。尽管数据新闻赋予了人们更大的选择空间，但这种选择是在计算机语言所"掌控"的语法体系中展开的。

采用何种算法，设计何种路径，整合何种数据，挪用何种互动观念，这些互动实践直接决定了西方数据新闻中视觉框架的生成方式。交互实践赋予了认知行为极大的主动性，但鼠标的点击和移动却受制于某种既定的语法体系，因而限定了数据之间可能的结构关系和想象方式。在西方数据新闻的交互实践中，视觉修辞的重要策略就是数据隐匿于预设的层级结构和布局关系中，引导人们形成某种规约性的新闻认知。

(五)结论：视觉"标出"与"数据他者"生产的视觉实践

数据修辞、关系修辞、时间修辞、空间修辞和交互修辞，西方话语通过对这五个视觉修辞实践的激活、挪用与支配，从而沿着西方话语"授权"的认知框架进行新闻表征。视觉修辞的结果，就是在视觉意义上对中国进行突显、排斥、压制，使其成为符号学意义上的"标出项"。在视觉关系上，西方国家无疑居于优势地位或中心地位，并占据了更具亲和力的颜色和表征符号，而代表中国数据的图像颜色、地图坐标、符号形式与数据大小则在整个视觉景观中显得极不协调，从而成为一个被集体排斥和拒绝的“标出项”。

在数据修辞、关系修辞、时间修辞、空间修辞和交互修辞实践的可视化过程中，视觉权力的生产根本上是在数据维度上展开的。数据既是权力运作的起点和果实，也是权力施展的媒介与载体。当中国以数据化的方式被置于全球语境中，权力话语的基本运作思路就是通过对数据的修辞表达而使自身话语合法化，其结果就是将中国建构为一个“数据他者”。经由五种微观修辞实践的作用，一种携带着西方话语偏见的视觉框架被生产出来，从而在视觉意义上将中国建构为一个与全球主流话语“格格不入”的“数据他者”。

（六）结束语

基于研究反思得出以下结论：首先，样本选取范围较小，由于诸多限制只选取了具有代表性的报纸。而西方媒体在对华报道上的报道渠道众多，如电视、广播等；其次，在分析框架的确立过程中提出的分析框架略显草率。希望在后续研究中得以克服。

思考题：

1.适合运用修辞学进行分析的选题有哪些？

2.设计一个适合运用修辞分析法的选题，做一个研究设计。

第六节　批判性话语分析

一、话语的概念与层级

话语（discourse）是一种谈论方式，是说话者或作者在具体的语境中运用话语系统传达个人思想情感的口语或者文本。[①]话语是一种实践活动。一方面，话语既是口语也是文本，是一个交流、写作的实践过程。另一方面，话语的背后蕴含着意识形态和权力关系，建构着新的意义、话语观，甚至整个社会。话语能够传播信息，使得不同主体之间能够交流。

话语有三个层级。首先是语言学的话语概念，指在意义和结构形式上具有某种关联的言语连续片段。其次是言语行为学意义上的话语，即把话语看作一种意义上的表述，又把它看作一种社会学行为。最后，则是信息学意义上的话语概念，它包括

① 曾庆香、刘自雄：《论新闻源与新闻的话语主体》，《国际新闻界》，2006年第1期。

语言符号的表述、非语言符号的表述,以及其他各种传达意义或意义理解相关的各种因素在内的话语。

二、与话语相关的几个概念

与话语相关的第一组概念是"语言"与"言语"。索绪尔将"语言"与"言语"视为两个对称词,语言是整体的、笼统的,但言语是个人的、具体的,言语组成了话语。在语言学里,"话语"通常就是指在具体语境中实际应用的语言,与"言语"相似。

与话语相关的第二个概念是"文本"。话语注重的是语言在具体场景中的实际运用、传播者与接受者的互动和相互作用。因此,只要表达了连贯的意义,一句话甚至一个词都可以成为"话语",如洗手间的"男""女"提示牌等。"文本"作为书面形式的语言表达,是由连贯的段落组成,也是话语的一种传达形式。

与话语相关的第三个概念是"叙事"。叙事概念的含义是指承担叙述一个或一系列事件的陈述,口头或书面的话语。

三、"话语分析"是一种研究方法吗?

话语分析本身是现代语言学从研究语言的抽象体系转向研究语言的实际使用情形的结果。在20世纪50年代,随着人文科学的发展,话语分析吸收符号学、叙事学等理论,话语分析开始成为一门跨越学科、交叉融合的研究方法。尽管,大多数学者认为,话语分析是一种研究方法,然而话语分析其实更像是一个兜底的概念,用于描述针对话语这一领域的研究,它还包括不同路径的研究。这些路径可以按照研究兴趣、研究的理论基础、数据类型等进行划分。例如,针对人际互动的研究会选择采用对话分析的方法、对文化或社会的反映与建构的研究会采取广义的话语分析、批判性话语分析的方法等。批判性话语分析(Critical Discourse Analysis)是其中的一条非重要的研究路径。

说到批判性话语分析,其实质也并不是某一种"研究方法",而是包含了多种研究路径、理论模型以及研究与分析方法。产生自语言学研究的批判性话语分析原本所关注的是语言在塑造、维持与合理化社会价值的过程中所扮演的角色,侧重于文字表述与口语表述(也就是对"文本"的字面含义的考察),随后,无论是多模式批判性话语分析还是作为先行者的费尔克拉夫(Fairclough)、沃达克(Wodak)与范·戴克(van Dijk)等人都将图像、声音等等也作为文本的一部分。

四、“批判”与“话语”

在讨论具体的研究原则与研究方法之前，或许我们应该首先对这一研究方法中的两个重要概念“批判”跟“话语”进行一定的解释与讨论。“批判性话语分析”的“批判”性主要体现在以下几点：

首先，批判性话语分析受到法兰克福学派，特别是哈贝马斯的影响。哈贝马斯认为批判性的科学必须是自省的，因此，此类研究必须反映自身的利益基础，同时思考与之互动的历史环境。其次，批判性话语分析也受到了批评语言学的影响，克雷斯与霍奇提出，话语是无法脱离社会意义而独立存在的，因此语言学与社会架构之间必然有着强烈的关系，[①]这一观点被众多研究传统所接受，而这也为批判性话语分析的多学科、跨学科的特点提供了一定的理论支持。最后，批判性话语分析核心关注的是权力和利益是如何影响并构造社会现实的，因此分析的重点是话语在建造、重构与对抗社会主导“真相”中的作用，探索话语结构，同时思考是否有“替代现实”(Alternative Reality)的可能性，而这也与葛兰西的霸权(Hegemony)思路相契合，基于此，费尔克拉夫认为“批判性话语分析是干预社会实践和社会关系的一种形式”。[②]

“话语”这个概念则有着更复杂的含义。在社会学研究中，话语可以被定义为“个体赋予现实含义的任何行为”。[③]批判性话语分析中对话语的定义，特别是费尔克拉夫和沃达克对话语的定义，虽然跟社会学研究与语言学研究有所关联，但是为了突出其跨学科与多学科的特点，又有着一定的不同。在研究中，“话语”既是在写作与对话中所使用的语言(随后便是交流中所用的表达方式)，同时也是一种社会实践的形式。话语的这两种属性(费尔克拉夫通过话语“Discourse”一词是否可以进行区分)便引出了批判性话语分析的两个重要假设：语言既构成了社会，又同时被社会所影响，因此他认为每一个话语实践跟其所处的文化、社会、历史情景都是处于一种“辩证关系”，每一次话语实践既是社会行为，也是被社会所塑造的行为。

① Kress Gunthe and Hodge Bob Robert Ian Vere., Critical discourse analysis: The critical study of language (Harlow: Pearson, 1995).

② Fairclough Norman, Critical discourse analysis: The critical study of language (Harlow: Pear-son, 1995), p. 193.

③ Ruiz Jorge Ruiz: Sociological discourse analysis: Methods and logic (paper presented at the Forum: Qualitative social research, 2009).

五、批判性话语分析的原则

根据多年的研究与教学经验，沃达克[1]总结出了批判性话语分析的八点主要原则：

（1）批判性话语分析所关注的是社会问题，与语言或语言使用本身无关，而是关注社会和文化过程与结构的语言特征。因此，批判性话语分析本质上是跨学科的。

（2）权力关系与话语有关，批判性话语分析既研究话语中的权力关系，同时也研究影响话语的权力关系。

（3）社会、文化与话语之间存在着辩证关系。社会与文化既由话语塑造，同时又塑造了话语，每一次语言使用都重建或改变了社会与文化，包括权力关系。

（4）语言会在意识形态层面被使用，为了确定这一点，研究者应当考察文本的解读、接受与社会影响。

（5）话语是历史的，因此只能结合其背景来进行理解。在原理论层面，这与维特根斯坦所持的“话语的含义取决于其在特定环境下的使用”观点相契合。话语不仅仅植根于特定的文化、历史与意识形态，同时也与其它话语相互交织。

（6）文本与社会之间并非直接相连，而是通过各种“中介”间接体现出来，例如有关文本理解的社会心理模型中的社会认知模型。

（7）话语分析既需要对话语进行解读，同时也需要对话语进行解释。批判分析既是一种系统的方法论，同时也需要考察文本与它的社会状况、意识形态和权力关系之间的关联。对话语的解读并非一成不变，而是一个动态的过程，随着新的信息与环境的出现而变化。

（8）话语是一种社会行为，批判性话语分析作为社会科学的成员，既需要明确它的利益，同时更倾向于将其发现应用于实际问题之上。

无论是费尔克拉夫的批判性话语分析、沃达克的话语-历史研究路径（Discourse-Historical Approach），还是范·戴克的社会认知学说，这些批判性话语分析的不同分支都是基于这八个原则，基于不同的理论背景，针对不同的研究问题而提出发展论，本节主要对费尔克拉夫所提出的两种批判性话语分析的方法进行进一步的解释说明。

六、费尔克拉夫的批判性话语分析

费尔克拉夫的话语分析，除了受到法兰克福学派与批评语言学的影响外，同时受

① Wodak Ruth., Disorders of discourse (London: Longman, 1996), pp. 17–20.

到了韩礼德(Halliday)的功能系统语言学的影响。韩礼德认为文本复合了"构建功能"、"交互功能"与"文本整合功能"。基于这一思路,费尔克拉夫[①]认为文本与话语构建了社会身份、社会关系以及知识与信仰体系。与此同时,话语又受到了社会的影响,一方面,很多种不同类型的话语可能在同一制度中共存;另一方面,实际语言使用与基本惯例和规范之间的关系并不是简单的线性关系,费尔克拉夫引入了福柯的话语秩序的概念。话语秩序指的是在某一社会领域内,话语实践之间的关系的总和,例如对"公司"而言,就包括了不同部门内部的话语实践、部门间会议的话语实践、管理层话语实践等等,通过分析这些不同话语实践之间的区分与重叠,则会发现其中的权力结构与争夺以及社会与文化的变动。因此,在费尔克拉夫的眼中,话语分析便是分析语言的使用与其背后的社会文化结构之间的关系。

因此,除了传统的"明确研究问题、选定分析文本、扩充分析文本"等必需的准备步骤外,从数据分析的角度,费尔克拉夫(1992)提出了批判性话语分析的三维度分析框架:文本、话语实践(包括文本的创造与解读)和社会实践,[②]而这三个维度也代表了分析的三个步骤——描述、解读与解释。

(一)描述

"描述"步骤主要分析文本的内容与表现形式。费尔克拉夫认为,文本的内容与表现形式是密不可分的,内容通过特定的表现形式所呈现,不同的内容影响了其表现形式,表现形式也在一定程度上塑造了内容,因此,表现形式便是内容的一部分,这也与麦克卢汉"媒介即讯息"的观点有着异曲同工之处。因此,在这一步中需要对文本的主题、结构、词汇、语义等等进行全面的描述性分析,而在分析过程中则会借助我们先前曾介绍过的符号学、叙事学、修辞学以及内容分析等等研究方法来更好地描述文本。

费尔克拉夫十分重视文本层面的分析,认为在理论上、方法上、历史上与政治上,文本层面都不可或缺,并理应得到重视。在理论上,批判性话语分析认为社会活动与社会结构构建有着辩证关系,而文本是社会活动的重要表现形式之一。在方法上,费尔克拉夫不仅扩充了对文本的解读,并提出要更多地使用文本作为研究数据来源。从历史视角来看,费尔克拉夫认为文本是社会变化的重要反映指标,文本可以作为社会关系与变动的证据去理解社会关系结构与变动过程。文本在政治角度上的意义则与批判性话语分析的批判性密切相关,社会控制与权力越来越频繁地通过文本的使

① Fairclough Norman., "Critical Discourse Analysis and the Marketization of Public Discourse: The Universities, "Discourse & Society vol. 4 No.2 (1993): 133–168.

② Fairclough Norman, Discourse and social change (Cambridge: Polity press, 1992), p. 14.

用而实现。

(二)解读

费尔克拉夫认为话语实践是连接文本与社会实践之间的桥梁,话语实践一方面被社会实践所影响,同时协助构建社会实践,与文本层面相联系,即文本的制造在文本中留下一定的"线索",而对文本的理解也源于文本层面的元素。因此,话语实践的分析不仅包括对互动参与者如何解读和创造文本进行解释,而且还包括话语事件与话语秩序之间的关系,即话语间的相互关系。话语间的相互关系是这一阶段的重点与难点,在对话语间的相互关系的分析中,费尔克拉夫认为应当考虑历史与社会现实的因素,因此,需要考虑社会与历史的基础是如何通过文本结合在一起或被改变的,以及话语是如何与其媒介形式所融合的。例如,纪录片便是需要将信息、说服和娱乐融合在一起时所用的一种表现方式。在进行话语间的关系分析时,由于对话语实践与社会之间关系的观察需要一定的社会与文化洞察力,因此这一步更依赖于解读而非描述。

所以在这一步的分析中,我们将试图解读文本与其互动的情景间的关系,分析话语所属的社会实践。与此同时,我们将关注参与者是如何解读文本所处的社会、文化与历史环境的(当我们说参与者的时候,我们所指的包括文本的创造者与文本的观众),同时文本中使用了哪些话语表现形式。更重要的是,作为话语的参与者们,对社会文化历史环境的解读以及对文本所使用的话语表现形式的解读是否一致?如果不一致,那么存在哪些不一致?在互动中是否存在着变化?

例如,在《中国式家长》游戏中,游戏的制作方对游戏进行了一种分裂的处理,游戏设定的目标为"高考",而每一代的故事并非因为高考成绩而结束,而是由最后的"婚姻"成果作为一代的结局。因此,无论是"高考模拟器"还是"扫雷模拟器",很多玩家,特别是追求较多代纪的玩家,会放弃"高考"的设定,在游戏的后期将其作为"恋爱攻略游戏"来玩。由于游戏媒介的过程性与叙事性的混杂,作为文本生产者的游戏设计师本身便产生了一种不一致,而这种不一致由于玩家的目标、对游戏理解的不同被再一次放大。

(三)解释

在社会实践层面,我们就需要将先前的解读放在更广的背景中进行考察,来讨论互动与社会语境的关系,同时考察当话语被作为一种社会实践与社会过程对待时,是怎样被社会结构所确定的,又是怎样影响社会结构的。在此,费尔克拉夫吸收了葛兰西的"霸权"概念。葛兰西认为,资产阶级的权力得以延续,依赖于"政治社会"和"文明社会"的结合,政治社会要靠诱劝和威胁来维持,文明社会是靠"霸权"来维持。从话语与霸权的本质联系出发，葛兰西提出对话语实践控制争夺话语秩序的斗争，而霸权是暂时的和不稳定的，话语秩序是争夺文化霸权的一个潜在领域。

在这一层次的分析中，为了更好地说明这一步骤，选取了费尔克拉夫在解释这一分析框架时所选用的案例，这一案例是一位医生（非心理咨询师，只是一名普通开业医生）跟他的一位患者之间的一段对话，其中“.”代表着短暂的停顿，“—”代表着长停顿，而双方同时对话则用“[”进行表现（图5-9）。

Patient: but she really has been very unfair to me . got [no
Doctor: [hm
Patient: respect for me at [all and I think . that's one of the
Doctor: [hm
Patient: reasons why I drank s [o much you [know [—
Doctor: [hm [hm [hm
Patient: a [nd em
Doctor: [hm are you you back are you back on it have you started
drinking [again
Patient: [no
Doctor: oh you haven't (unclea [r)
Patient: [no . but em one thing that the lady on
the Tuesday said to me was that . if my mother did turn me out
of the [house which she
Doctor: [yes
Patient: thinks she may do [. coz . she doesn't like the way
Doctor: [hm
Patient: I've been she has turned me [out be [fore . and em .
Doctor: [hm [hm
Patient: she said that . I could she thought that it might be possible to
me for me to go to a council [flat
Doctor: [right
yes [yeah
Patient: [but she said it's a very em she wasn't
[pushing it because . my mother's got to sign a
Doctor: [hm
Patient: whole [lot of [things and e: . she said it's difficult
Doctor: [hm [hm
Patient: [and em . there's no rush over it . I I don't know
Doctor: [hm
Patient: whether . I mean one thing they say in *AA* is that you shouldn't
change anything [. for a year
Doctor: [hm
Doctor: hm yes I think I think that's wise . I think that's
wise (5 second pause) well look I'd like to keep you know
seeing you keep . you know hearing how things are going from
time to time if that's possible

图5-9　批判性话语分析案例[1]

① Fairclough Norman. Critical discourse analysis: The critical study of language (New York: Routledge, 2013), pp. 133-134.

在文本层面,费尔克拉夫关注的是双方对话中的“事实”与“态度”,他认为“事实”,也就是文本的内容,与“态度”即文本的实现方式是不一致的。从“事实”的角度,医生多次询问患者“你是不是又饮酒了?”(第8—9行),并要求他下次再来复查(35—37行)。作为一个有酒瘾的患者,酒瘾复发再度喝酒极可能会导致先前的努力前功尽弃,因此这里应是一个严肃而又紧张的态度;然而从“态度”来看,医生通过一系列间接的、模糊而又快速的表述方式,询问相关问题,让本应十分紧张的“疑似酒瘾复发”就像普通的小事情一样;而即使是在“事实”层面上患者没有复饮,医生表示肯定“我觉得……我觉得这是明智的”(34行)的时候,医生加入了主观表述方式“我觉得……我觉得”,这些都在一定程度上主动降低了自己表述的权威性,话语更加柔和。

在话语实践的层面,这一沟通首先体现了韩礼德所说的话语的“互动功能”。费尔克拉夫认为,在这一段咨询中,医生同时使用了两种话语模式:一种是传统的医疗问诊话语。医生试图了解患者的情况,控制与确定对话的方式、结构、走向,这一点可以从医生所询问的问题、所做的评估以及一些要求指令中看出。而与此同时,作为一名普通开业医生,对话中的医生像一名心理咨询师一般,选择了一系列“咨询式话语”,没有完全采用一问一答的“问诊式话语”,而将对话的一部分主导权放给患者,同时通过“是的”“嗯”等回应展示出医生对患者的同理心。

如果考虑韩礼德所说的话语的“构建功能”,在这一段的对话中可以看出,这位医生在普通开业医生这个行当中是少数乐于接受非药物手段,认同咨询方式的。这位医生的行为在“正统”的医生眼中可能会被解读成一种反权威的行为,这一行为与传统的医患关系(医生完全主导)相悖,同样与建立在药物治疗领域的这一职业性的权威相悖。

在这段对话中出现的两种话语的混杂与融合,费尔克拉夫认为是现代话语秩序的一个典型特点,即“对话化”的体现。“对话化”更加非正式,但是相较传统的话语而言,沟通双方更加人性化,一定程度上摆脱了角色、地位的束缚。相较传统的不对称的沟通地位而言,“对话化”的沟通,通过分享对话控制与主导权,增加倾听与回应,具有更强的民主色彩。这样,医患之间的沟通在一定程度上更像专业人士与客户之间的沟通,双方更加坦诚、平等,这在一定程度上受到了社会文化中对开放民主思想的影响。同时,在一定程度上,这样的话语也受到了消费主义与大服务业的影响,也能够看到相关产业在转型期的变化。

费尔克拉夫同时也承认,这样的分析仍需要更多的背景,特别需要以一种发展的眼光来看待相关问题,仅凭一段对话以及碎片化的社会现象与观察很难去对其中所包含的社会价值与对社会的影响进行进一步的分析。费尔克拉夫的研究框架在赋予了研究者更多的解释与操作空间的同时，对研究者的社会洞察力、理论解读与分析能力以及相关的整合能力提出了更高的要求。

七、更为复杂的批判性话语分析研究范式

随后，费尔克拉夫进一步思考“批判性话语分析”中的“批判”的含义，他认为批判性话语分析应当是一个与时俱进的理论与研究范式，这一研究方法应当能够应用到更为广阔的社会生活中，因此，费尔克拉夫与乔里亚拉基（Lilie Chouliaraki）[①]提出了一个更为复杂的批判性话语分析研究范式。在这一范式中，二人借鉴了巴斯卡尔（Bhaskar）提出的解释性批判（Explanatory Critique）理论，这一理论的研究基本范式一般分为四个部分：（1）揭示一个问题，既可以是认知层面的问题，例如对某一群体、某一行为的误传与歪曲，也可能是未能达成某种需求，例如社交需求、安全需求等等；（2）在这些问题中，哪些障碍需要被攻克？（3）这些误读歪曲与未满足的需求，在维持现存的社会秩序中起到了什么作用？（4）对相关的障碍，我们又该怎样试图清除？

基于此，费尔克拉夫与乔里亚拉基提出了更新版的五个阶段的批判性话语分析步骤：

第一阶段是确定研究问题，需要提出一个话语与社会实践之间的具体的、可观察到的问题，确认其相关活动及其解读。

第二阶段是确认需要攻克的障碍。其中包括三步：第一步是对实践的“联结”进行分析；第二步是对特定的实践进行分析；第三步便是对话语的分析。这三步之间并不一定是一种线性的关系，在分析中或许会存在跳跃的可能性。

第三阶段是分析研究的问题在实践中的作用。

第四阶段是提出改变甚至消除障碍的可能方法。

第五阶段则是分析研究者分析过程的身份、位置对分析的影响。接下来我们用一个例子来说明这一研究思路。

第一阶段我们先确认研究问题，在这里我们选择“中国威胁论”作为研究问题，可以看到“中国威胁论”是国际大变局背景下西方对中国国家形象与国家行为的误读与歪曲，主要体现在西方的新闻报道、游戏、电影等。我们在此选择西方游戏中的“中国威胁论”作为案例，选择《使命召唤：黑色行动2》与《命令与征服：将军》两个游戏作为案例，这两个游戏都在一定程度上选择了“中国威胁论”的话语来描述中国的形象。

---

① Chouliaraki Lilie and Fairclough Norman, Discourse in late modernity: Rethinking critical discourse analysis(Edinburgh: Edinburgh University Press, 1999), p. 128.

第二阶段是确认需要攻克的障碍。首先我们来对话语所在的实践的"联结"进行分析。《使命召唤:黑色行动2》发布于2012年,《命令与征服:将军》发布于2003年,两部作品虽然间隔了9年,但中美对峙的外交关系主题都在游戏中得到了体现,因此我们可以将中美关系作为话语所在实践的"联结"来进行分析。从更大的视野来看,这两个游戏虽然在后冷战时期制作发行的,但是,面对日益崛起的中国,美国从来没有放弃对华的"冷战思维","冷战思维"便可能作为一个更广阔的"联结"来影响这两个游戏的制作。

接下来是对特定的实践进行分析。在这一步中,我们主要希望探索的是"话语"与社会实践其他方面的关系。例如,话语与社会关系、权力之间的关系,话语与信仰、价值观、欲望之间的关系,以及话语与物质活动之间的关系。两个游戏,都认为中国不仅仅是一个强大的经济实体,同时,是一个军事威胁体。但同时,中国在"反恐"问题上,又是美国的重要盟友与伙伴。因此,无论是"中国威胁论"还是 "中美反恐合作",其出发价值都是基于一种"美国优先"的价值观,中国的威胁是对美国的威胁,而中国的价值是对美国反恐胜利的价值。制作相关游戏是对文化话语权的一种实践,是表明拥有传播某种价值观的权力,在一定程度上是一种文化霸权的实践,这也将话语与权力关系联结了起来。

最后便是对"话语"的分析,即对话语的结构与制造进行讨论与分析,而这也与先前费尔克拉夫所提出的三维度分析框架相连。我们可以看出所谓"中国威胁论"的话语,虽然句句不离中国,但醉翁之意不在酒,实际其指向的却是美国,是美国对自身地位的思考与反思,是关于"美国"身份的话语。

在这一阶段,更重要的是如何将上面三步有机结合起来,来发现我们所面对的障碍,而这一障碍在案例中则呼之欲出,"冷战思维"的对抗意识本身便是一个错误的认知态度,游戏本身所带有的"对抗性"使得"冷战思维"实践化、物质化,通过游戏进行更广泛的传播。与此同时,"中国威胁论"是美国专注于自身利益与地位的产物,也就是说"中国威胁论"是一种必然,即使不是中国,也会发展成"日本威胁论""欧洲威胁论"等等,这本质上是对美国主导世界秩序的身份与霸权的追求。

第三阶段便是讨论我们所研究的问题在实践中扮演了什么角色,起到了什么作用,而这一步是从"实然"转向"应然"的步骤。以所选取的游戏研究为例,在这里,我们可以借鉴赛义德(Edward Said)提出的"东方主义"来进行讨论。在东方主义思维体系中,基于一定的差异,人们将东西方进行了划分,而掌握着话语权的西方通过研究确定了东西方的差异,并认为东西方存在着"根本性"的差异,而这种差异的原因在于西方相对东方的政治经济与文化优势。因此,这也为西方对东方的干预提供了依据。

东方主义话语，其本质是西方的“自我认同”话语，通过对东方的“他者化”，自我建构了一个“先进文明”的西方身份与形象，这是“西方中心论”的体现。在案例中，我们可以将妖魔化、邪恶化他者视作一种保护自身利益，维护自身价值观的手段，因此我们需要批判这种对抗与霸权的话语。

第四阶段便是提出改变甚至消除障碍的可能方案，这一步同样是“实然”向“应然”的转变。我们需要找寻到可以使得我们改变现有情况的资源。这一步我们需要做到的是，从事件的整体而不是像之前从“案例”的视角来思考现存的障碍。例如，游戏的基础特性便是“对抗性”，“对抗性”便为这种二元对立的思维提供了物质载体。如果这么讨论，能够得到的唯一方案是永远不要玩游戏，但问题的本质并不是游戏所表现出的“二元对立”话语，而是“中美二元对立”话语。我们更需要考虑的是，在思考与行为模式中，更要警觉和认识“他者化”的对抗性话语，对全球化与全球合作持更积极与开放的态度。作为游戏研究的学者要揭露出并让玩家认识到“应然”的平等与合作态度，“对抗”只是游戏本身的要求，其它游戏也可以探索新的话语体系。

第五阶段便是研究者的反思，特别是研究者的身份对分析的影响。在这里提到的有关两个游戏的分析，作为中国学者，自然对“中国威胁论”有着抵触的态度，也触发了这一研究。因此，在一定程度上，这一研究从一开始便存在着一定的倾向，因此需要更多地对游戏中的“他者化”、游戏“文化霸权主义”等相关内容进行阐释。同时，这一分析在此只是作为研究方法的说明，需要对游戏的“模拟”与“叙事”两个方面更深入地进行分析与讨论，辅以玩家的反馈与制作者的声明从而保证研究的客观性。同时作为研究者，对文本的距离感与熟悉感同样会影响分析结果，在这一案例中对所分析的两个游戏，一位有着几百个小时游戏时长的研究者、一位仅通过维基百科文字剧情说明来了解游戏的研究者与一位没有亲自玩过，仅通过观看游戏视频来了解游戏的研究者，对游戏的距离与熟悉度有着明显的差异，同样也将影响他们对游戏的分析。由于对游戏的理解与感情不同，所得出的结果也会有一定的影响。

在本章中，我们仅仅提到了费尔克拉夫所提出的批判性话语分析的两种分析范式，随后，费尔克拉夫还针对社会“不义”提出了更新的范式，而沃达克的话语-历史研究路径在其2002年编写的《批判性话语分析研究方法》一书中有着详细的讲解，赛博与韦博[①]2017年有关中东地区游戏的研究中便使用了这一研究方法，可以作为案例进行辅助学习；而另一个常用的研究路径便是社会认知与批判性话语分析的结合（范·戴克），相关的研究方法在《批判性话语分析研究方法》等书中有着详细的介绍。批判

① Saber D. and Webber N., “‘This is our Call of Duty’:hegemony, history and resistant videogames in the Middle East,”Media, Culture & Society 39.1 (2017): 77–93.

性话语分析的应用，既要借鉴先前与之后所介绍的内容分析、修辞学、叙事学等等研究方法，同时需要参考与借鉴更多传播学、社会学理论，更全面深入地对问题进行分析。

八、话语分析运用案例

“重庆大轰炸”集体记忆的媒介话语策略①

本案例所选取的样本为《重庆日报》和《新华网》2000年至2015年7月的纪念性报道，其中，《重庆日报》共计79则，有36则是每年6月5—6日的报道；《新华网》共计42则。本文运用费尔克拉夫的三向度话语分析方法，从文本、话语实践和社会实践三个向度对上述纪念性报道进行了分析，试图阐释“文本”（新闻报道）与“语境”（历史背景与现实环境）之间的关系和互动，并辅以量化统计，来描述解释纪念性报道主题的全貌。

本文首先通过量化的方式对报道主题做出了统计，统计发现在重庆大轰炸的纪念性报道中，主题最多的是“侵华日军对重庆造成的欺凌和苦难”及其罪证。

（一）“受害者”话语叙事策略

从上述纪念性报道主题看，凸显“侵华日军对重庆造成的欺凌和苦难”及其罪证是当下对重庆大轰炸这一历史事件报道的新闻目标，而实现这一目标的是“受难者”话语叙事策略，并将其简化为易于理解和记忆的框架。

从文本向度来看，重庆大轰炸的纪念性报道通过选择不同语体风格的词汇描述受害者与施害者的特性，如对受害一方，多使用“逃难民众”“惨不忍睹”等一系列词语突出其受难程度；对施害者，多使用“令人发指”“兽行”等词语描述其凶狠。这样的修辞运作一方面试图将当年轰炸无辜受难结果直观呈现出来，另一方面，突出施虐者“恶”的本质，建立一种道德普同意识。从话语实践和社会实践向度来看，重庆大轰炸的纪念性报道中对罪行的凸显和对抵抗的遮蔽，是“受难者”话语策略使然。新闻媒体关注重庆大轰炸历史事件的目的是直面当下，新闻文本的转化和影响、保持一致或改变，皆是为了呼应当下现实情境和社会文化语境。

通过再现目击者或亲历者的“见证”与“记忆”，使其参与到话语实践中是新闻媒介建构集体记忆的常用手法。重庆大轰炸的纪念性报道的标题通常引用亲历者的原

---

① 贺建平，王永芬，马灵燕：《受难与国耻建构：“重庆大轰炸”集体记忆的媒介话语策略》，《国际新闻界》，2015年第12期。

话，如“大轰炸亲历者：大轰炸毁了我的家”等来突出新闻要旨，而且使“受难者”话语更易于读者理解和诠释。从文本向度来讲，亲历者口述的“遭了弹片”“被炸得好惨啊”等用的都是被动语态，强调施事的过程和受事的结果，突出受害者状态。从话语实践向度看，亲历者口述的真实与确切的细节，为暴行提供目击证据，直接将公众带入历史现场，以此来维护创伤记忆的鲜活。从社会实践向度看，大轰炸的纪念性文本之所以如此强调侵华日军的暴行和罪证，与国际社会纪念反法西斯战争胜利、反思人类战争与暴行的历史背景与现实语境密切关联。

（二）国耻话语叙事策略

对纪念仪式进行常规化的纪念报道，不仅是对已经过去的历史事件的强调和纪念，也是一个可以对此历史事件重新诠释的话语过程。通过一次又一次的纪念仪式报道，使得历史事件成为持续不断地与当下意义互动的真实事件，塑造与延续集体记忆。

从文本向度来看，《重庆日报》有关大轰炸的纪念性报道在重要版面有标题为“勿忘国耻 昨日拉响警报”“纪念‘六·五惨案’，我市昨日拉响警报”，并配以纪念仪式的图片，用这样通则化的标题类型来体现新闻媒体的话语含义。同时，在南京大屠杀的国家公祭日的前后几天，《重庆日报》连续报道，在对国家公祭活动的叙述中，将“重庆大轰炸”纳入国家纪念活动的范围；从话语实践向度来看，纪念日与遗址作为承载集体记忆的物质保障，为新闻媒体提供了正当合理的、最具新闻价值要素的新闻由头；而媒体每年6月5—6日对大轰炸遗址纪念活动的常规性报道，扮演了国族创伤“回放”的角色，担负起历史叙事的重任和公共仪式的职能，不仅开启了社会共享的纪念意涵，也使受众得以参与国家历史的重要场域。从社会实践向度看，《重庆日报》以“国耻”作为象征性符号在每年的纪念性报道中反复言说，讲述“重庆大轰炸”，呼应自甲午战争至抗日战争“灾难深重”的中华民族被凌辱的沉痛基调。

（三）总结

集体记忆的建构植根于媒介对历史事件表述和界定的话语策略。大轰炸的纪念性报道以“受害者”作为主导性话语叙事，再现“重庆大轰炸”这一创伤性事件，新闻文本通过叙事者、标题与词语等选用强调施害受害关系，采用遮蔽抵抗而凸显罪行见证的话语策略，建构重庆大轰炸的意义；通过对纪念日和遗址纪念式报道的常规化，对死难者数据和亲历者对日军暴行的口述的有机结合，引导公众对历史事件的想象和理解，实现对创伤记忆的重构。

新闻话语是建构集体记忆的过程，通过不断的“讲述”和传播建构认同。地方新闻媒体根据官方意识形态重新审视“重庆大轰炸”这一历史事件。一方面将其建构为中华民族勿忘的“国耻”，并借国家公祭日之时，通过整合“创伤记忆的悲愤之情与振兴中华”的精神资源，以一种共同的根基情感建立民族国家的认同；一方面，将这一历史事件纳入二战反法西斯战争，超越地方性而叠加以全人类普适性意义塑造国际认同。

思考题：

请反思费尔克拉夫的三向度话语分析方法研究中国传播实践文本存在哪些错位之处？

第六章　质化田野研究

第一节　民族志传播研究

民族志(Ethnography)是人类学和跨文化研究的经典研究方法,用来描述特定群体和文化,对特定社会文化环境中产生的信念、态度、价值观、角色和规范等进行表达和阐述。民族志研究方法让研究者一方面可以获得更加真实的观察,另一方面又能进行距离性的研究反省,从而以一种整体的方式写出一个社会、一种文化。[①]除了人类学民族志研究外,民族志研究已被运用到哲学、政治学、艺术学、教育学等各个领域中,如美国学者哈里·F.沃尔科特的著作《校长办公室的那个人:一项民族志研究》对校长这一特定群体进行了民族志考察。

在传播学领域,民族志传播研究的先行者是美国语言学家德尔·海姆斯(Dell Hymes,1927—2009),海姆斯很早就关注语言与传播现象。1964年,海姆斯在《美国人类学家》的期刊上正式提出了"民族志传播学",概括了民族志传播的任务和研究内容。民族志传播学由海姆斯提出后,通过格里·菲利普森(Gerry Philipsen,1944—)的一系列研究得到了进一步发展。菲利普森1972年在美国西北大学获得传播研究的博士学位,之后一直致力于民族志传播学的发展,他现为美国华盛顿大学语言传播教授。菲利普森将民族志方法真正地导入到传播研究中来,他指出该研究方法担负着一种学术使命,那就是检验业已存在的传播理论并发展新的传播理论。[②]

---

① 高丙中:《民族志发展的三个时代》,《广西民族学院学报》(哲学社会科学版),2006年第3期。

② 蔡骐、常燕荣:《文化与传播——论民族志传播学的理论与方法》,《新闻与传播研究》,2002年第2期。

在我国新闻传播研究发展过程中，自2000年以来，已有不少研究者采用民族志的方法研究新闻传播议题。如云南大学郭建斌教授的博士论文《电视下乡：社会转型期大众传媒与少数民族社区——独龙江个案的民族志阐释》，通过民族志传播研究考察了“中国社会转型期大众传播媒介在少数民族地区所扮演的角色”。深圳大学丁未教授的《流动的家园：“攸县的哥村”社区传播与身份共同体研究》，则是对中国流动人口进行了社区传播的民族志研究。当前，人们对民族志研究的理念、方式及应用领域的了解不断加深，并且随着媒体技术的迭代更新，我国丰富多元的传播现象为民族志传播研究的应用提供了肥沃的土壤。

一、民族志传播研究的定义

民族志传播研究指的是民族志研究在新闻传播领域的应用。郭建斌将其定义为“以田野调查（包括民族志）作为主要方法，以传播实践作为研究对象，以传播问题作为问题导向的一种理论建构型研究”[①]。从狭义上理解，民族志传播研究可以被看作一种综合的研究方法，指研究者采用田野调查的方式，包括运用深度访谈、参与式观察、焦点小组访谈等进行的研究实践。从广义上思考，民族志传播研究是一种独特的研究取向，一种开放的研究思维，一种对社会现象的问题意识及其背后的理论关怀。

民族志传播研究是一种综合的研究方法。在民族志研究的过程中，可以采用问卷调查、深度访谈、参与式观察、焦点小组访谈等多种研究方法来收集素材。从这个角度上来讲，民族志研究可以说既包含质化研究，也包含量化分析。其中深度访谈、参与式观察的研究方式是一个质性的过程，而问卷调查、数据统计等可以帮助民族志研究者设计定量问题，并产生有效的定量资料。所以说，在收集资料的研究技术层面，民族志是一个综合性的研究方法，它更多的是提供一个整体的资料收集和分析视角。

民族志传播研究是一种开放的研究思维。在进入田野之前，研究者已经有一套相对完整的研究设计，这包括：一个核心的研究问题、可以提供支撑的理论以及一项研究方案、特定的资料收集方式以及初步拟定的文本写作方式。研究者在进入田野前是会带着先入为主的观念的，但在研究过程中可以采取一些确保研究素材准确性、客观性及科学性的措施，比如三角测量（triangulation）、情境化（contextualization）以及

---

① 郭建斌，王笑一：《民族志传播研究的概念、理论及研究取向——基于中文相关文献的纲要式讨论》，《新闻大学》，2019年第9期。

价值无涉的取向[①],不断调整和控制研究者主观倾向可能带来的负面影响。同时,研究者们还需要保持一种敏锐的观察和包容的心态,这也会让其发掘出那些并未在研究方案中提前预想到的一些状况,而这些丰富的又尚未被认为使用过的原始资料正是民族志传播研究最宝贵的收获。

民族志传播研究同时是一种不断调整的文本表述方式。民族志的研究文本最终呈现的是一个可信、严谨而真实的故事。高丙中认为"把对异地人群的所见所闻,写给和自己一样的人阅读",这种著述被归为"民族志",它是对人以及人的文化进行详细的、动态的、情境化描绘的一种方法,探究的是特定文化中人们的生活方式、价值观念和行为模式。[②]具体在写作过程中,这种文本表述方式要根据材料收集的程度以及民族志写作者的组织资料的方式,不断地进行论述框架,直至能够围绕着研究的核心问题并逻辑清晰地表达调整研究观点,提炼出一个在一定范围内具有普适度的理论模型。

二、民族志传播研究的适用议题

在新闻传播领域,从方法论的意义上来讲,民族志作为一种取向多元的方法,可以说涉及传播过程的方方面面,既有区域性的城市传播、乡村传播的研究,也包括中观层面对传播机构的研究;既有具体内容生产过程的描述、分析,也有特定群体媒介使用与内容接受的拷问,以及更广义的文化传播实践。伴随着全球化进程的加快、新技术的发展以及文化的丰富多元,民族志传播研究的类型和适用的议题也越来越丰富。

(一)媒介与社区传播研究

(1)考察少数民族地区的广播、电视、互联网的使用现状,分析媒介对权力、社会结构的影响,是民族志传播研究应用最为广泛的领域之一。例如郭建斌的博士论文《电视下乡:社会转型期大众传媒与少数民族社区——独龙江个案的民族志阐释》[③]以位于中国云南省西北部的独龙族主要聚居地独龙江作为研究个案,通过为期半年的田野调查,对"中国社会转型期大众传播媒介在少数民族地区所扮演的角色"的问题进行了回答。论文介绍了基于媒介的社会网络如何形成,以及这一网络形成之后如

① 大卫·费特曼:《民族志:步步深入》(第3版),龚建华译,重庆大学出版社,2013年,第2页。

② 高丙中:《民族志发展的三个时代》,《广西民族学院学报》(哲学社会科学版),2006年第3期。

③ 郭建斌:《电视下乡:社会转型期大众传媒与少数民族社区——独龙江个案的民族志阐释》,复旦大学博士论文,2003年。

何改变了当地的社会关系，并对以电视为主的现代传播媒介所带来的传媒文化与当地原有的地域文化存在着的张力问题，也做了相应的回答。研究结论认为，电视的到来，在改变着当地人的日常生活的同时，也重新建构一种新型的"中心与边缘""自我、民族与国家"的关系。

中国传媒大学姚玉芹(2009)的专著《鄂温克人与电视》[①]选取了呼伦贝尔草原"鄂温克族"作为切入点，研究鄂温克牧民接受电视时的态度构成以及电视影响鄂温克人态度与行为变化的因素。此外，吴飞的《火塘·教堂·电视：一个少数民族社区的社会传播网络研究》(光明日报出版社，2008年)，李春霞的《电视与彝民生活》(四川大学出版社，2007年)等，也做了相同主题的研究。

(2)聚焦乡村或欠发达地区的媒介使用研究，这一领域主要是民族志研究与"发展传播"的结合。例如冯广圣《桂村社会传播网络研究》通过对"桂村"个案的深入考察，采用以传播民族志为主的多种方法，对当今中国的乡村社会的人际传播网络、组织传播网络、大众传播网络和新媒介传播网络予以"全景"展示，解读转型期中国村庄的社会传播现象，探究传播与村庄社会发展的关系。[②]中国传媒大学马克秀(2016)的博士论文《互联网与乡村社会结构变迁：以山"东丁"村为个案的研究》[③]以山东菏泽市曹县黛集镇丁村为个案，解读互联网对中国乡村社会结构的影响，并提出"中国乡村网络社会正在浮现"的研究结论，认为"中国乡村网络社会"是中国乡村现代化过程中正在涌现的新社会模式，它以经济结构的先行改变为基础，带动了中国乡村经济、政治、文化、社会结构的逐步调整，并成为中国乡村社会走向现代化的路径之一。

(二)内容生产的民族志研究

内容生产的民族志研究经常关注"媒体的内容是怎样生产的"。白红义(2017)《在新闻室做田野：作为方法的新闻民族志研究》对民族志方法在新闻室研究中的发展变化做了清晰的梳理。通过民族志的方法，研究者可以观察日常传播过程中媒体机构的新闻生产过程、媒体从业人员的新闻采编行为等。最经典的代表作莫过于《什么在决定新闻：对CBS晚间新闻、NBC夜间新闻、〈新闻周刊〉及〈时代〉周刊的研究》[④]，作者赫伯特·甘斯将丰富的社区研究传统与经验，带入全国媒体的新闻室当中，借助

---

① 姚玉芹：《鄂温克人与电视》，中国传媒大学出版社，2009年。

② 冯广圣：《桂村社会传播网络研究》，广西师范大学出版社，2013年。

③ 马克秀：《互联网与乡村社会结构变迁：以山东"丁村"为个案的研究》，中国传媒大学博士论文，2016年。

④ 赫伯特·甘斯：《什么在决定新闻：对CBS晚间新闻、NBC夜间新闻、〈新闻周刊〉及〈时代〉周刊的研究》，石琳、李红涛译，北京大学出版社，2009年。

横跨十年时间、对主要电视网与新闻杂志的参与式观察与访谈所得的经验材料，勾勒出新闻业黄金时期的大事件，以及精英媒体通过微观实践建构国家与社会图景的方式，并在此基础上发展出一套对新闻生产的解释。此领域的相关论著还包括蔡海龙的《电视新闻叙事研究——传媒生态视阈下的现实观照》(2008年)、龚彦芳的《基于"内生比较优势"的专业化重构：当代新闻生产机制研究——来自某自媒体"虚拟编辑部"的田野调查》(2016年)、白红义的《在新闻室做田野：作为方法的新闻民族志研究》(2017年)等。

同时，研究者还可以采用民族志传播来分析媒体从业者的劳动现状、媒体与数字劳工等议题。如杨海鹰的《转型中国语境中的传播劳动：以平面媒体新闻从业者身份变迁研究为例》[①]，以他二十年的媒体从业经历和民族志田野考察资料为基础，通过梳理媒体弹性雇佣制度、适应"薄报"时代的绩效考核、变化的新闻生产方式、日渐困窘的生存状态等议题，来探索形塑职业新闻人身份变化的多重权力关系。在数字劳工方面的民族志研究也逐渐增多，例如曹晋与张楠华合作的《新媒体、知识劳工与弹性的兴趣劳动——以字幕工作组为例》一文，分析了字幕组工作人员因共同的兴趣爱好集聚于网络文化的信息生产，发现传播技术以给予"自由"的方式索要人们的精力和时间，信息社会知识劳工的弹性兴趣劳动与传播新技术成为"发展的信息化模式"的生产力源泉，资本主义的弹性经济积累与跨时空、跨国界、跨阶级的剥夺更具隐蔽性。[②]此外，还有一些研究人员会关注到内容生产的设备如摄像机、手机等技术演变过程，关注技术、媒体与社会的互动关系，如梁君健的《当代旅游中的风景摄影——数字单反相机的技术人类学研究》[③]。

(三)受众研究

受众研究经常使用民族志的方法，这主要是因为研究者们认为人们对媒介的使用语境及行为是较为复杂的。从20世纪70年代，文化研究学派的戴维·莫利(David Morley)对英国电视新闻栏目《全国新闻》的受众进行了研究，来验证斯图亚特·霍尔的编码解码理论，这个研究是采用焦点小组访谈的方式进行的。后来，莫利又采用民族志方法对"家庭电视"做了研究，分析了家庭语境中人们的电视观看行为及其背后的

① 杨海鹰：《转型中国语境中的传播劳动：以平面媒体新闻从业者身份变迁研究为例》，《新闻大学》，2014年第2期。

② 曹晋，张楠华：《新媒体、知识劳工与弹性的兴趣劳动——以字幕工作组为例》，《新闻与传播研究》，2012年第5期。

③ 梁君健：《当代旅游中的风景摄影——数字单反相机的技术人类学研究》，《传播与社会学刊》，2010年第13期。

权力关系。1992年莫利在其著作《电视、受众与文化研究》[①]中阐述了受众民族志的研究方法、研究目标、研究成果及其局限，强调了这些人类学方法所具有的对整体性和行为语境的关注。我国学者金玉萍的《电视收视实践中的认同表征：基于托台村的民族志研究》（2014年）结合新疆一个以维吾尔族为主体的村庄"托台村"的受众电视实践活动，在全球化语境下分析托台村受众的国家认同和族群认同等。

（四）族群与媒介研究

关于少数族群与媒介使用的研究，研究主题主要包括：族群在媒介中被建构的内容分析，少数族群对媒介的使用模式、使用效果。采用民族志传播的研究方法，尽可能地理解少数族群所处的文化语境及其媒介行为的意义。

1.对某一群体的媒介使用研究

如深圳大学丁未《流动的家园："攸县的哥"村社区传播与身份共同体研究》[②]一书第一次探索都市里村庄特有的媒介基础建设，包括传统的以粤文化为底蕴的原村民文化设施、流动人口的人际交往点和以互联网和手机等现代通信技术和新媒体为代表的媒介环境，对石厦村这一流动人口大量聚集的社区进行了一次全方位的社区传播生态（包括传播点、传播者、传播技术和传播行为等）分析，以展示在全球化的网络社会形成过程中，中国的农民工群体以中低端媒介技术工具，按照自己的需求进行创新，形成了独具特色的媒介化社会关系和传播实践。邱林川 *Working-Class Network Society: Communication Technology and the Information Have-Less in Urban China*（2009年）以珠三角为基点，梳理了以打工者为主体的"信息中下层"的新媒体使用状况。从社会阶层和权力关系的视角，透析了传播技术发展的复杂背景、动因和结果，以及对信息中下阶层人民生活的巨大影响。

2.对社会运动的考察

例如吴炜华、程素琴的《视觉赋权与抗逆力的行动实践——剑南"社区媒体行动计划"的反思与展望》，以剑南地区的"社区行动计划"为出发点，探索了灾后重建的社会语境中，青少年抗逆力的建设与视觉民族志的研究方法相互结合的可能性。[③]陈先红和张凌合作的《草根组织的虚拟动员结构："中国艾滋病病毒携带者联盟"新浪微博个案研究》[④]运用社会网络分析方法和虚拟民族志，探讨了微博对草根社会运动组织

---

① 戴维·莫利：《电视、受众与文化研究》，史安斌 译，新华出版社，2005年。

② 丁未：《流动的家园："攸县的哥村"社区传播与身份共同体研究》，社会科学文献出版社，2014年。

③ 吴炜华、程素琴：《视觉赋权与抗逆力的行动实践——剑南"社区媒体行动计划"的反思与展望》，《现代传播》，2010年第12期。

④ 陈先红、张凌：《草根组织的虚拟动员结构："中国艾滋病病毒携带者联盟"新浪微博个案研究》，《国际新闻界》，2015年第4期。

社会动员的影响。研究发现CAP的新浪微博网络为全国范围内的行动者提供了信息分享的渠道；在抗争话语的塑造上发挥了重要影响。草根社会运动组织和组织间合作对全国性抗争网络的构建和持续性社会行动的维持有着不可替代的作用。

此外，还有对宗教、文化的研究。如冯济海的论文《人类学视野中的现代数字媒介与寺院生活变迁——以湖北省T寺为例》通过对一座汉传佛教寺院的田野调查，结合寺院日常生活的现实情境，重点对数字新媒介与寺院之间的互动进行“深描”，认为寺院在对待现代媒介的问题上，或存在拒斥和接纳的双重态度，寺院媒介图景的变迁取决于寺院面对媒介如何取舍，从而也就新媒介对寺院的影响提出反思。[①]

（五）网络民族志

伴随着媒介技术的发展，民族志传播研究被广泛应用在网络研究中，一些将民族志经典田野方法与互联网环境特点相结合的资料收集方法应运而生。Hine（2000）最早提出了“虚拟民族志”的概念。Kozinets（2006）将“网络（Internet）”和“民族志（ethnography）”两词合并，生成“网络志（netnography）”一词，并通过其著作《网络志：在互联网上进行民族志研究》阐述了网络志的定义以及操作流程（Kozinets，2010），认为“网络志指的是一套基于一定研究伦理进行资料收集、分析、呈现等相互关联的研究活动。网络志使用参与观察手段从因特网上也包括各种移动终端中，收集大量重要的能够被自由分享的数据”（2015）。除了网络志的概念之外，还有“媒体人类学”“赛博民族志”“在线民族志”“虚拟民族志”等多个说法。

郭建斌等指出“就网络民族志而言，因为对象发生了变化，自然会在具体的操作方式上出现一些变化，但是这些变化，在我们看来，还不是网络民族志最重要的方面。民族志自身的反思，往往是与社会环境变化密切相关的，或者说是与人类社会结构或关系的变化联系密切相关的”。[②]因此，我们认为网络民族志是质化研究所使用的一套资料收集方法，它以互联网场所为研究环境，采用参与观察手段，对网络环境中（包括各类型应用终端）产生的数据进行采集、分析与呈现，用于探究人们与互联网相关的社会行为及其实质意义。

三、民族志传播研究的步骤

“人类学的田野调查如何进行？”这个问题似乎没有人做出过明确的回答，民族志

① 冯济海：《人类学视野中的现代数字媒介与寺院生活变迁——以湖北省T寺为例》，《新闻界》，2017年第7期。

② 郭建斌、张薇：《“民族志”与“网络民族志”：变与不变》，《南京社会科学》，2017年第5期。

传播研究亦是如此。它注重探索、发现、反省,是一种开放性的观察、描述及阐释。因此,民族志传播研究并没有一种固定的程式,但这并不意味着其完全没有规矩可循,研究者首先可以了解熟悉其基本的操作流程,然后再根据具体问题及田野资料进行相应的、适合的研究设计。

(一)提出研究问题

提出一个恰当的、有价值的问题,意味着研究就成功了一半。因此,如何进行研究议题的选择以及提出什么样的问题,是进行民族志传播研究方法训练的第一步。在上一部分内容中,我们列出了民族志传播研究适用的研究领域,研究者可以选择一个自己感兴趣的方向,并在日常生活中逐渐积累资料。积累资料、发现问题并提出有价值的问题,可以有以下方式:

1. 可以从日常观察、生活体验开始。例如,有人在打游戏时发现游戏聊天室的语言、交流方式非常有意思,他可能会思考聊天室的语言交流方式会延伸至线下吗,聊天室的语言氛围会对游戏者的行为产生怎样的影响?这样可以通过自己玩游戏的长期参与式观察,得到一手的经验素材,对网络人际传播、游戏中的交互行为等议题进行研究。

2. 可以聆听讲座、演讲或者阅读书籍及各种媒体信息,对感兴趣的话题进行讨论。例如在中国传媒大学举办的讲座中,中国社会科学院信息化研究中心原主任汪向东老师分享了中国"淘宝村"的故事,听众觉得这是中国互联网快速发展过程中与乡村社会的现代化相结合的独特社会现象,可以思考以中国"淘宝村"为案例来探讨新媒介环境中的中国乡村发展传播问题。

3. 可以选择相关的研究著作和论文,进行定期阅读,并思考该研究是否在新的社会语境、新的媒介环境中有不同的现象,或根据论文结语所提出的研究建议,思考如何开展新的研究。

4. 可以通过结合研究者的实习、实践经历发现问题。如某同学在电视台实习,发现电视台某新闻栏目的选题策划过程很有意思,他通过半年左右的编辑室田野观察,对"新媒体环境中电视台新闻栏目的内容生产方式"这一议题进行了研究资料收集。

在这里需要指出的是,民族志传播研究在提炼研究问题时有一个特别之处,即我们在带着一个感兴趣的研究问题进入到田野之后,经过试调研及收集了大量的资料,会再反观当初提炼的研究问题是否有效,思考如果偏差较大可以做出怎样的调整。这是因为有的时候研究者会发现收集到的资料不足以支撑原有问题的展开研究,从而对研究问题进行即时性调整。

（二）进行研究设计

1. 确定并熟悉田野地点

（1）调查地点的选择。首先，我们要明白什么是田野点。费孝通先生已经做了最好的回答，即"人文世界，无处不是田野"。人类学家往往在村落里进行研究，社会学家往往在社区和族群里进行研究，民族志传播研究的田野点既可以是现实空间，也可以是虚拟网络空间。其次，在田野地点选择上可以遵循几个基本原则：

一是聚焦有代表性的案例，一般来说案例可以具有普遍性，可以代表一类事物或者现象。例如要观察分析新媒体技术对报社新闻生产的影响时，我们可以在众多党报、都市报中，选择一家能够建立紧密联系的报社，通过实习、挂职等方式进入媒体工作，从而能够对报社的新闻编辑室进行细致、系统的观察。中山大学王贺新的博士毕业论文其以《新京报》作为个案，考察媒介技术对机构媒体新闻生产、组织机构及专业文化的影响。

二是要有典型性。当前媒介技术演变很快，新生事物、新型社会现象也是层出不穷，案例可能不具备普遍性，但它可以作为个案来研究，因为其典型性能让我们了解其背后的运作机制，思考与探讨其是否具有发展的普遍性。例如陈先红和张凌合作完成的《草根组织的虚拟动员结构："中国艾滋病病毒携带者联盟"新浪微博个案研究》关注到的就是非常典型的新媒介社会互助组织，它虽然是个案，但可以让我们洞悉草根社会运动组织和组织间合作对全国性抗争网络的构建和持续性社会行动的维持有着不可替代的作用。①

三是田野点的选择要考虑是否具备研究的可行性。这是说研究者可以顺利进入田野，并经过一段时间信任关系的建立，可以较好地融入田野生活。一方面是通过个人的努力顺利融入田野，另一方面也可以结合中国人情的特点，通过特殊关系的引荐进入田野。例如费孝通《江村经济》田野调查的地点江苏省吴江县开弦弓村，就是他姐姐生活的村庄，这种关系可以让其很好地融入当地生活。

（2）案例数量的确定。民族志的发展经历了一个由单点民族志到多点民族志的过程。单点民族志研究，通常选择的是对个案进行深度剖析，通过"以小见大""一粒沙看世界"的方式，来了解个案背后隐藏的深层结构，从而呈现出研究者的洞见，提炼出理论或者建构出模型。多点民族志（Multi-sited Ethnography）的研究是在20世纪80年代，由著名的人类学家乔治 E. 马库斯（George E. Marcus）提出的。②多点民族志突破

---

① 陈先红、张凌：《草根组织的虚拟动员结构："中国艾滋病病毒携带者联盟"新浪微博个案研究》，《国际新闻界》，2015年第4期。

② George E. Marcus, Ethnography in/of the World System: the Emergence of Multi-Sited Ethnography, Annual Review of Anthropology, Vol. 24(1995):95-117

了个案研究，主张放弃固定的田野地点，追踪特定的人群（follow the people）、追踪特定的事件（ follow the thing）、追踪特定的冲突（follow the conflict）、追踪特定的生命历程（follow the life）[①]。通过多点民族志研究，一方面可以在流动性极强的系统中观察研究对象，另一方面可以做多案例的观察分析。

例如，郭建斌的《在场：流动电影与当代中国社会建构》通过多点民族志的方法对滇川藏"大三角"（云南迪庆、四川甘孜、西藏昌都）地区的电影与社会变迁，从国家"在场"、观影者"在场"及"转场"三个方面来展开讨论，研究对流动电影与当代中国社会建构之间的关系进行讨论。另外，多点民族志也可以应用在多案例的对比分析研究中，当然操作难度较大，我们在本书中暂不涉及相关案例分析。这里要注意的是，多点民族志中的点不仅仅是地理位置，也可以是社会空间、媒体、档案甚至不同地域的人。这种流动的民族志通过追踪多个地点或场景的活动来分析文化的生产，这种研究不仅仅同单一地点的民族志一样建构研究对象的生活世界，而且通过不同地点的关联来理解世界体系本身。[②]

（3）熟悉田野地点。田野地点选定之后，研究者要开始熟悉当地情况，包括历史、人口、地理、文化、风俗等。可以通过以下方式进行：收集阅读相关文献，如地方志资料、新闻报道、纪录片等信息；让田野调查的本地联系人进行系统介绍；通过试调研，对本地的风土人情、人际关系等进行熟悉摸底。对田野地点的熟悉工作非常重要，它能帮助研究者与当地人更好地建立信任关系，从而能够融入田野生活中。

2.规划调研时间

人类学田野调查的时间主要是以研究对象的运作周期为标准。多数经典研究是持续数年的，但在社会学、教育学、传播学等研究领域中，限于各种因素，田野调查的时间通常难以达到高的标准。英国学者马丁·哈默斯利形象地称之为"兼职参与观察"。因此，民族志传播研究可以采用灵活时间的模型，参考Jeffrey和Troman对民族志时间的划分，[③]我们将民族志传播研究调研时间分为以下三种类型：

（1）压缩型（compressed）或者集中型。研究人员尤其是硕士生、博士生，可以在毕业论文写作期间，充分规划和利用好时间，完成一个较长时段的田野调研，这个研究过程的体验和对研究方法的训练将是非常宝贵的研究经历。例如北京大学社会学专

① 陈刚、王继周：《中国大陆传播研究民族志进路的逻辑、问题与重塑——基于四本学术期刊及相关研究文献的考察》，《现代传播》，2017年第7期。

② 涂炯：《多点民族志：全球化时代的人类学研究方法》，《中国社会科学报》2015年12月2日。

③ Jeffrey and Troman, Time for Ethnography. British Educational Research Journal, vol. 30, no. 4 (2004). :535 -548

业冯军旗为完成博士论文《中县干部》,从2008年初开始,在中部某县挂职两年期间,对161个副科级以上的干部进行了访谈,为研究中县官场政治生态积累了大量真实、翔实的一手资料。

(2)循环型(recurrent)。研究者可以对某一议题进行循环式、追踪式研究,因为有些社会现象具有周期性的特点。例如笔者在进行中国淘宝村的调研时,确定的正式调研时间为10个月,这是因为该地的电商经济产业主要是"演出服饰",其产业的特点是每年的"六一"、暑假、国庆节及元旦是电商忙碌时段。因此,要对该产业进行系统的观察,则需要满足一个完整的产业周期,此后进行追踪研究时仍旧会按照该产业周期选择调研时间。

(3)间歇选择型(selective intermittent)。研究者可以采用阶段式调研的方式,如利用寒暑假的调研以及根据调研地点的生活变化等进行间歇性调研。

3.撰写调查提纲

民族志传播研究在实地考察过程中要思考何时、何地、向谁问什么,以及如何记录及记录什么的问题,这些可以被写成调查提纲。这种调查提纲一般来说是半结构式的,也就是有一部分是固定要观察和访谈的内容,另一部分还需要根据进入田野后观察到的内容进行及时性调整。调查提纲的作用是可以让研究者聚焦在核心研究问题上,同时也为田野日记的写作提供了思路。

(三)开展实地调查

1.融入田野

融入田野是民族志研究最为核心的工作之一,维持平衡好现场中的关系需要处理多方面的因素,包括与研究对象建立信任与合作的关系、采用互惠交换的策略、对自身做好保护等。

(1)与研究对象建立信任与合作的关系

与研究对象的坦诚相处是建立信任与合作关系的第一步。可以通过以下方式:告知对方研究者的个人信息(经历、学历、角色、目的等),这是与研究对象相互了解并为后续合作做好铺垫的基础;了解当地风土人情并尽可能融入当地情境。例如,在云南少数民族地区进行田野调研时,有研究者通过大碗喝酒的方式拉近了与研究对象的距离;通过熟人引荐的方式,逐步与多位研究对象建立联系。当然,这种信任关系并不是绝对的,而是一个程度的问题[1]。

---

① 丹尼·L.乔金森:《参与观察法:关于人类研究的一种方法》,张小山、龙筱红译,重庆大学出版社,2015年,第70页。

(2)采用互惠交换的策略

研究过程中研究者想要与研究对象建立信任关系,得到研究对象的支持与帮助,或者打扰到研究对象的正常生活,都可以考虑采用一定的互惠交换策略。例如,做一些力所能及的事情帮助研究对象、给研究对象及其家人带一些适当的礼物、邀请研究对象参加一些聚餐活动等。研究者要结合现场情况,通过对研究对象的了解与观察,采用合适的方式达到互惠的效果。

(3)对自身做好保护

融入田野的过程中,研究者不要忘了对自身做好保护,这种保护来自两个方面:一个是身体上,例如不要让自己处在危险的环境中,也不要太过轻易信任他人,要加强自身在陌生环境中的生存能力。在调研过程中,尤其是女性研究人员,尽量让别人以合适的角色陪同研究;另外一种是精神上的自我保护,例如在与研究对象进行交流、观察的时候,要学会扮演一些角色,不要与一些人建立了友好的关系,而影响到与其他人之间的信任程度,不要因为所观察的社会现象让自己陷入不良精神状态中,既要入乎其内,又要出乎其外地去观察局内人的生活。

2.进行资料收集

研究者进入田野中进行资料收集的过程,就是通过观察、询问一些看似简单甚至无聊,却实际上富有洞察力的理解和认识,通过文字、图片、录音及影像等记录下所见所闻,为民族志传播写作积累原始资料的过程。

(1)资料收集的方法

资料收集的方法有很多种,其中对已有资料进行收集是一个基础工作,包括收集案例相关的地方志、新闻报道、纪录片、生活史,以及田野中的个体所保存的一些史料。研究者可以通过拍照或者录像的方式及时地保存起来,网络空间中的资料收集要及时进行截屏保存,并将其中的文字图片也下载下来,分门别类地整理在自己的研究工作文档中。研究者要观察和访谈的内容,可能属于探索性的问题,或是较为陌生的现象,我们可以从比较广泛的观察开始,待问题逐渐浮现即可进入焦点观察,并选定样本准备进入深度访谈环节。深度访谈和参与式观察的具体方式,我们在第二节和第三节展开来讲。此外,前面我们讲到民族志传播研究实际是上一种研究理念,在研究过程中可以采用问卷调查、内容分析法等多种方式帮助资料收集,这种混合多种资料收集方式的民族志方法被称为“混合式民族志研究”。

(2)对象[①]选择问题

民族志研究对象的选择与量化研究的抽样技术逻辑不同,我们一般以"资料饱和"作为标准。当研究者反复听到重复的故事时,即研究者想要收集资料的类型已经基本覆盖,资料收集的工作就可以结束,调查对象的数量也差不多了。这是因为质性研究抽样的目的是"让你发现那些能够描述一个类属属性的数据"[②],也就是让研究者在撰写报告的"类型"及类型的"属性"时能够有尽可能多的发现。因此,民族志传播中的对象选择更像是一种快速、聚焦的收集资料的理念,需要研究者根据实际情况制定选择策略,如某项研究是以范围较小的社区作为田野地点,通常可以进行全体的调查,或者进行分层调查。

3.田野日志写作

田野日志的写作是民族志研究的传统,它是资料收集和研究写作间的关键中间步骤。这是因为田野研究中的不可预测性以及长时间段,要求研究者养成随时记录的习惯,以弥补记忆的不准确。田野日志的写作没有固定的范式,研究者可以根据自己拟定的调查提纲完成每日基本的记录,同时可以设定"其他记录"的环节,来展现调查过程中没有预测到的或者带有冲突性的一些现象。在调研过程中,研究者带着笔记本随时记录一些内容,然后一天的田野调查结束后,在电脑上进行统一整理。在整理的过程中,要学会分门别类地整理。例如与本研究紧密相关的一些资料,可以采用特殊颜色标注出来。建议大家可以采用现代化的笔记整理软件,例如Microsoft OneNote既可以帮助研究者设计清晰的框架,同时又能进行多媒体的编辑,把收集到的照片、音频等内容一并放在一起,等到后期进行报告撰写时,查找资料就非常方便了。

田野笔记的第一步是对调查事实的一种简单记录,但更重要的一步是研究者积极地阐释,比如描写一些"重要的"事,思考其为什么会发生,以及看到了哪些超乎预料的事情等。因此,田野笔记是"捕捉和保存研究者在长期亲身经历中所获得的洞见和理解的一种方法"。想要做好田野笔记,大家可以阅读《如何做田野笔记》(罗伯特·埃默森、雷切尔·弗雷兹、琳达·肖,上海译文出版社2012)这本书。

(四)撰写研究报告

质性研究学者凯西•卡麦兹说,"告诉你一个'行业秘密',撰写质性研究是一个模棱两可的过程"[③],民族志传播研究的撰写同样没有定式可循。一般来说,我们会根据

① 量化研究的抽样方法常使用样本的概念,背后是样本和整体之间的推论关系,但是质化研究追求的是丰富性和多样性,抽象意义上的理论价值,为了区分两种研究的差异,这里使用对象一词。

② 凯西·卡麦兹:《建构扎根理论:质性研究实践指南》,边国英译,重庆大学出版社,2009年,第101页。

③ 凯西·卡麦兹:《建构扎根理论:质性研究实践指南》,边国英译,重庆大学出版社,2009年,第155页。

预先的判断初步拟定一个研究框架，然后根据资料收集的程度，反过来调整逻辑框架，这个过程反复循环，直至最终可能提炼出一个有用的理论或者模型，这个过程也被称为“扎根理论”。扎根理论是由美国学者巴尼·格拉泽和安塞尔姆·施特劳斯在1964年《扎根理论的发现》中提出的研究方法，指从经验资料的基础上提炼理论的定性研究方法。研究者在研究开始之前一般没有理论假设，而是从实际观察入手，然后根据所获得的实证资料归纳出经验并上升到系统性的理论建构，是一种自下往上建立实质理论的方法。扎根理论强调有现实经验证据的支持，但是它的主要特点更强调通过对既有资料的分析和思考，逐步形成一个凝练的理论框架。

1.浅描

民族志研究的写作是浅描和深描结合的过程。其中对事实现象的描写称之为浅描，它是必不可少的。浅描不是“浅显”，它强调现场记录的重要。对事实的理解、思考和诠释的深描也都是以浅描为基础的，有了现象的描述，就有了参照点，才能进一步对现象发生的原因、意义进行阐释。宾夕法尼亚大学的杨国斌教授认为人类学和社会学在时代的变革中都面临着“描述的转向”。法国社会学家拉图尔在《重组社会：行动者网络理论》中提到，“抛弃理论，认真描述，‘纯粹’的描述有什么不好？”因此，写作过程中浅描是非常重要的内容，也是研究人员进行学术训练的重要内容。浅描非常重视资料的准确性，研究者可以通过多方验证、田野笔记、多媒体资料记载等方式增强资料的信度。

2.深描

深描即深层描写，是对浅描的全方位、多角度、多层次的分析解释。文化人类学家格尔茨在《深描：迈向文化的解释理论》(*Thick Description: Toward an Interpretive Theory of Culture*)一文中指出，深描超越了我们直观看见的事情与表象，描述刻画出行动者行动的细节、情绪、感觉、脉络、互动及社会关系网络等。“深描”的关键是“从当地人的视角看事情”，其目的是透过“接近实际经验的概念”来建构行动及生活的“逼真性”，以便在历史与社会的脉络中捕捉行动背后的意义。格尔茨在论文中借用了赖尔的四种眨眼的例子来说明他的深描概念：(1)无意的抽动，抽动眼皮；(2)向朋友投去的暗号，眨眼示意；(3)对眨眼示意的恶作剧式的模仿；(4)小丑在舞台上表演眨眼示意。眨眼、挤眼以及对各自的模仿，从形体动作来看都是一样的，这种形体动作及其的生理过程不是人类学家所考察的问题。民族志考察的是人们是怎么知道挤眼与眨眼的区别的，是如何辨认、区别，并准确地传递这种辨认、区别的。格尔茨说这四种眨眼构成不同的文化层面，包含了不同的文化意义，深描就是要区分这四种眨眼的意义。深描的目的就是要对行动背后的意义进行理解，而这种理解则是对理解的理解。

究竟如何进行深描写作，大家还可以继续阅读格尔茨的经典著作《沉溺性赌博：论巴厘人的斗鸡》和《尼加拉：十九世纪巴厘剧场国家》，从中体会如何进行深层描写，这是一个“要理解被考察的文化，深入进去，然后要出来，以文化对话或谈话的形态，将对这个文化的故事讲述出来”的过程[①]。

四、民族志传播研究案例

案例一分析的内容主要来自丁未、田阡合作完成的《流动的家园：新媒介技术与农民工社会关系个案研究》一文，但想要对该个案的民族志传播过程进行更为细致的了解，建议同学们阅读《流动的家园：“攸县的哥村”社区传播与身份共同体研究》一书，此外也非常推荐大家阅读香港中文大学邱林川的《信息时代的世界工厂：新工人阶级的网络社会》一书。案例二分析的是本章内容写作者的博士论文，从进行研究设计到完成论文写作，前后约用时一年多，也得到了非常多相关领域老师的指导，选择该案例是希望可以将民族志传播研究的过程呈现得更加细致。

案例一：《流动的家园：新媒介技术与农民工社会关系个案研究》[②]

（一）提出研究问题

1.攸县出租车司机在日常生活和工作中，利用新媒介技术结成了什么样的社会关系？这种社会关系的基本模式是什么？

2.现代媒介技术的使用是否扩大了他们原有的社会关系圈，换言之，是否打破了他们原有的以血缘、地缘为核心的传统社会关系网？

3.现代化媒介技术的使用是否促进了攸县出租车司机的社会关系从血缘、地缘关系为核心转向以业缘关系为核心？也就是说媒介技术是否促成了他们向现代职业身份的转型？

（二）进行研究设计

与一般的人类学不同，作为传播学者，作者是通过对石厦村的“传播基础设施”进行地图法（sociomapping）定位开始进入田野的。对传播基础设施的测绘让研究者长时间在石厦村楼与楼之间幽暗、逼仄的小巷游走穿行，对村内一百多个与信息服务业

① 潘忠党：《作为“深描”的民族志》，《文化适应与传播》代序，云南大学出版社，2007年，第11页。

② 丁未、田阡：《流动的家园：新媒介技术与农民工社会关系个案研究》，《新闻与传播研究》，2009年第1期。

有关的固定店铺进行定位、拍照、记录、访谈,甚至参与观察,把石厦村流动人口信息传播的技术条件、媒介经营种类、信息需求情况、通过ICT产生的人与人的连接等都慢慢地摸清并绘制成图。其中有几位湖南籍的研究助手"潜入"村里的黑网吧参与调查,利用同乡关系揭开了许多内幕,从而在研究上助作者一臂之力。

本研究的目的是对石厦村这一流动人口大量聚集的社区进行一次全方位的社区传播生态(包括传播点、传播者、传播技术和传播行为等)分析,以展示在全球化的网络社会形成过程中,中国的农民工群体以中低端媒介技术工具,按照自己的需求甚至创新,形成了独具特色的媒介化社会关系和传播实践。以此回应国际著名学者曼纽尔·卡斯特(Manuel Castells)对不同文化和制度下有可能产生不同网络社会结构、形态的理论假设,对中国传播学和社会学界尚未触及的"什么是中国的信息社会"或者说"什么是中国的网络社会"提供了一个鲜活的个案和一个尝试性的回答。

(三)样本选择

在深圳福田区有大小不一的15个城中村,与福田区委毗邻的石厦村便是其中之一。石厦村,别名"攸县村"或"攸县的哥村"。该村目前只有600多名原来的居民,3万多的流动人口才是石厦村的居民主体。攸县村这个别名的取得,是因为来自湖南攸县在深圳开出租车的司机们占了很大的比例。这些司机的人数大约有2000人。的士司机大概是城市中最见多识广的一群人,当研究者走近他们之后,发现他们本身就是一群极有故事的人。石厦村与深圳市福田区区政府只有一街之隔,地处CBD中心,只有0.23平方公里。从2008年开始,在长达五年的时间里,研究者在这个"田野"里结识攸县的哥,听他们讲述自己的人生经历。

(四)资料收集

本研究采用民族志传播研究的方法,以观察体验及个体(或小组)深度访谈为主。研究者通过大量卷入被研究对象的日常生活,包括吃饭、拉家常、串门、出游、打牌、QQ聊天等,得到真实而鲜活的第一手资料。但也考虑到质化方法的局限,因此,在他们后来的研究中将采用以质化研究带动量化研究的方法层层推进,对该社区进行更为纵向的、深入的考察。

在整个田野调查过程中,从最初的陌生,甚至提防,到的哥的嫂们对研究者倾诉隐秘的人生经历、看个人民间贷款记录、出示儿女的短信信息……这是经过五年的"浸泡"得来的研究者与研究对象之间的信任和友谊。尽管研究者没有与司机家庭同吃同住,但多年保持的定期访问,不仅积累了经验材料,更是目睹了这个社群在都市中所经历的"变"与"常"的时间演变与文化转型。每种媒介都与他们的生活情境与人生故事连在一起,述说着他们的经济活动与媒介技术变迁不可分割的关系。把每次的个人访谈做成报道人的一份口述史而不是一份访谈提纲的回答，研究者认为这是田野工作者与普通记者的根本差别。在方法上值得一提的是，对讲机等车载通信设备记录故事采用了个人访谈、焦点小组访谈，再到关键报道人的个人访谈、问卷调查等方式，最后在主要材料得到相互印证且通过问卷调查得到大部分司机的确认后，才得以完成。这种时间成本高昂的田野工作，在目前的学术氛围下，显得尤为"奢侈"。

（五）研究结论

从车载移动通信（包括对讲机）到手机，攸县出租车司机确实生成了新的关系网，他们的交往从自然村落以组、村、镇为主要范围，扩大到以整个攸县为区域。但是，这种"新的关系"是建立在高度同质化的、强关系的基础上，而且，所谓的"新"其实是由旧的关系模式和文化习性建构而成的，人际关系的生成机制仍然脱胎于乡土社会的血缘、地缘关系，城市新的业缘关系和新的社区生活只是一种表象，其内在的纹理仍由传统社会关系网编织而成。

案例二：《互联网与乡村社会结构变迁：以山东"丁村"为个案的研究》[①]

（一）提出研究问题

中国社会处在剧烈转型时期，经济与社会的结构性矛盾及社会结构内部诸要素的不平衡性，使得当今中国乡村社会出现农业社会、工业社会和信息社会并存的社会形态，本文所选择的"淘宝村"就是这三种社会形态的融合体。"淘宝村"已经成为中国乡村现代化进程中的特色景观，它的探索实践为中国乡村现代化发展提供了一条新的可能路径。"东奔西跑，不如在家淘宝"，用村民自己的话来说：互联网让小农户接上了大市场。在政界、商界及农民的合力推动下，农村新经济将持续改变着中国乡村的社会面貌。在这样的背景下，作者选择"淘宝村"的研究议题，站在传播学的学术立场对新媒体与中国乡村社会的发展进行反思。具体研究问题包括：

1. 互联网对丁村社会结构产生了怎样的影响？

2. 互联网对乡村社会结构的影响机制是什么？

3. 如果说这种新型社会结构可以概括为中国乡村的网络社会，那么中国乡村的网络社会具有什么样的特点？

（二）进行研究设计

研究过程中，民族志传播研究具体利用参与式观察、田野调查、深度访谈以及问

① 马克秀：《互联网与乡村社会结构变迁：以山东"丁村"为个案的研究》，中国传媒大学博士论文，2016年。

卷调查等方法对村落社区进行一手材料的收集和分析。这种研究要求有较长时间的投入,所以研究者如果可以学习当地的方言,并尽量参与研究对象的日常生活会有助于获取真实的资料,但是研究者同时要保持一个客观独立的学术立场。除了参与观察以外,研究者通常选定或培养某个当地人作为信息提供者。2015年5月7日至5月16日期间,作者开始进入田野进行试调研,联系并确认了一名年轻人"寒芋"(化名)作为信息提供者。他对本地非常熟悉,村民们对他也很信任,通过"寒芋"的引荐与介绍,研究者较为迅速地融入到了村民的生活中去。

本文的深度访谈基本是在自然情境下进行的,通过约半小时或数小时的半结构访谈,同时也会通过连续询问鼓励访谈对象阐述并做出回答,之后研究者用归纳的方法,对第一手的访谈信息进行归纳推论,并记录在田野笔记之中。自然情境下的资料收集过程可以说是以递归循环的形式进行的。因此,访谈问题常会在研究过程中变化、调整,数据分析与收集也会同时进行,结果推论也是一个持续演化的过程。

(三)样本选择

通过对研究可行性因素的综合考虑,作者选择了"山东第一淘宝村"——丁村作为个案研究的田野地点。选择缘由有:首先,丁村作为农村电子商务发展的典型村落,其产业属于非资源依赖型经济,发展模式较容易被其他数目庞大的、无资源可依赖的乡村所借鉴,所以对丁村的研究在实践层面上的意义更强。其次,在研究的可行性上,因作者来自山东,选择山东地区的"淘宝村"进行田野调查,能更好地听懂当地的语言,适应当地生活习惯、理解其文化习俗等,便于融入田野生活。最后,最终选择菏泽市曹县"淘宝村",还因为经过同学介绍得以提前与当地政府取得联系,这为调研工作顺利开展提供了保障。

(四)资料收集

研究的资料收集从2015年5月到2016年3月持续了10个月的时间。包括:

1.正式访谈有二十余次。访谈并没有使用录音的形式,一般会采用笔记本速记的形式,并在采访完之后回到住处迅速整理出当日的田野笔记,仅田野笔记就累积了十几万字。采访形式上研究者也根据村民们的生活方式进行了调整,一般来说研究者入户的形式分为三种。第一类是较多使用的,通常都是在下午3点以后进入到村民家中进行采访。第二类是在村民忙碌的时候作者随机进行的一些采访。第三种形式是作者于晚上6至10点钟在村民家里进行正式访谈。

2.问卷调查部分按照户数共计发放了150份调查问卷,基本全覆盖了丁村所有的家庭,对部分外出打工者是在春节放假期间进行调查。回收问卷131份,其中包括"生产商+网商"的农户48份,仅是网商的农户34份,生产配饰的2份,其余47份问卷为未从事淘宝的农户。一户指的是一个户主,因此从事淘宝产业的84份问卷实际上包含了一百多户人家。

3.参与观察。为期10个月的田野调查中,作者每天都是在村子及村子周边地区进行参与式观察。经济交易信息的敏感性决定了如果要获得较为真实可靠的信息,需要对村民有一个长期的跟踪观察,尤其是需要在他们放松的时刻,例如饭桌上喝酒之后,与自家人的无意交流等来获取。其中也包括作者决定春节期间留在丁村,与村支书等人一起守夜跨年,对当地习俗文化与电商经济的关联进行观察。

(五)研究结论

基于调查资料,经过论文写作框架的反复调整,本研究最终的理论提炼落脚在“中国乡村网络社会”。核心内容是:中国部分乡村以互联网技术作为新的生产力,以农村新经济作为现代化发展的新路径,乡村社会关系在差序格局的基础上表现出一个动态的、相对去中心化的网状结构。具体来说,研究主要结论:

1.农村新经济的商业模式是中国乡村发展的现代化路径之一。建立在信息技术基础设施上的,以农户为经济生产主体、以电商平台为中介的产品交易模式主要特征有:“端+网+云”信息技术成为基础设施;信息成为农村新经济中的核心生产力;农村新经济是以消费者为导向的经济;农村新经济的组织形式是大规模协作、实时协同。

2.中国乡村网络社会孕育了新的社会主体,即新农民群体。他们不再属于传统意义上的农民,他们是新经济发展中的主体之一,其社会地位进一步上升;在新经济发展中,由于互联网的技术赋权,农民主体性更高、学习能力更强、视野更加开阔;农民实现了相对充分就业,尤其是妇女、老人、残疾人等弱势群体都有可用武之地;他们是在地生存和发展的,超越时空的互联网新经济也让他们成为全球经济的主体之一。

思考题

1.民族志传播研究适用的选题有哪些?

2.思考一个你感兴趣的、适合采用民族志传播研究方法的选题,进行细致的研究设计,重点考虑研究的可行性、素材收集的具体方法以及论文写作框架的调整。

第二节 参与观察法

观察是我们与生俱来的一种能力，也是我们一种基本的生存方式。观察的方式有很多种，有的直接用肉眼观察，有的借助显微镜、天文望远镜、摄像机等设备进行观察。有的在自己的日常生活环境中观察，有的在专业的实验室里观察；有的是公开身份的观察，比如领导视察，有的则是隐藏身份的观察，比如记者暗访；有的观察深入现场、参与其中，有的观察则是作壁上观、置身事外；有的是短期的浏览，有的则是长期的深入等。但不管是哪种观察，都不仅仅是人的感觉器官直接感知事物的一个物理过程，还是人的大脑积极思维的能动的过程。

观察者是从自己的观察中创造出某种东西的，而这种创造受到观察者的问题意识、个人经历、与所观察的事物之间的关系等前设条件的影响。日常生活中人们的观察是人们的一种本能活动，一般不会对自己的观察习惯进行反思，但在科学研究中，观察是有目的、有计划的。“观察者运用自己的感觉器官或借助科学仪器能动地对自然或社会现象进行感知和描述，从而获得有关的事实材料。”[①]而且，对质化研究来说，往往使用参与的、公开或隐蔽的、无结构的、动态的、探索型的、直接的、长期的观察方式。

一、参与观察法的定义

质化研究中的观察都是研究者深入“田野”的观察，如果细分还可以分为参与观察和非参与观察。非参与观察是指观察者置身被观察的世界之外，作为旁观者来了解事情的发展状态。但在质化研究者看来，绝对的“局外人”是不存在的，只是参与程度不同而已，观察者也只有成为被研究群体文化的一个“成员”，成为一个文化体验者，才能真正理解观察的对象，我们将其称为“参与观察”。它是在自然的情境中，观察者通过与被观察者共同工作、生活，在密切的接触中耳闻、目睹、聊天和直接体验被观察者的言行，并希望获得他们对自己行为意义的理解。

1924年，学者林德曼(Eduard C. Lindeman)提出将社会科学研究中的观察者分为客观的观察者和参与观察者两大类型，最早使用“参与观察”一词。而最早将参与观察法运用于田野工作的是马凌诺夫斯基(Bronislaw Kasper Malinowski)，他于1915年到1917年在特罗布里恩群岛(Trobriand Islands)上对当地的土著人进行了两年之久的参与式研究。参与观察的主要特点就是对整体情境的考量、对参与者行为的关注、对当地人主体性的尊重。

① 陈向明：《质的研究方法与社会科学研究》，教育科学出版社，2000年，第228页。

观察的过程不是先入为主地由某种外在的、机械的模式决定，而是融入了参与双方的决策、选择和互动。研究者可以随时根据自己的观察来发问，也可以随着观察来调整研究问题，调整观察的目标、内容和范围。研究者既是参与者又是研究者，既要保持良好的人际关系，又要保持研究者的心理和空间距离，同时，研究者还要不断反思自己的种种“偏见”，对自己的“视阈”、被研究者的“视阈”，以及双方“视阈融合”的方式有尽可能清醒的认识。

二、参与观察法适用的研究议题

人类生活的大多数层面都可以利用参与观察法的方式来研究。参与观察中，研究者与被观察者共同经历事件过程，对事件的时间、地点、人物、历程、关系、特殊情境下的原因等等都有了解的机会。从这种特点出发，参与观察法适用的研究范围包括：

(1)对人们很少知道的社会现象，参与观察可以保证研究者比较顺利地进入“研究现场”获得相对真实的信息。比如针对同性恋、吸毒、监狱生活等议题的研究。例如人类学经典著作威廉·富特·怀特的《街角社会：一个意大利人贫民区的社会结构》，主要是对闲荡于街头巷尾的意裔青年的生活状况、非正式组织的内部结构及活动方式，以及他们与周围社会(主要是非法团伙成员和政治组织)的关系加以观察，并对这一观察过程、所获资料及结论的翔实而生动的记述。[①]要注意这种参与观察的最大问题是可能会违背社会科学研究中的参与者自愿的原则，在开展研究时要注意研究伦理的规范性。

(2)当研究者及一般公众看到的“事实”与当事人所说的内容之间存在明显的差异，或者“局外人”与“局内人”对同一事物的看法很不相同时。比如牟利成的《隐遁的社会：文化社会学视角下的中国斗蟋》一书中写到，他通过七年多时间参与观察斗蟋群体，居然把自己训练成业内“高手”和管理“干部”。在此基础上，用“他者”的立场深描和分析了一个长期被忽视的隐遁社会的情感、自我、关系和亚文化，来展示了一个古老行业的“规矩”传承和社会运行逻辑。[②]

(3)研究者需要了解有关事情的连续性、关联性以及背景脉络时。这些方面的信息对回答研究的问题至关重要，研究的主要目的是了解局内人的意义建构以及他们的行为互动方式。例如《“边缘媒体人”的职业变迁与社会阶层：基于新闻民族志的观

① 威廉·富特·怀特：《街角社会：一个意大利人贫民区的社会结构》，黄育馥译，商务印书馆，1994年。

② 牟利成：《隐遁的社会：文化社会学视角下的中国斗蟋》，社会科学文献出版社，2018年。

察》[1]一文。在媒体实践中,他们对正统的新闻生产有很高的辅助价值和补充意义。但是,在政治、社会、经济各领域,他们均处于弱势地位,游离于传统媒体、自媒体平台与底层社会之间,始终处于社会"边缘"与媒体圈的"边缘",因此将这类人定义为"边缘媒体人"。他们从传统媒体转战到自媒体之后,境遇并没有发生改变。"边缘媒体人"的职业变迁、阶层状况、生存策略、伦理调适,可以引发人们对自媒体技术之下"人"的价值的进一步思考。

(4)当对不能够或不需要进行语言交流的研究对象比如聋哑儿童、语言不同的异文化群体等进行调查时。比如研究电视暴力内容对儿童行为的影响;对处于不同文化背景之中的人们进行研究时,如汉族研究者对藏族人进行研究,双方的语言可能不通,研究者可以采用参与观察配合田野中"线人"的介绍,较好地开展研究。

(5)当研究者需要对社会现象进行深入的个案调查,而且这些个案在时空上允许研究者进行一定时间的参与观察时。通过参与观察,研究者可以将个案放在当时当地的社会文化情境之中,对事件的发生过程以及社会成员之间的行为互动关系获得较为直接、完整与全面的了解。例如周怡的《中国第一村:华西村转型经济中的后集体主义》对被誉为"社会主义集体经济模范"的"天下第一村"华西村进行了细致的田野调查,获得了大量的原始资料,并对从农业计划经济向工业市场经济的转型过程中一直保持的集体主义特征,做出了独到、丰富而又极具深度的社会学诠释。[2]

此外,当研究者希望发现新观点、建构自己的"扎根理论"时也可以采用参与观察法。由于探索型参与观察允许研究者灵活地调整与重新定义自己的研究问题,研究者在构建自己的理论时可以采取一种开放、灵活的发现逻辑。同时,参与观察对其他研究方法可以起辅助作用,比如在访谈之前进行一次预备性的观察,可以帮助访谈的内容更加有针对性。

从以上几方面来看,对新闻传播类问题,参与观察法既可以做传播者研究,也可以做受众研究;既可以做文化研究,也可以做效果研究。对有关过程、人群及事件的关系、人群及事件的组织、长时间的连续现象或模式,以及人类存在空间的短期性社会文化环境的研究而言,参与观察法都是很好的选择。

---

① 彭华新、郝金华:《"边缘媒体人"的职业变迁与社会阶层——基于新闻民族志的观察》,《现代传播》,2018年第11期。

② 周怡:《中国第一村:华西村转型经济中的后集体主义》,牛津大学出版社,2006年。

三、参与观察法的步骤

参与观察的实施基本上取决于研究者熟练调适日常生活现实情境的能力，正因为如此，参与观察的实施过程具有很大的灵活性和模糊性，是技术，更是艺术。它的过程往往是非线性的，很难用一组高度机械性的步骤来说明。参与观察者在定义研究问题、进入日常生活情境、参与、互动以及和其他人建立关系时，都需要考虑“价值观、政治性、研究的道德观”的影响，以期获得一种洞察。

对参与观察的学习大都遵循着师傅带徒弟的路径——跟随一位“大师”，阅读该方法的经典案例，深入实地，积累参与观察的经验。但这并不是说参与观察没有直接而完整的实施模式。陈向明教授把参与观察总结为以下几个步骤：确定观察的问题、制定观察计划、设计观察提纲、进入观察现场、进行观察活动、记录观察资料、整理和分析观察资料、检验研究结果、撰写研究报告等，这些步骤也不是截然分开的，而是一个相互影响的过程。

从整个研究过程来看，在研究的初期，研究者一般会关注进入研究现场、建立田野关系、观察及收集资料以确定研究的特定问题，之后发展田野关系、收集资料会成为最主要的工作，最后是分析资料。

参与观察的实施需要一定的条件，如果以下几个条件存在最适合使用参与观察法进行研究：(1)所研究的问题是从局内人的角度看的，涉及人类的互动和意义；(2)所研究的现象在日常生活情境或场景中可以观察到；(3)研究者能够进入合适的现场之中；(4)现象的规模和范围相当有限，可以作为个案研究；(5)所研究的问题适合于个案研究；(6)所研究的问题可以用质性资料加以说明，这些资料可以通过直接观察和适合该场合的其他方法来收集。[①]

（一）观察准备：研究问题、观察计划与提纲

“研究的问题”是研究者在所要探究的研究对象中提炼出来的、学术界或实践界尚有疑问的、研究者个人认为有必要回答的问题，而“观察的问题”是研究者在确定了“研究的问题”之后决定选择使用观察的方法，根据观察的需要而设计的、需要通过观察活动来回答的问题。[②]“观察的问题”为回答“研究的问题”服务，是完成研究问题的工具；研究问题一般比较抽象，而观察的问题则比较具体。根据这些具体可操作的问题，研究者才能设计自己的观察计划和观察提纲。

① 丹尼·L.乔金森：《参与观察法》，张小山，龙筱红译，重庆大学出版社，2015年，第2-3页。

② 陈向明：《质的研究方法与社会科学研究》，教育科学出版社，2000年，第236页。

1.持续定义问题

“界定什么可以作为参与观察者研究的问题，是一个开放的、不断发展的过程，在这个过程中，所要研究的问题得以确认、澄清、商定、提炼和详细说明。”[①]参与观察法要求研究者进入研究环境，学习参与者的生活方式，体验、定义、并让它对自己产生意义，以便参考参与者在日常生活中的行为和言语来定义确切的主题。

在进入田野之前，对将要研究的主题、其中涉及的争议以及问题点，需要勾描一个大概的研究框架。这个问题可能来自个人兴趣、学术观点、某项研究中发现的主题或是某个在他人眼中（如政府官员、政策决定者、改革者或行政人员的眼中）具有问题性的事物。这些概念或问题可能并不适当，必须在参与中去重新审视。在研究的过程中，会发展出学术兴趣和研究问题，而且，可能会获得一组通常超出研究所能回答的范围的问题，这时候就必须依据理论对研究的主题进行选择。“经过一段合理的短期观察之后，应该重新评估研究问题：它们会引发出相关的观察内容吗？它们与局内人的看法相关吗？在观察中出现了另外的问题吗？如果不能明确肯定地回答这些问题，那么极有可能需要重新系统阐述所研究的问题。”[②]同时，还要考虑在执行的层面上研究问题是否能够聚焦、集中，能否进行学术定义，以及在金钱、时间等方面，研究者能否负担得起。

郭建斌在独龙乡调查过程中，就有过“以日常生活中直接面对的现象作为研究的起点”的研究感受，因为“初到独（龙）乡，开始我自己对于与现代传播媒介的使用相关问题的观察时，此前预设的很多宏大理论视角在不知不觉地被悬置，我并不怀疑这些理论的价值和意义，只是身临其境，在一种田野工作的无意识中，觉得那些当地人最普通的日常生活中接触和使用现代传媒的具体情况，是最鲜活的内容。离开当地人的生活实际为理论寻找某种证据，以及忽略在这样一种真实场景里的真切感受来编制好看的理论，我不情愿这样做。因此，我把提问的思路做了一些调整，从那些当地人最平常的生活状态中来找问题，并尝试着寻找这些问题的答案，或是对这些问题作出符合当地实际情况的解释。”[③]“电视机从哪里来”这样的问题，就是基于对独龙乡很多村子未通电，很多居民的全年收入都不能买一台电视机，拥有电视机大都是家庭经济条件好或有特殊社会关系的结果的现实状况的了解提出来的。

---

① 丹尼·L.乔金森：《参与观察法》，张小山，龙筱红译，重庆大学出版社，2015年，第24–25页。

② 丹尼·L.乔金森：《参与观察法》，张小山，龙筱红译，重庆大学出版社，2015年，第25页。

③ 郭建斌：《独乡电视——现代传媒与少数民族乡村日常生活》，山东人民出版社，2005年，第75–76页。

2. 研究问题的陈述

研究问题陈述要够广，以包含中心主题及设想关系，同时，它的范围又要够窄，以作为资料收集的依据。我们来看看几项研究问题的陈述。

柯克·约翰逊（Kirk Johnson）的博士论文《电视与乡村社会变迁——对印度两村庄的民族志调查》的研究问题是这样表述的：

电视在印度乡村的社会变迁过程中扮演了什么角色？它对性别、种姓和家族关系有什么影响？村民的追求、期望和所关心的事是什么？电视对这些有什么影响？村民们认为电视在地区社会和经济发展中扮演什么角色（如果有的话）？[①]在像达瑙里村这样的印度基层社会里正在发生什么呢？主要通过电视（正以前所未有的速度迅速地进入这些村民的日常生活）传播的现代化是怎么回事？村民们如何看待自己以及他们身处的世界？他们的世界在时间与空间界线上发生了什么变化？拥有几个世纪历史的传统社会制度又有什么变化？[②]

张志安《编辑部场域中的新闻生产——〈南方都市报〉个案研究（1995—2005）》一文的研究问题是这样表述的：

本文的核心问题："以《南方都市报》编辑部为个案，考察其创办十年来的发展路径以及新闻生产的复杂过程，力图揭示当下的转型社会中媒介组织新闻生产和社会控制因素之间的互动关系。"[③]"一般来说，媒介组织内部包括编辑和经营两个部门，其中，编辑部是新闻生产进行的直接场所，因此，本文的研究视野主要放在编辑部层面，考察编辑部组织内外的各种控制因素是如何影响新闻生产过程的，编辑部组织内的个体、群体和组织内外部之间的关系是怎样的，从而揭示社会控制和新闻生产的关系在编辑部层面上是如何呈现的。"[④]

陈卫星在《城市的欲望与底层的想像》一文中是这样表述研究问题：

媒体本身是如何构建贫民窟形象的？这种形象的呈现方式的动力机制是什么？大栅栏地区贫民的媒介使用的基本状况如何？如此处境下的贫民是如何解读媒介话

① 柯克·约翰逊：《电视与乡村社会变迁——对印度两村庄的民族志调查》，展明辉、张金玺译，中国人民大学出版社，2005年，第4页。

② 柯克·约翰逊：《电视与乡村社会变迁——对印度两村庄的民族志调查》，展明辉、张金玺译，中国人民大学出版社，2005年，第13页。

③ 张志安：《编辑部场域中的新闻生产——〈南方都市报〉个案研究（1995-2005）》，复旦大学博士学位论文，2006年，第5页。

④ 张志安：《编辑部场域中的新闻生产——〈南方都市报〉个案研究（1995-2005）》，复旦大学博士学位论文，2006年，第5页。

语的？这种解读反映了怎样的自我认同方式？[1]

3.观察计划与观察提纲准备

当所要研究的主题变得更为明确时，我们便要找出其中重要的概念，进行进一步的研究。观察问题确定后，我们可以着手制订一个初步的观察计划。一般，观察计划包含以下几个方面：(1)观察的内容、对象、范围；(2)地点；(3)观察的时刻、时间长度、次数；(4)方式、手段；(5)效度；(6)伦理道德问题。研究者要考虑各项的具体内容，可能遇到的问题及解决办法等。

编制具体的观察提纲可以使观察的内容进一步具体化。观察提纲应该遵循可观察原则和相关性原则，针对那些可以观察得到、对回答观察问题具有实质意义的事情进行观察。但是，观察提纲提供的只是一个大致的框架，为观察活动提供一个方向，研究者要根据实地观察的情况，再对提纲进行修改。

我们可以先确定自己希望观察的具体内容，然后将这些内容进行分类，分别列入观察提纲。通常我们的观察提纲至少应该回答如下六个方面的问题：[2]

(1)谁？(谁在场？人的数量、角色、身份、地位，彼此之间的关系等等。)

(2)什么？(发生了什么事？在场的人有什么行为表现？如何表现的？如何变化的？有什么样的特点？符合日常规范吗？人们之间的互动是如何开始的？过程如何？等等。)

(3)何时？(有关行为或事件是什么时候发生的？持续了多久？出现的频率是多少？)

(4)何地？(行为或事件的发生地点在哪儿？这个地点的特色是什么？其他地方是否发生过类似行为或事件？二者之间的异同是什么？)

(5)如何？(这件事是如何发生的？事情的各个方面相互之间是什么关系？有什么明显的规范或规则？这个事情是否与其他事情不同？)

(6)为什么？(为什么会发生？什么因素促发的？人们对事情的看法是什么？人们行为的目的、动机、态度是什么？)

(二)实施观察

参与观察是一个互动的过程，我们为了说明的方便，把进入研究环境，观察、收集、记录信息的过程单独列为实施观察的部分。

---

① 陈卫星，《城市的欲望与底层的想像》，《年度学术2006：农村与城市》，赵汀阳编，中国人民大学出版社，2006年，第321-351页。

② 陈向明：《质的研究方法与社会科学研究》，教育科学出版社，2000年，第238页。

1.选择研究环境

研究环境的选择和研究问题具有高度相关性。在选择适当环境的过程中,我们必须评估预设的环境对目标环境研究主题可能产生的限制和助益。从操作的层面来看,参与观察者通常都会先对可能的环境进行非正式的研究,以决定这个环境是否适合目标研究问题。决定的依据包括以下几个条件:(1)研究者是否能够进入现场;(2)参与者有可能充当的角色范围;(3)该角色能否较深入地接触所要研究的对象。[①]此外,还要考虑研究者的兴趣、能力以及环境的不同特点。一个田野研究的环境,在公众的视野中可能是可见的,也可能是不可见的;对圈外人,环境的开放性程度也不同;一个环境中的某些情境,可能是几乎任何人都轻易得见的,而其他的情境,则可能是除了少数人之外,大部分人都无法得见的。尤其是互联网越来越多地介入到我们的日常生活和工作之后,研究者即使能够进入物理的田野,也要灵活应对如何进入一些临时性的微信工作组、内部论坛等虚拟的空间。

柯克·约翰逊(Kirk Johnson)在《电视与乡村社会变迁——对印度两村庄的民族志调查》中讲到他在村庄选择过程中的种种考虑。他小时候在印度班杰加尼生活了13年,十分熟悉当地的习俗、语言、宗教信仰和价值观,有从当地环境出发形成洞见、进行准确研究的可能。他在为期4周的选择时间里,访问了18个村庄,根据民族志资料和与同事的磋商,确定了一些标准来选择村庄。比如,村庄要足够小以开展民族志调查,但是又要足够大到能代表该地区的村庄;入选的村庄在种姓、阶级和宗教方面必须多样化,以便探究村庄里的权力关系;还有就是受城市影响最弱,以尽量把电视的影响分离出来。基于以上考虑,确定了4个选择标准:(1)规模(约100户家庭);(2)种姓、阶级和宗教多样化;(3)大部分村民在村里居住并工作;(4)村庄的位置距离公路主干道至少3英里。

但是,在接下来的访问过程中,对村庄的了解使他必须重新评估和确定村庄选择标准。比如,不是所有的村庄都有电视,该地区大多数村庄不是多种姓的,还有其他的现代化因素在影响这些村庄的"乡村生活"。于是选择村庄的目标定为寻找一个向城市迁移程度中等的村庄,选择标准改变为:(1)电视至少出现5年,越久越好(假设有电);(2)规模(约100户家庭,小到足够开展研究,大到足以使研究结果能准确地代表其他村庄);(3)经济上有不同阶层存在;(4)中、低程度的政治干预;(5)离公路主干道或公交线路至少3到7英里。从柯克·约翰逊博士的研究过程发现,研究环境的选择也不是一个确定的过程,必须深入实地,调整研究问题和研究环境的选择标准。

---

① 丹尼·L.乔金森:《参与观察法》,龙筱红,张小山译,重庆大学出版社,2015年,第34-35页。

2. 进入研究环境

进入环境的过程中，还要考虑是采用公开性的策略，还是采用隐秘性策略。如果采取公开性策略，最好在事前找主管部门谈谈，也可以利用研究者的名望及研究主题或目标的科学名望；还可以向该领域的专家寻求帮助等等。如果需要一份正式的计划书，计划书应包含研究计划的纲要、基本目的和目标；还应陈列充分的理由，说明允许进行这项研究符合当局的利益；预备处理可能导致研究请求遭到拒绝的一些问题，如政治或道德的敏感性，以及对研究结果的顾虑。[①]隐秘性的策略因为可能会触及研究伦理必须谨慎使用。在实践操作中，可以根据具体情况来灵活把握进入环境的策略。

张志安在深入《南方都市报》进行实地观察研究的时候，就采取了灵活的进入研究环境的策略。"到南都报社调研之前，笔者曾经有过心理矛盾和思想斗争，直接表明研究意图可能会难以接近真相，隐瞒真实意图又可能有'欺骗'之嫌或对接下来的深度访谈造成不利影响，甚至引起研究对象的反感和抵制。实际操作过程中，笔者将第一阶段的实习观察和第二阶段的深度访谈相结合、渗透，前期以观察编辑部外围的日常实践活动为主，并先对《南方都市报》基层编辑和记者进行深度访谈；后期以参与式编辑部选题会、时评会议观察，结合对报社及集团中高管理层进行深度访谈。这个过程中，没有刻意隐瞒，也没有主动公开，以前后阶段相对自然地转换和后阶段表明意图时的真诚获得了报社领导的理解和认可，并最终比较顺利地完成了考察。"[②]

但是进入观察环境后，有些因素是不受研究者控制的，比如柯克·约翰逊(Kirk Johnson)在《电视与乡村社会变迁——对印度两村庄的民族志调查》中讲到他进入研究环境后，逐渐地与村民建立关系，尽量让村民少注意他。但是，在参加一次婚礼的过程中却被主持人通过扬声器介绍给人们，并向人们介绍了他的来由和研究目的，约翰逊担忧自己的民族志研究就此结束了。但是后来发现，他观察环境中的人并没有因此跟他产生距离，而且，他还利用这种介绍访谈到了当地重要的人物，所以，进入环境也是一种实践，需要因地制宜。

3. 观察及收集资料

参与观察法用观察作为收集事实的基本策略。直接的体验及观察是这种方法的主轴。[③]观察始于参与观察者和潜在性田野研究环境接触的那一刻。观察的过程是一个不断聚焦、明晰研究主题的过程，也是一个建立、维系和发展参与观察者与研究

① 丹尼·L. 乔金森：《参与观察法》，龙筱红，张小山译，重庆大学出版社，2015年，第41页。

② 张志安：《编辑部场域中的新闻生产——〈南方都市报〉个案研究(1995-2005)》，复旦大学博士学位论文，2006年，第8页。

③ 丹尼·L. 乔金森：《参与观察法》，龙筱红，张小山译，重庆大学出版社，2015年，第102页。

环境圈内人的关系的过程，这个过程与日常社交活动是相通的，是建立良好关系的过程。在收集资料的具体策略上，包括非正式与正式的访谈、问卷、收集实物（服饰、照片、艺术品及工具）和人类通信（信件、日记、备忘录、各种文字记录、宣传文字、书籍、杂志以及报纸）等等。

郭建斌的著作《独乡电视——现代传媒与少数民族乡村日常生活》中涉及的资料有信件、照片、标明电视机位置与看电视座次的图片、新闻报道、调查日志、家庭电视房的观看过程实录、历史文献、地图、“圣诞节注意事项”的通告、独龙乡乡政府的政府工作报告、金文家的影碟和歌碟名单等等，采用的策略则涵盖了观察、访谈与问卷调查等。

张志安在进行《南方都市报》的实地观察的过程中，除参加区域新闻部编前会和时评委员会外，还访谈了多个级别的新闻工作人员，此外，还采访了《信息时报》《广州日报》《羊城晚报》等负责人，以便更好地了解广州报业的竞争格局以及同行媒体对南都的看法，还到报社资料室查阅了南都创办以来的所有报纸，到集团战略规划部索取了部分《南方新闻研究》，并从集团内部网的数据库中检索、下载了大量报道文本和新闻资料。[①]

还有就是参与观察者由于直接参与圈内人的世界而衍生的个人经验，也是非常重要的资料来源，大都以田野笔记的形式存在，但是要注意对个人经验的资料进行适当的批判性反思。

4.观察的记录

在进行观察时，研究者借助自己的眼睛、耳朵、鼻子等知觉器官，录音、录像、摄影的仪器设备，还有笔、电脑等进行记录。各种观察和记录方式都有自己的特点，大脑记忆方便、少干扰但是不够准确；使用设备则可能对现场观察造成干扰；录音记录需要转化为可编码的文字，比较耗时；静态摄影可以保存下重要但不那么明显的细节，是保存研究对象、物品及场所实际影像的绝佳方法；录像特别适于进行人类互动行为的显微分析。我们用得最多的还是记笔记，记录下来的内容为研究者的分析研究提供了一个基本的文本，比单纯的大脑记忆更可靠，而且记录本身就是一个熟悉事实、编码、组织思路的过程。在某些情况下，研究者可能不得不依靠记忆，经过训练可能很熟练地回忆起事件的顺序、出现的话等，但是这种回忆应该在结束田野工作后尽快完成，最好在几分钟或几小时内完成。

记录的完整性和丰富性是观察笔记的一个首要要求。“开始做笔记的最佳起点是

① 张志安：《编辑部场域中的新闻生产——〈南方都市报〉个案研究（1995-2005）》，复旦大学博士学位论文，2006年，第6-7页。

研究现场的日常事实，这些程式化的特征很容易被忽略，或者很大程度上被视为理所当然而不以为意。"[1]记录的内容至少要有事件、原因、相关人士及地点，也要记下观察者对这些事件的分析意见，同时，记录观察者的感觉及印象，比如害怕、不安、兴奋、成功以及观察者的猜测、预感、怀疑、推测、受到忽视的部分以及需要后续研究的主题等等。郭建斌在独乡调查期间，记日记几乎是他每天必做的工作。"所记内容十分庞杂，包括所见、所闻、所感、所亲历的一切。"[2]他对人们观看电视的记录，具体的做法是把每天一个当地人家庭电视房中的整个观看过程做较为完整的笔录，有哪些人在看电视，看什么，在观看过程中哪些人在讲话，他们大致讲什么，以及所有在场的人在整个观看过程中的动作等等，都做了较为详尽的记录。[3]柯克·约翰逊在研究印度乡村生活时的记录也是按时间顺序详细记载每天发生的事件和事件发生的地点，包括访问了谁？访问在哪里进行？观察到什么？访谈之中和访谈之外听到了什么？印象是什么？

记录规格不是统一、固定的，往往是因人或因研究的具体情境而定。"一条基本的原则是：清楚、有条理、便于今后查找。"[4]通常的做法是：在记录的第一页上方写上观察者的姓名、观察内容的标题、地点、时间、此套笔记的名称，然后在笔记的每一页上标上本笔记的标号和页码。笔记的段落不宜过长，每当一个新的事件发生、一个不同的人出现在现场、一个新的话题被提出来，都应该重起段落。对观察活动的记录要按时序进行，所记的事情之间要有连续性，不要对所有事情做个整体性的总结，把参与及观察的重点做成流水账或年表式的记录也是非常有用的。

记录的语言要尽可能具体、清楚、实在，避免使用特定含义的成语、过于通俗的民间语言、过于程式化的语言和学术行话。比如"一本十六开的、封面是红色的、厚度为两厘米的、纸张相当白的、内容是有关中国历史的教科书"。

在累积田野笔记的同时，我们需要对这些笔记进行分类、筛选，同时，朝着聚焦研究问题的方向进行整理。比如，柯克·约翰逊在研究印度乡村生活时每天早晚都会给自己留几个小时写作，也在这段时间对自己进行分析、组织、分类，并同自己的助手讨论材料。

---

① 丹尼·L.乔金森：《参与观察法》，龙筱红、张小山译，重庆大学出版社，2015年，第102页。

② 郭建斌：《独乡电视——现代传媒与少数民族乡村日常生活》，山东人民出版社，2005年，第200页。

③ 郭建斌：《独乡电视——现代传媒与少数民族乡村日常生活》，山东人民出版社，2005年，第189-195页。

④ 陈向明：《质的研究方法与社会科学研究》，教育科学出版社，2000年，第247页。

四、参与观察法运用案例

参与观察法是一个基础的研究方法，在田野研究中一般都会被用到，但却很少单独被使用，因此在本文选取的三个案例中，参与观察法都是和深度访谈、问卷调查等研究方法共同使用的。以下案例中《学做工：工人阶级子弟为何继承父业》（下文简称《学做工》）作为经典的社会学民族志作品，是英国社会学家保罗·威利斯（Paul Willis）在英格兰汉默镇对一帮“家伙们”进行的为期三年的民族志研究整理而成的，其研究过程和民族志的书写值得我们认真研读。《数字鸿沟的新变：多元使用、内在动机与数字技能——基于豫沪学龄儿童的田野调查》这篇论文的研究思路、视角很有代表性。

案例一：《学做工：工人阶级子弟为何继承父业》[1]

（一）研究问题

要解释中产阶级子弟为何能继续从事中产阶级的工作，难点在于解释别人为什么成全他们。要解释工人阶级子弟为何从事工人阶级的工作，难点却是解释他们为何自甘如此。所以《学做工》这本书的研究问题是：为什么工人阶级孩子甘愿从事低薪、社会地位低、不体面的工作？

（二）研究方法

《学做工》采用的是田野调查，由保罗·威利斯（Paul Willis）在三年的时间里，通过密集的参与观察和访谈，生动地描绘了汉默镇的孩子们在1972年到1975年间的一连串故事，以及12位主人公的命运。

（三）研究发现

通过对英国一个工业城镇中12个工人阶级家庭出身的“小子”从毕业前两年的学校经历到进入工厂之后最初几个月工作状况的研究，威利斯提出了“反学校文化”的概念，揭示了“小子”的抵制行为与阶级再生产之间的悖论。

威利斯认为，“小子”的反学校文化意味着他们部分地洞察和批判了占据主导地位的个人主义意识形态和固化的阶级不平等的现实。然而诡异的是，这种文化形式却在洞穿文化霸权和支配性统治秩序的同时，强化了脑力劳动和体力劳动的分化，从而构成了对他们自身的反叛，使他们最终成为不平等的经济结构所需要的工人。

① 保罗·威利斯：《学做工：工作阶级子弟为何继承父业》，秘舒、凌旻华译，译林出版社，2013年。

案例二:《数字鸿沟的新变:多元使用、内在动机与数字技能——基于豫沪学龄儿童的田野调查》[①]

(一)研究问题

已有的数字鸿沟研究多在全球范围或发达国家内部展开,且多以定量方法、从宏观层面针对某地区成年人的媒介接入与使用进行研究。本文聚焦中国这一发展中国家的儿童,旨在从数字技术的接入、使用和知识沟三个层面深入考察中国城市和乡村小学生之间的数字鸿沟境况。研究问题如下:

1.从接入层面看,中国城乡小学的信息技术设备和网络连接的可获得性现况如何?

2.从使用层面看,城乡儿童在课内外自主使用新媒体技术的情况如何? 他们使用什么终端、什么内容、什么功能的新媒体技术?使用信息技术来学习的方式和过程如何?他们从什么渠道、如何获知教育信息资源?城乡学生对信息技术的使用动机、兴趣和需求如何?使用新媒体的素养和技能如何?课内外接受信息技术培训和社会支持的情况如何?若他们不使用新媒体技术,原因何在?

3.从知识沟层面看,接触和使用新媒体给乡村儿童获取知识带去了怎样的影响?对他们的学习和社会化发展产生了怎样的作用?与城市学生有何差距?

(二)研究方法

以往有关数字鸿沟的研究多采用量化方法(如问卷调查)进行,优点是规模大、数据客观且结构化设计便于比较,但并不适合对研究对象进行深描。对一些需要深入、丰富描述和解释的问题,采用质化方法更为合宜。本文的研究目标是解析中国城乡儿童数字鸿沟的现况和问题,故设计了质化方案。为回答前述研究问题,研究者分别于2016年7—8月在河南省修武县七贤镇某乡村小学、2016年11月在上海市中心城区虹口区某公办小学进行了为期3个月的田野调查,通过参与观察、深度访谈结合问卷调研的方法采集了原始素材。

(三)研究发现

中国城乡儿童之间的接入沟在缩小;包括媒介技术的自主使用、使用多样性等在内的使用沟才是更关键的数字鸿沟;使用动机和兴趣、数字技能、可获得的社会支持是造成城乡儿童数字鸿沟的核心因素;使用沟会导致城乡儿童在知识获取、社会参与和个人发展上的差距。

---

① 李晓静:《数字鸿沟的新变:多元使用、内在动机与数字技能——基于豫沪学龄儿童的田野调查》,《现代传播》,2019年第8期。

案例三:《做主播[①]:一项关系劳动的数码民族志》[②]

(一)研究问题

据第45次《中国互联网发展状况统计报告》,截至2020年3月,中国网络直播用户达到5.6亿,占网民整体的62%。其中秀场直播用户规模2.07亿,占网民整体的22.9%。但另一方面,主播又面临着"美颜"、"土豪"、"套路"、"情感外卖工厂"、"网络乞丐"等偏见甚至污名化的现象,这种经济领域的繁荣和舆论场中的污名反差诱发了研究者对其内在生产逻辑的兴趣。把现象转化为学术性的研究问题,需要一个在学术地图中定位的思辨过程。已有研究往往从政治经济学的角度关注直播平台和公会如何异化和剥削从业者,从而生产出一种新型的情感劳动,这种洞见之外,也有两项缺憾:一是这些研究往往缺少对于主播个人经验的体察,想当然地假设主播无法感知这种剥削、异化的存在,进而将她们描述为平台资本主义的受害者或合谋者,这忽视了主播作为劳动者的主观感受,使得我们很难理解主播在工作实践中如何学习、适应、协商乃至抵抗来自平台与公会的异化。二是已有研究往往仅聚焦于直播间内部的观察,对主播在直播间外参与公会培训、与运营沟通视频拍摄、与直播间粉丝通过微信进行互动、建立关系等方面关注不够,而这恰恰体现了资本对日常生活的入侵,以及工作关系与私人关系之间界限的模糊化。把考察范围从情感互动扩展为关系互动,有利于更加整体性地掌握和思考主播的职业体验。基于以上两种考虑,在田野过程中研究者逐渐将问题凝结为:作为直播平台主要内容生产者的兼职女主播如何基于平台的技术特征和商业模式、公会的引导来理解和调整关系劳动的行动策略,具体化为两个研究问题:网络秀场主播如何理解平台与公会的职业引导;网络秀场主播会采取哪些行动策略,实践自己与观众在直播间内外形成的经济关系与亲密关系?

(二)研究方法

第一是选择研究的直播平台,也就是"田野"。选择抖音,一是因为抖音巨大的用户流量,已经让它在直播行业中迅速崛起,成为顶级平台;二是抖音独特的短视频功能,为研究者观察主播在直播间之外的劳动提供了更为丰富的田野。从直播界面的功能设置来讲,抖音和其他直播平台如YY、虎牙、斗鱼等基本雷同,仅仅是数字礼物设计和价格

① 董晨宇做的主播研究已发表两篇中文论文,这是其中一篇,另一篇是《制造亲密:中国网络秀场直播中的商品化关系及其不稳定性》,《福建师范大学学报》(哲学社会科学版),2021年第3期。本书中对主播数码民族志研究田野经验的叙述分析基于这两篇论文和董晨宇在微博发布的《研究手记:守护主播的日子》。

② 董晨宇、叶蓁:《做主播:一项关系劳动的数码民族志》,《国际新闻界》,2021年第12期。

区间的差别,这也为选择抖音直播平台作为研究对象的典型意义提供了依据。

第二是如何找到具体的、满足信息饱和的观察对象,并找到合适的位置来建立关系,进行参与观察。女主播的世界大都保持敏感、多疑、自我封闭,这是她们持续进行这一工作的必备技能。研究者必须找到一个恰当的位置,表露自己的职业,保持足够的坦诚,还能游刃有余地混迹其中,被主播和观众接纳为他们的一部分。最终,研究者决定成为一名直播间场控[①],陪她们一起直播。场控在直播间拥有独特的权力和义务:一方面,场控在公屏上发言时,用户名前会出现一个红色的"管"字。场控可以采用飘屏的方式发言,也可以将直播间中出言不逊的人禁言;另一方面,在其他用户一掷千金之时,场控需要在公屏上复制粘帖一句类似于"大哥威武"的话。在田野中,研究者逐渐聚焦到来自中国中部地区A市、同一公会的三位兼职女主播Wendy、Pearl和Jessie,以及两位在中国北部地区B市的兼职女主播Gill和Qiao。前三位主播,她们平均每周直播5次,每次2小时左右。她们不仅会经常连麦PK,各自直播间的观众也会相互流动,从而形成了一个松散的小型人际交往圈。与前三位不同,最后两位主播Gill和Qiao则与公会签订了合作协议,每天需要直播6小时,每周休息一天。

第三是田野时间和研究技术的综合运用。研究者从2020年2月到2021年1月,进行了为期12个月的数码民族志研究。直播行业从业者的流动性很大,平均从业寿命大概在两个月,必须面对主播在此期间的"退网"、复播等不确定的现象。在此期间,研究者在5位女主播的直播间,以场控的身份,进行了2–11个月不等的参与观察,并辅以对另外12位女主播、3位公会运营、6位直播间用户的半结构访谈。

第四是观察的逻辑。研究者的观察是从平台技术配置、主播的工作实践、话语切入,收集公会的培训、主播与粉丝的故事、受众的反应与评判,进而通过深度访谈来寻求理解现象背后的深层逻辑,回答相应的研究问题。研究者要抵挡住直觉中的种种"不可思议",通过生活细节的抽丝剥茧,达到同情之理解事情究竟"何以至此"。

平台永远标榜自己技术中立,这种话语机制永远暗示着向善,但实际上(它是身居幕后,通过技术配置来辅助主播变现,又通过奖励政策和淘汰机制不断催促公会招收新主播,以弥补主播流动性所带来的劳动力缺口。)按照平台的设定,粉丝团一共有三种增长途径:其一是花费0.1元点亮粉丝灯牌(每日最多一次,增加100亲密度);其二是观看20分钟直播(每日最多一次,增加200亲密度);其三是赠送礼物,赠送1抖币提升2亲密度(根据粉丝牌登记每日限额200–10000抖币)。不过,这三种粉丝团的升级方式之间仍然存在着隐秘的"协作"关系:(1)粉丝灯牌的意义并不在于直接的经济

① 场控就是直播间/秀场直播"控场"的人。场控并不一定会打赏高额的礼物,但却是主播更为忠实的陪伴者。他更像是不用支付报酬的"同事",这让双方的情感诚实变得更为可能。

收益，而是一种消费的“启动器”、家人的“身份证”；(2)观看时长本身是一种建立关系的手段，虽然不会直接带来经济效益，但它培养了观众对主播的陪伴感；(3)赠送礼物是最直接的经济收入来源，不过，因为每日限额的存在，并不是一次直播送出昂贵的礼物，就可以获得粉丝等级的快速提升，观众还需要作为平台的“免费劳工”，与主播形成长期的陪伴关系。这种设计巧妙地使得“经济”和“关系”之间彼此发酵。

在秀场直播中，最直观的现象是刷礼物，刺激刷礼物最直接的方式是“PK”。“PK”被称为“直播流水的倍增器”，“检验大哥的试金石”。在话语层面，有“PK靠上头，空刷是真爱”的说法。行为方面，主播往往憋足了气，展现出必胜的决心和等待的焦虑，再配以“我不想输”、“有没有家人搭把手”、“还有十秒钟大家守一下塔”，“家人们最后众筹一下”这样的话术，激发观众的冲动消费。“PK”中有一种叫“打把榜十”，就是胜负并不计算总打赏金额，而是比较双方“PK”打赏榜单上第十位送了多少钱。还有一种“PK”会挑选一个几块钱甚至几毛钱的礼物，规定“PK”只计算这一种礼物的总打赏金额。“这都是收割屌丝，让他们参与进来，不要白嫖”。进一步深入会发现，礼物并不是送给主播的直播内容，而是因为认可了主播是他的朋友。在公会和主播看来，这个行业的本质是出售“亲密感”。公会的一端，亲密感体现在了“交朋友”三个字上，通过“推拉”的运营方式，来维持一种介于朋友与恋人之间的“暧昧”关系，尽量推迟观众离场的时间。在主播的一端，这种交朋友的策略，则被具象为开播时的“欢迎回家“，以及“PK”时的“家人们众筹一下”。 主播的粉丝团被称为“X家军”，还有固定的数字代号。

如果主播的工作本质上是在通过交流建立亲密感，并将这种亲密感变现的话，那么这样一项工作完全可以理解为“情感劳动”。但从人性的角度来思考，情感劳动的疲惫来自于接纳异化过程中的认知失调。比如在主播与粉丝的关系中，就有“铁打的主播，流水的大哥”这种说法，单纯从经济关系并不能完全理解主播这项工作。这就涉及到本研究的问题，需要进一步的访谈和收集资料，从主播“关系劳动”和主观体验的角度来理解主播的工作。

以上可见，参与观察的过程是一个综合的过程，也是一个从现象到人性逐步深入追问的过程，它并不是一个线性过程，而是一个反反复复的对话过程，与其说是一种技术，不如说是一种艺术，逻辑来自于研究者的问题意识和辩证思考。

（三）研究发现

本研究结合“关系劳动”和“平台化”两个理论概念，提出秀场女主播关系劳动中的“双重不稳定性”这一概念。作为一种解决策略，主播会一方面将经济收入作为从事这一职业的原始动机，另一方面，也会通过标价、区分和界限三种关系协商策略，试图调整和平衡这种失调带来的不道德感。当然，研究发现这些协商策略本身的不稳定性同样很难从根本上得到解决，这可以从经济不稳定之外的另一个侧面来解释为何这一职业的流动性如此之强。第二，平台和公会在技术设置和职业化培训中强调了“商品化亲密关系”的逻辑，不过，绝大多数情况下，作为平台辅助者的公会并不会和主播签署劳动合同，这意味着他对于主播不存在强制性的控制。部分出于这一原因，主播才可能进行这一系列的抵抗和调适，体现出一种比“商品化亲密关系”更为复杂的实践逻辑。但是主播无法摆脱“平台依赖”，这种自主性并不能以一种脱离平台化语境的方式被过分想象。

此外，因为篇幅限制，未能对两种重要的视角进行深入探讨。其一是秀场直播这种平台化关系劳动中的性别秩序，其二是男性观众的观看和打赏行为。这种情感消费行为背后的社会情感需求是一种需要揭示的更大的社会现实。

思考题

1. 确定并陈述一个可采用参与观察的研究问题，说明问题的来源及可能涉及的伦理问题。

2. 确定好研究问题后，请选择研究对象和研究现场，进行参与观察并做好田野笔记，并思考田野笔记如何分类、编码等问题。

第三节　访谈法

一、访谈法的定义

访谈法指研究者有指向性的谈话。它具有很强的目的性，即通过问询和交谈的形式，与被研究者进行与研究主题有关的交流，从而实现收集第一手资料的研究方法。

（一）访谈法的特征

访谈的基础是语言交流。研究者与被研究者在语言交流上是需要保持通畅的，然而在实际研究中，要实现语言交流上的完全无障碍是很困难的。通常来说，如果是短期的田野调研，可以通过“翻译者”的工作帮助研究者克服语言上的难题。但是这种方式存在两个缺陷：一是翻译者在语言转译的过程中，容易出现增添、遗漏或者误解信息的问题，信息获取会受到“翻译者”工作的限制，研究者无法获取最直接的、全面的信息。二是语言和文化息息相关，语言本身即含有逻辑思维和历史文化，所以只有掌握这种沟通方式，才能真正从“到达”田野发展为“进入”田野，让研究者更具接近性地去理解被研究者所处的情境、生活与文化本身。所以在时间跨度较长（半年以上）的田野研究中，研究者需要强化习得当地语言。

人类学家马凌诺夫斯基在麦鲁岛研究时没有和土著人住在一起，也没有学会他们的语言。[①]当时他的做法是将土著人召集过来，依靠翻译，通过问答形式，获取想要的资料。这种做法显然无法帮助他深入理解“土著”文化，也让这段民族志研究虽然“到达”田野，但并没有真正“进入”田野。后来他在基里维纳岛进行民族志研究时，就花很长时间掌握了“土著”语言。在民族志研究中，研究者只有掌握当地人表达意义的思维习惯，才能跨越信息传递的鸿沟。[②]

访谈的前提是研究者与被研究者之间具有信任关系。当研究者与被研究者之间建立良好的友谊和信任关系时，后者将会愿意分享自己的生活经历和内心世界。这个过程需要缩短人际距离，以便获得被研究者对自身体验的真诚讲述以及研究者对此体验的准确理解。在田野研究中，需要研究者非常用心地去培养这种信任关系。有的学者是通过与当地人长期生活在一起，有的学者是通过比较可靠的线人引荐，还有的学者是通过接纳当地人的文化，例如“大碗饮酒”来获得当地人的信任的。

当然，研究者与被研究者之间的信任关系是相对的，甚至是不稳定的。即便表面上被研究者与研究者之间非常信任，提供的资料看起来“真实可靠”，但其实还需要研究者继续通过参与观察、问卷调查等方法，进行三角验证，甚至是反复验证，所以访谈法通常会和参与观察法配合，从而获取到相对可靠的民族志资料。

综上，访谈的过程是一种研究性交谈。这种交谈与日常聊天、新闻采访都有明显的不同之处，访谈必须以一种谨慎的、理论化的方式来进行。访谈的目的是要围绕着研究主题获取相关的资料，因此研究者事先会有目的地准备一些访谈问题，当然在访谈过程中也会根据被访者的反馈随机应变，以获取更多的细节以及事先没有预料到的资料。

访谈的过程通常会遇到以下几种情况：一是被访者不愿意表达，从而导致获取的资料不足，这时研究者需要反思原因，并进一步缩短与受访者之间的社会距离，建立信任关系；二是被访者在交流过程中侃侃而谈，研究者虽然获得了大量的信息，但是有效信息不足，那么研究者可以采用“S型访谈法”，即在合适的时机采用合适的语言表达技巧，将被访者重新拉回到研究问题的交谈中来，这个过程可能会持续几次，所以我们将其称为“S型访谈法”。

---

① 马凌诺斯基：《西太平洋的航海者》，梁永佳、李绍明译，华夏出版社，2002年，第4页。

② B.Malinowski, “Baloma: the Spirits of the Dead in the Trobriand Islands”[J].Journal of the Royal Anthropological Institute of Great Britain and Ireland, 1916, V.46, p.420.

(二)访谈法的功能

访谈是一种基础的方法,不仅对质化研究,而且对量化研究也很重要。量化研究中测量工具的制定大都有理论基础,但并不是每一个问题都能找到对应的理论依据,这时候深度访谈能够帮助研究者了解未知的人群、行为方式、生活内容、文本内容等等,成为建构问题的依据,提高建构问题的针对性和全面性。

在质化研究中,访谈主要有如下几个功能:(1)了解受访者的所思所想,包括他们的价值观念、情感感受和行为规范;(2)了解受访者过去的生活经历以及他们耳闻目睹的有关事件,并且了解他们对这些事件的意义解释;(3)对研究对象获得一个比较广阔、整体性的视野,从多重角度对事件的过程进行比较深入、细致地描述;(4)为研究提供指导,事先了解哪些问题可以进一步追问,哪些问题是敏感性问题,需要特别小心;(5)帮助研究者与被研究者建立人际关系,使双方的关系由彼此陌生变成相互熟悉、相互信任;(6)使受访者感到更加有力量,因为自己的声音被别人听到了,自己的故事被公开化了,因此有可能影响到自身文化的解释和构建。[①]

(三)访谈法的类型

访谈法在量化研究和质化研究中都经常被用到。访谈法是有多种类型的,根据访谈对象的数量,分为集体访谈和个别访谈;根据媒介,分为当面访谈、电话访谈、邮件访谈等;根据访谈的内容,个别访谈可以分为标准化访谈和非标准化访谈;还有结构性、半结构性、无结构性访谈等等。有的访谈自始至终就是一个访问员,可能就是研究者本人,有的访谈则是研究者训练一批访问员来共同进行。

根据受访人的多少,可分为个人访谈和团体访谈。后者也被称为“焦点小组访谈(focus-group interview)”或者“专题小组”,[②]具体是指研究者组织7—10人左右的团体(少的时候有4人,多的时候可以到12人左右),针对某一研究主题,系统地提问并同时鼓励小组成员进行讨论,表达自己的观点或者态度。焦点小组访谈的提纲可以是封闭式的,但通常会采用半结构化或者非结构化的类型。该研究方法的一个优势是访谈花费较少、通过访谈可以快速提供结果,所以在很多质性研究中,焦点小组访谈可以作为项目设计的试调研。举个例子来说,研究人员需要知道在一部电影上映前播放哪一条广告效果会更好,可以采用焦点小组访谈的方式进行,询问受众观看广告的感受,最终通过整体讨论确认一些趋势。

根据访谈的正式程度,访谈可以分为非正式访谈和正式访谈。非正式访谈是田野调查中探索性的访谈,它没有固定的访谈提纲,像普通聊天一样。非正式访谈涉及的问

---

① 陈向明:《质的研究方法与社会科学研究》,教育科学出版社,2000年,第169-170页。

② 艾尔·巴比:《社会研究方法(第11版)》,邱泽奇译,华夏出版社,2009年,第307页。

题可以随意、自由发挥，每次可以不同的方式向不同的受访者提出同样的问题。非正式访谈的作用有两个：一是非正式访谈可以帮助研究者就感兴趣的问题系统获得一些资料，它也是了解局内人观点的一个特别有效的策略。二是非正式访谈可以帮助研究者建立与局内人的信任关系，为正式访谈做好铺垫，适用于田野调查的前期。在研究者与局内人建立了较为信任的关系后，尤其是田野研究的后期，研究者可以通过焦点小组访谈、深度访谈等方式，对核心研究问题进行迅速有效的询问与资料收集。

根据访谈提纲的结构，访谈又分为结构式访谈、半结构式访谈和无结构式访谈。结构式访谈也叫封闭式访谈，其访谈内容、程序事先都已经设计成固定的访谈提纲，对每一个受访者都按访谈提纲询问同样的问题。这种访谈方式与量化的调查问卷相似，是求同性的。半结构式访谈也叫半开放式访谈，它具有一定的结构，研究者对访谈有一定的控制，访谈之前有一个准备好的主线条的访谈提纲，其性质是开放的。半结构访谈通过访谈提纲，规定访谈的总体方向与内容，其回答仍是自由、开放的，这样容易获得更多的主题且访谈易于掌控方向。无结构式访谈也叫开放式访谈，其研究过程没有事先设计好的固定结构、固定问题和程序，对受访者的反映、反应也没有什么限制，虽然访谈围绕一定目的进行，但访问内容、顺序、语言都可以由访谈的双方自由选择。这种方式虽然访谈双方能够自由交流，但是访谈内容容易偏离主题。

二、深度访谈法

（一）深度访谈的定义

深度访谈法是最常用的一种资料收集方式。深度访谈顾名思义是深层次的访谈，是深入事实内部的访谈。通常来说采用半结构式或者无结构式访谈展开。那么究竟怎么样才算深度呢？第一，深度访谈不是随机的，而是预先安排好时间地点且有所准备的访谈；第二，深度访谈的目的要“深入事实的内部”。所谓的“深度”是指了解某事乃是要获得关于它的更多的细节知识；或者了解表面上简单直接的事情在实际上是如何更为复杂的；以及“表面事实”是如何极易误导人们对“深度事实”的认识的。第三，深度访谈的过程是开放性的，它是访谈者与被访谈者共同建构的产物。在研究者与被研究者的关系当中，研究者不是单纯基于自己研究需要的索取者，避免与被研究者互动，而是要从被研究者主位出发，是启发者，向被研究者虚心请教，与之共同探讨。当访谈者在拟定访谈提纲时，通常是确定主要的问题和框架，然后根据试访谈时被访者的反馈进行改进，甚至是在访谈结束时也会不断地完善访谈提纲。因此，这个过程是开放性的建构过程。

（二）深度访谈的优缺点

1.深度访谈的优点

深度访谈的优点之一是能够帮助研究者获取较为系统、全面的资料。在各种资料收集方法中，深度访谈可以让研究者获得更多细节，了解现象背后的心理，获得局内人的观点等。“深度”指的是它必须能超过对表象的认识，来捕捉深层的意义。深度访谈的优势还表现在其研究过程十分灵活，问题可以根据情况增加或者改变，引导受访者完成复杂的任务，或是研究复杂问题。流程和当前话题也是随时可控的。在深度访谈过程中，可以通过受访者的态度、反应、肢体语言对获取资料的可信度进行判断。最后，深度访谈法十分百搭，它可以和多种其他研究方法相结合，比如与参与观察法、问卷法、日志数据分析等搭配进行资料的收集。

2.深度访谈的不足之处

深度访谈法的不足之处包括：一是研究成本较高，受访者的招募、筛选、沟通，访谈的流程，结果的分析都需要耗费大量人力和时间。二是由于深度访谈的实际操作过程具有很强的主观性，而且是通过与被研究者的互动来建构事实，所以深度访谈对研究者的素质、被研究者的思考和表达能力、访谈的语境都有要求。三是深度访谈中的开放式和半开放式访谈的问题常会在研究过程中变化、调整，而且数据分析和资料整理方面具有一定的难度。所以实际的访谈过程是一个反复循环的、互动的过程，访谈者要不断反思与应对新的变动，因地制宜，访谈前的准备要充分考虑这些因素的影响，同时深度访谈也往往与参与观察、问卷等方法相结合来增加研究的信度和效度。

（三）深度访谈的适用议题

1.对受访者想法的细致探究

比如受众在观看网络综艺节目时是否喜欢打开弹幕，是否也会发送弹幕？以及这背后隐藏的动机及心理变化。例如，张大伟的《民族类出版社数字转型的理念、人才与技术因素分析——基于15家民族类出版社的深度访谈》一文中，对27位民族类出版社的社长、书记、总编辑、副总编辑及资深编辑进行了深度访谈，分析了关于数字出版的技术理念以及民族出版的数字化转型问题。[①]

2.对不同领域专业人士的访问

如张辉锋和李淼的《我国影视剧普通编剧有关从业状况的自我认知与评价——一项基于25位编剧的深度访谈研究》通过对25位普通编剧进行深度访谈，作者基于

① 张大伟：《民族类出版社数字转型的理念、人才与技术因素分析——基于15家民族类出版社的深度访谈》，《编辑之友》，2018年第2期。

文化价值观、人生价值观、工作价值观三者交叉融合设计访谈提纲，并采用Nvivo12进行数据处理分析，厘清了该群体对从业状况的自我认知，并对其认知是否符合实际情况给出了判断。①

3.对复杂行为的仔细解剖

例如《"情感"视角下的网络直播——基于30名青年主播和粉丝的深度访谈》一文，通过对15名青年主播与15名青年粉丝的深度访谈，分析网络直播发展的内生机制及网络直播打赏与交流的行动本质，认为在个体化进程中人们重建情感联结，搭建情感陪伴是网络直播发展的内生机制。网络直播社群打赏、交流与互动本质上是一种情感行动，情感是其行动的核心力量。网络直播间重新构建了新的权力关系，形成粉丝间的地位与身份差异。②

4.讨论秘密、敏感或者令人尴尬的问题

比如丁瑜在其专著《她身之欲：珠三角流动人口社群特殊职业研究》中，采用的研究方法就是结合文献与研究设想，设计访谈提纲，然后通过"滚雪球"的方式找到研究对象，从最初的访谈开始不断积累话题和经验，最终形成较为成熟的访谈提纲。再通过深度访谈的方式，来探讨城乡差异、对工作的看法、自我身份认知、日常实践、生活工作技巧、性别想象与欲望等议题。③

5.某些议题的多种声音解读或比较分析

例如《跨文化维度下韩国受众对中国电视剧的接受分析——基于中韩受众比较视角的深度访谈》，这篇文章探究韩国受众对中国电视剧的接受情况，并将研究界定为两个基本的研究问题：韩国受众是否认为中韩文化接近，并影响其对中国电视剧的接受；电视剧呈现的伦理现象是否会影响韩国受众对中国电视剧的认知。论文通过对53名中国受众和51名韩国受众的访谈比较，了解到中国受众的假设与韩国受众实际认知之间有很大距离，从而提出跨文化传播视角应更多投向文化差异分析。④

6.对特定新闻议题的内容产生及影响因素的探究

《我国食品安全议题的新闻生产常规及规制因素分析——基于对14名媒体人的

---

① 张辉锋、李淼：《我国影视剧普通编剧有关从业状况的自我认知与评价——一项基于25位编剧的深度访谈研究》，《国际新闻界》，2020第8期。

② 董金权、罗鑫宇：《"情感"视角下的网络直播——基于30名青年主播和粉丝的深度访谈》，《中国青年研究》，2021年第2期。

③ 丁瑜：《她身之欲：珠三角流动人口社群特殊职业调查研究》，社会科学文献出版社，2016年。

④ 赵鸿燕：《跨文化维度下韩国受众对中国电视剧的接受分析——基于中韩受众比较视角的深度访谈》，《国际新闻界》，2012年第10期。

深度访谈》[1]一文，采用深度访谈对研究问题中处于核心地位的受访者进行深度访谈。既访谈不同部门的跑口记者，包括食品安全办公室（"食安办"）、食药监、工商、卫生、公安等不同政府部门的跑口记者，也对从事过食品问题报道的热线记者和深度报道记者进行了访谈。从食品安全议题的新闻空间网络、生产时间节奏、新闻价值和事实、选题线索等四个方面分析和讨论了媒体从业者对食品议题报道的新闻生产流程及日常实践，通过对新闻报道常规的规制因素（政府、企业和媒体组织）展开分析，可以更好地理解媒体报道与社会结构的有机勾连。

7. 对媒介发展趋势的分析

《媒体人眼中的数据新闻实践：价值、路径与前景——一项基于七位媒体人的深度访谈的研究》通过对七位媒体人的深度访谈，对中国的数据新闻实践做了微观角度的观察，并试图勾勒出数据新闻本土化的生态图景。文中探讨了大数据和数据新闻对媒体的价值及其引发的理念变革，分析了媒体在数据新闻中的应用路径，并对这种新闻业态发展的前景做了预测。[2]

三、访谈法的步骤

（一）准备阶段

深度访谈前需要准备哪些内容？在访谈开始前，研究者需要做好充分的准备工作，具体包括：确定研究目的、进行理论抽样、确定访谈时间地点、建立与受访者的联系、设计访谈提纲并进行试访谈等。

1. 寻找访谈对象

对访谈来说，选择研究对象的基本要义就是要找到"能够有助于研究者洞悉研究主题深层意义"的人，所以主要考虑的是受访者的潜能是否有利于挖掘现象，并激发出对现象的深入理解。从数量上来说，深度访谈并不像量化研究一样能够计算最小样本量，一般是十几位到几十位不等，当然如果条件允许，越多越好。遵循的原则还是"差异化的饱和"。

什么样的人适合作为访谈对象？大致可以分为以下几种类型：(1)事件的介入者：核心参与者、边缘介入者、旁观者；(2)组织研究：特定组织中不同层级及不同类型

---

① 冯强：《我国食品安全议题的新闻生产常规及规制因素分析——基于对14名媒体人的深度访谈》，《湖北社会科学》，2016年第8期。

② 方洁、胡杨、范迪：《媒体人眼中的数据新闻实践：价值、路径与前景——一项基于七位媒体人的深度访谈的研究》，《新闻大学》，2016年第2期。

职员的代表性人士，如编辑部各种级别的记者、编辑；(3)某种经验拥有者：如专业调查记者、做过SARS报道的记者；(4)某社会群体中的代表人物：如社区中的关键人物、某个行业中的专家、海归群体；(5)舆论领袖：在专业领域或相关社会领域中有自己的主张及影响；(6)特殊角色：如新闻政策的制定者、媒体管理者等。由于每个人在社会中可能担当着多种社会角色，所以这种分类本身有重复交叉，研究者需要根据具体的研究议题，以及通过滚雪球抽样的方式找到更多适合的访谈对象。

2.与访谈对象建立联系

知道哪些人适合做访谈是一回事，但是能接触到这些人又是另外一回事。在中国的语境下，熟人比陌生人好说话，所以最好能通过熟人来接触到访谈对象。

有中间人的介绍会因为中间人的信誉保障增加成功率，但是也会出现另一个方面的问题，就是某一类的人会过于集中，所以要尽量多找中间人多推荐，这样在基数增加的情况下，列出名单再根据质化研究的抽样原则来确定访谈对象。

如果没有现成的关系就只能靠研究者硬着头皮去找了，不同的人接触起来难易程度不同，这就要看研究者的交际能力，总之是不能放弃，直接找访谈对象不行就找他的同事、朋友、家人，想方设法地建立联系。一些专题性的会议、专门的团体活动、虚拟或现实的社区等都会是一个便利的切入点。如一位动漫研究者，他自身就是动漫爱好者，同时也加入了很多动漫团体，在网上也是多个动漫论坛的成员，所以他研究动漫爱好者群体的条件就非常便利，利用他的资源就能找到很多访谈对象。

3.事先的知识准备

有关研究问题、访谈对象等方面的知识准备对访问过程中抓住核心问题，建立良好的关系都有至关重要的作用。

(1)针对研究问题的知识准备

对研究问题的知识准备，需要查阅文献，本书前几章已经介绍了如何查阅文献，而访谈者读的文献越多，想的就越多，了解的观点就越多，研究问题的维度也就越多，在访谈过程中提问的角度也就越多，同时，也能在前人基础上找出研究的空白，加强访谈的针对性。比如针对职业意识的访谈，有关“专业主义”就会涉及专业主义的内涵、媒体的社会角色、职业规范、媒体与市场及政治的关系等维度，这就构成了一个问题组(如下)，并且可以成为一个问题提纲，在具体访谈过程中访谈者再根据具体的回答进行追问。

你理解的专业主义是什么？

你觉得专业主义是一种理念还是一种操作方式？

这种专业理念对记者有什么具体要求？

理想的职业记者在现代社会应该扮演什么角色?

你认为市场化媒体对公众意识和社会的影响力大吗?

(2)针对访谈对象的知识准备

事先的知识准备还包括对访谈对象的了解,因为访谈的问题很大程度上是根据被访者的具体情况来建构的。如果有推荐人,最好找推荐人了解一下访谈对象的爱好、经历、家庭、事业、近况等,如果可能还要通过互联网等渠道查找一些资料,尤其是有知名度的访谈对象。这有利于访谈者在访谈中充分地理解受访者态度、观点的起因,可以找到交流中适当的关联话题,打破陌生感。

(3)其他方面的知识准备

事先的知识准备还要注意积累专业、行业、研究问题相关的话语、观点、事件概况等,在访谈的过程中要注意及时总结,在平时注意积累一些知识,访谈起来就容易对话。如果实在没有便利的条件来了解访谈对象,坦诚和尊重是第一位。

4.设计访谈提纲

访谈提纲的设计是访谈的核心工作之一。访谈问题大致要有让所有受访者都回答的固定问题、探索性的问题以及一些专门针对具体访谈对象的问题等。如果访谈提纲是给没有经验的访员的,那就需要把问题设计得细致些;如果是给经验丰富的访员,大致需要设计一定数量如10个左右的关键问题,其它的由访员在访谈过程中自己把握。深访的问题可以分成两三大类问题,每一类有若干小问题来构成,这些子问题从多个不同角度来解剖和回答同一个核心问题。问题的量一般以在一个小时以内完成为宜,访谈提纲打印在一张纸上,随身携带或者列在笔记本中。最理想的状态是把问题存在大脑里,在田野调查的日常的聊天中随机发问,还要注意避免双重性问题,以及语言表达的准确和精练等等。

在访谈提纲设计的过程中,需要考虑以下几方面的问题[①]:研究议题的核心部分所在;需要搜集问题的广度和深度;过去类似或相关研究的启发与发现;认识所要研究问题的一些分类或差异化的可能角度;试访问及内部讨论中的一些发现;最终研究成果要求的内容与形式;具有某些已有研究或认识所没有的研究工具与切入角度。通常,为了使问题设计得更有针对性,一般都要进行预访谈,预访谈既可以帮助设计提纲,也可以帮助检验提纲。为了提高效率,研究者可以利用成功的提纲范本,设计出适合自己研究方向的主要问题。访谈提纲设计时还应该避免一些问题,具体包括:

(1)缺少自然、和缓、轻松的开头暖场。访谈的开始往往要给受访者一些进入正题的心理准备,这种技巧我们可以从众多的访谈节目中学习,主要目标是营造良好、

① 袁岳、范文、陈晓丽等:《深度访谈——如何结交陌生人》,机械工业出版社,2006年,第30-31页。

宽容的交流语境。

(2)问题设计成是非题。通常任何能够在定量问卷中通过简单提问就能解决的问题,都不用放在深访提纲中,一些琐碎的问题往往会占用时间资源,达不到扩展语言场景的目的。

(3)“标签化”问题。“奢侈”“时尚”“休闲型社区”等等都是专用标签,在正常的访问过程中,一般不应该反复地出现这些“标签”。

(4)过于直接的问题。深访往往用来针对一些层次复杂、含义丰富的问题,因此需要从不同角度、层次与情境提出问题,直接的提问反而可能导致受访者简单化、选择性与模糊的回答。

(5)寻求表态、评价的问题。如果设计的问题不能鼓励受访者举出例子、描述过程、介绍事实,就有可能得到他“认为”“估计”“相信”“感到”的东西,这些东西主要是态度与意见,而非能供研究者准确判断与分析的最佳事实资料,应尽量减少。

(6)单线式问题。单线式问题让我们知其然而不知其所以然,所以要尽量找到可参照比较的事物来进行比较,这样才能帮我们认清相关问题。

(7)抽象化、概念化、专门化的语言。专门化语言是指相对受访者而言陌生的专业语言,这可能会导致受访者难于理解,从而按自己的理解来错位回答。对一个抽象概念的研究,比如“价值观”,需要把它解剖成若干个相关的问题,形成挖掘这个问题的“问题丛”,就像我们前面提到的“专业主义”。

(8)访谈提纲中操作性模糊的要求。尤其是多地区、多访员执行的项目中,关键问题的追问,根据场景变化对问题的调整必须清晰、明确。

5.其他相关事宜

除了以上提到的几点,还有一些琐碎但很重要的准备工作要做。这些准备包括:充足的录音、录像设备以保证录制的质量;记录用的笔记本,便于记下访谈要点,及时进行总结、追问,同时也便于记下自己的思考,便于事后资料整理;礼品或礼金,这要考虑对访谈对象的适用性;访谈者自己的身份证明,尤其是一些行政部门或人员往往会有这种要求;访谈对象的姓名、联系方式、访谈时间、访谈地点、交通路线等等。

其中,能否录音、录像,访谈的时间和地点都要与访谈对象商量。商量的过程中要把自己的研究、如何找到访谈对象、希望从他那里了解什么情况等方面对访谈对象作一个交待,态度要坦诚,以学习的姿态来寻求帮助,以消除对方的疑虑,进行良好的合作。

访谈的时间和地点最好是由访谈对象来定,访谈对象一般会选择自己宽松的时间和熟悉的地点,便于访谈的进行。如果是他的办公室、家里更好,访谈者可以了解受访者的工作生活环境，但是也可能会受到其同事、家人的打搅。同时，如果访谈对象是陌生人也可能会出现安全问题，要看情况而定。地点也可以约在双方都方便的茶馆、咖啡厅等便于交谈的场所，但是这会有些花费，往往是由访谈者支付，所以事先要做好费用上的准备。

（二）访谈阶段

研究者进行深度访谈是想从受访者那儿获取事实，希望受访者成为一个陌生领域的向导。但是，想达到这种效果并不容易。众多实地经验表明，访谈的成功与否很大程度上受到访谈者自身素质及其与受访者之间关系的影响，并不完全取决于具体的技巧。从访谈者来看，他自身就是研究工具，他的方法论技巧、对人际关系的洞察力、对研究信息的敏感性、总结和分析问题的能力以及开放诚实的研究态度决定着深访研究的质量。访谈者和受访者之间又存在复杂的互动，这种互动受到双方的个性、态度、倾向、语言、种族、年龄、性别、身份、地位、知识水平、沟通技巧、对话题的敏感性、互动程度等等多种因素的影响。访谈的过程是个互动的过程，是访谈者在关系中获取事实的过程。

1. 与受访者之间的理想关系模式

作为研究人员，要树立学习的姿态，对受访者保持尊敬的态度，对受访者叙述的内容保持中立的心态，避免价值倾向，是整个研究的良好开端。在访谈过程中，要注意建立与受访者之间的良好关系，二者的理想关系模式包括：(1)同事：一起工作以提供对研究目的有价值的信息；(2)游客与导游关系：访问者圈定探索范围并监控资料质量，而受访者贡献所需要的资料内容；(3)意外探索：访问者贡献某种独特思考角度，而受访者的回答可能是从未给别人说过，或者自己从未这样认真地反思过的；(4)尊重受访者：访问者不应该质疑受访者的选择、动机、目的、价值观、访问者不应该质疑受访者观察的准确性和评论的正确性；(5)信息安全：访问者应确保受访者不因参与了访问而受到伤害和威胁，并严守受访者作为信息来源的保密责任。[①]要成为成功的访谈者，在平时不仅要注意学习具体的访谈技巧，检验和反省自己的具体行为，更重要的是要在日常生活中培养自己理解他人、关心他人、与他人和睦相处的能力。

2. 提问、追问、倾听与回应、结束

质化研究中访谈者的提问始终与受访者前面所说的内容密切相关，所以，访谈过程中的提问、倾听、回应是相互关联的，我们只是为了介绍方便才分开来说。

---

① 袁岳、范文、陈晓丽等：《深度访谈——如何结交陌生人》，机械工业出版社，2006年，第66页。

(1)提问

提问是访谈工作的主要内容,访谈者事先要熟记访谈提纲,自然顺畅地进行提问。提问的方式受到研究问题的性质(公开还是私密)、访谈者和受访者之间的关系(长幼、同性还是异性、地位差别、信任程度等)、访问的情境(公开场合还是私人空间)等因素的影响,需要访谈者随机应变。

访谈开始都要尽可能自然地切入谈话,如果有必要可作简单的自我介绍和研究介绍。提问要考虑受访者的特点,让受访者听懂问题。提问的方式、词语的选择、问题的内容范围要适合受访者的身心发展程度、知识水平和谈话习惯。比如,对小朋友提问和对老年人提问、对业内人士和对普通市民提问要有明显的差别。

提问的问题一般是以开放的、具体的、清晰的问题为主,这里就需要注意措辞和问题的技巧。开放的问题通常以“什么”“如何”“为什么”之类的词语为主,如“改革开放以来,新闻的功能在变化吗?”“您认为专业主义是什么?”开放性的问题能够给受访者表达自己的空间,也可能会给受访者带来焦虑和使其感到不知所云,比如“你觉得新媒体怎么样”这样的问题就很难回答。因为新媒体就包含很多种,至于“怎么样”更不知道指的是哪个方面。所以,要考虑对象的具体情况。提问还要具体、清晰,具体到什么时间、什么事件、什么细节,清晰就是指问题不要有歧义或者多重含义,让受访者无法准确回答。比如“你们栏目记者内部聊天的时候,会谈论媒体的公共责任、记者的专业操守这些东西吗?”这是很清晰、具体的问题,而“你们做一期节目的成本和时间是多少”就是一个双重问题,受访者不好回答,研究者就要将其分为两个具体的问题来问。

提问的问题要简洁,避免长问题、短回答。你长篇大论问了半天,受访者一两个字就把你回复了,挖掘不出任何事实。提问的时候要注意问题顺序,从简单到复杂,从近期到过去,从开放性到半开放性逐步聚焦问题,问题间要注意自然的过渡,以保障谈话的自然顺畅、线索清晰。访谈的提问也可以是一个分阶段逐步深入的过程,美国学者柯克·约翰逊在做他的博士论文《电视与乡村社会变迁》时,对印度乡村生活访谈时采用了三阶段法,第一次访谈是建立良好关系,并开始理解研究中较一般的问题;第二次访谈要讨论一些更深层的问题;最后一次访谈用来回顾已经获得的资料和上一次访谈以来出现的其它问题。在第三次访谈中,他还会将自己提出的假设和得出的结论反馈给受访者,让受访者做出回应。

(2)追问

提问的时候,还要注意根据受访者的回答及时追问。追问是深度访谈的灵魂,为的是从受访者主位的角度来理解事实。追问一般是针对受访者提到的概念、观点、事件、词语等等。一是追问你没有听清的东西,可以继续确认,或者让受访者重复;二是如果发现你感兴趣的新的问题方向,可以顺着往下进行下去。[①]

追问的一个基本原则就是:使用受访者自己的语言和概念来询问受访者曾经谈到的看法和行为。[②]比如受访者提到"专业主义",你就可以追问"你指的专业主义是什么意思"。追问也要讲究时机和度,一般在访谈的开头尽量不要过多地追问,给受访者充分的表达空间,可以把问题先记下来,后面再问。最忌讳的就是访谈者不管受访者的意愿,只顾照提纲一个个地提问题,像是在审问,这样很难从受访者的角度来获取事实。

(3)倾听与回应

无论什么情况,听的重要原则就是要特别注意:不轻易打断对方的谈话,容忍沉默。[③]受访者在说话的时候一般都有自己的动机和逻辑,不要轻易地打断,要注意倾听话里的问题,注意思考对方是一个什么样的人,为什么这么说,等等。如果有问题可先记下稍后再问。当然,有的受访者过于健谈或者谈话过于散漫,这时候访谈者就需要做出适当的回应,把话题拉回来,但一定要注意避免使对方感到尴尬。有的时候开个玩笑,或者巧妙地转换话题就把话题带回来了。比如"刚才你说的很有意思,那么,关于×××又怎么样呢","这方面你很有经验,那么我们再接着说说关于×××的事情"。容忍沉默是指要给受访者一定的沉默的时间,他可能需要回忆或者想想清楚,按着自己的思路来组织事实和语言,此时的打断可能会损害受访者深入探索自己和获取研究资料的机会。

访谈者的回应是为了在与受访者的对话中,及时地将自己的态度、意向和想法传递给对方,使对话更好地沿着问题方向进行。我们上面已经提到如何拉回话题,在访谈的过程中,有时需要给出肯定的回应,比如"嗯""是的""对""好"等等,鼓励受访者继续说下去;有时需要对受访者所说的进行重复或者重述,进行意思的确认;有时则需要展现一些访谈者的类似经验和共鸣。这种回应可以是语言的,也可以是非语言的,比如眼神、点头、手势等等,但是要避免长篇大论或者直接评价受访者的态度、行为正确与否。

并不是所有的访谈都能顺利成功,有时会遇到坚持提供有限信息的受访者,这时候可以先访谈,争取在访谈的过程中来挖掘和扩展问题;有的受访者可能过于冷漠,这时候就要把问题问得更细致;而如果发现快到了访问结束时间问题还没问完,就要

---

① 郑也夫:《与本科生谈:论文与治学》,山东人民出版社,2008年,第124-125页。

② 陈向明:《质的研究方法与社会科学研究》,教育科学出版社,2000年,第190页。

③ 陈向明:《质的研究方法与社会科学研究》,教育科学出版社,2000年,第199页。

考虑调整提问问题的顺序，先把重要的问题问了。有的时候你可能遇到这样一些访谈对象：随口回答、漫不经心；敌意批判、逆反情绪；受访者坚持试图向访问者传递一种自己预设的立场；非常态受访者对一个作为陌生人的访问者要进行掩饰与包装；声称如果你没有同样经验，你就不会想了解他的情况；只爱说别人的情况；不耐烦、应付了事和走过场的受访者。[①]这时候，访问者就需要评估自己的访谈问题、方式等因素并确定访谈能否进行及进行的必要性，实在不行只能改换访谈时间或者放弃这个访谈对象。

3.访谈注意事项

人类交流过程中，语言的作用至关重要，非语言也同样举足轻重。任何表情和动作都会表达一定的思想感情，这很可能会影响访谈的效果。尤其是一些特殊的禁忌，或者受访者特别敏感的动作、表情等等。比如，不同的民族可能有不同的禁忌，一般伊斯兰教徒是忌讳用左手传递东西，尤其是食物，还有一些其它的有特定含义的动作也是需要注意的。在访谈过程中，可以通过动作和表情来控制访谈，比较重要的几个方面有：(1)用动作中断被访者的谈话；(2)要表现出礼貌、虚心、诚恳、耐心的表情；(3)要对被访者的谈话表示关注，即使当被访者说走了题，或者语言表达效果较差时也应如此；(4)访员的表情要适合被访者回答的内容。要对被访者回答表现出的喜怒哀乐表示出同感；(5)要恰当地用眼，专心地用耳。即既不能只顾低头记笔记，忽视被访者的存在，也不能一直盯着被访者。眼睛要在这二者中找一个适当的位置。听被访者回答时，一定要专心，不能随随便便，以免影响被访者谈话的情绪；(6)在访谈结束准备离开时，则一定要热忱地向被访者表示感谢。[②]

（三）访谈记录的整理

访谈的记录要有录音[③]、录像设备的记录（包括整理的文字记录和电子记录）和访问员的现场记录。用录音、录像设备的好处在于完整，能够记录访谈的具体情景，而坏处在于可能会对受访者造成一定的紧张，而且事后的整理非常耗时。访谈者的现场记录便利，能记录访谈的要点、访员想到的问题及思考等等，便于后面的信息整理。

一份完整的访谈记录应该包括背景记录、访谈的原话、动作表情的附注等。在背景中应该有访谈的题目、目的、时间、地点、受访者（姓名/职业/年龄/性别等）基本资料介绍、访员姓名等。访谈原话的典型记录格式是两个人一问一答的形式，往往以姓氏

① 袁岳、范文、陈晓丽等：《深度访谈——如何结交陌生人》，机械工业出版社，2006年，第94页。

② 风笑天：《社会学研究方法（第五版）》，中国人民大学出版社，2018年，第355页。

③ 现有语音识别技术已经能够让录音设备在录音的同时同步将录音转成文字，而且有各种语言转换的选择，这大大缩减了访谈者的工作量，提高了工作效率。

或者符号来代替双方,加括号来表明语气、语调、表情等等。记录一定要反复校对,确保准确,必要的时候要请受访者把关。每次访谈结束后都要及时整理访谈记录,及时抓住自己的所思所想,另外也能从材料中发现新的问题,以便进行访谈提纲的调整。

我们拿到自己的或其他访员的访谈记录,要有一个表面的评价和判断。一个典型的低质量深访记录[①]的特征有:不能明显区分问和答的内容;问答均过于简单,甚至有意识地进行了总结;回答比问题还简单,没有任何实质性展开的信息,像量化研究的问答方式;基本上没有可以展开的情节和过程,回答很少超过两行的,主要是一些意见性、态度性和事实确认型的回答。这种情况就需要做出及时调整或者重新训练访员。

(四)资料整理与分析

访谈结束以后,需要对访谈的内容进行整理,如有必要,还可以电话回访,整理访谈的内容不仅需要把访谈报告写完,而且还要对所有的访谈进行分析、对比,得出分析报告,通过分析报告得到有研究意义的结论。

四、访谈法的应用案例

访谈法应用范围较为广泛,但大多数都会与其他研究方法配合,共同完成质性研究资料的收集。考虑到对深度访谈法过程的展示,本文选取的三个研究实例均是采用单一的深度访谈法来完成研究的。其中案例一对质性研究方法的资料分析采用了Nvivo12软件,这也是今后质性资料分析和扎根理论研究的趋势,值得关注和学习。

案例一:《我国影视剧普通编剧有关从业状况的自我认知与评价——一项基于25位编剧的深度访谈研究》[②]

(一)研究问题

近几年我国影视剧产业发展迅速、变动很大,因此,编剧的收益、权益保障等尚存在一定问题,如每年仅有3%左右的编剧能有作品播出等。由此,编剧的自我认知可能因难以准确了解环境而存在偏差。不少编剧可能因生存“窘迫”而自我认知过于负面等。不管怎样,这些情况都会影响其生产绩效,最终对整个影视剧产业都会产生大

① 袁岳、范文、陈晓丽等:《深度访谈——如何结交陌生人》,机械工业出版社,2006年,第153页。

② 张辉锋、李淼:《我国影视剧普通编剧有关从业状况的自我认知与评价——一项基于25位编剧的深度访谈研究》,《国际新闻界》,2020年第8期。

的影响。我国影视剧编剧的自我认知怎样？又是否会因个体信息获取、分析能力以及价值观等局限而产生偏差？从而对剧本创作以及我国整个影视剧产业的发展造成影响？本文即聚焦此问题，具体聚焦我国14万编剧群体中的“底层”——普通编剧，就其对从业状况的自我认知展开研究。

（二）访谈过程

1.研究方法

本研究一方面通过深度访谈了解普通编剧“对自己怎么想”，另一方面去验证他们这么想是否符合实际，即他们对自己处境等的判断与实际情况是否相符，并将相关权威机构调研数据、业内资深人士访谈结果、专家研究结论等作为“实际情况是怎样的”的依据。同时，本文并未就研究对象的自我认知做是非、对错判断，而只是检验其是否符合实际。在具体方法上，研究采用目的性抽样，具体采用滚雪球方法。同时，在深度访谈过程中，研究者在初期会带着“最应该采访谁”的思考，随着访谈的进行，不断确认哪些对象应是下一个采访目标，并对访谈问题进行拓展性补充。在访谈过程中，会依据所设定的问题不断追问受访者，不断比较受访者之间的异同，使得从他们那里获得的内容最终趋于饱和。最后，笔者在2018年5月3日至2019年2月20日一共深访了25位普通编剧，其中男性10人、女性15人；本科15人，硕士9人，博士1人；其从业经历具体如下表（表6-1）：

表6-1 被访者资料简介

编号	性别	学历	从业时间	职业经历	访谈时间
A	男	本科	5年	签约固定编剧公司	2018年5月3日
B	女	硕士	5年	BAT互联网从业者转行编剧工作	2018年5月5日
C	女	硕士	4年	已完成一部与知名导演合作的编剧作品，并在院线上映	2018年5月5日
D	男	硕士	7年	海外广告从业者转行编剧工作	2018年5月6日
E	女	硕士	11年	合作编创国内多部高收视率偶像剧	2018年5月10日
F	男	本科	4年	英语翻译转行编剧工作	2018年5月11日
G	男	本科	15年	国内商业广告导演，现从事导演、编剧工作	2018年5月12日
H	女	硕士	3年	签约固定编剧公司	2018年5月17日
I	女	硕士	8年	拥有香港编剧工作室从业经历	2018年5月21日
J	男	本科	15年	独立编创国内多部高收视率电视剧、IP网剧	2018年5月21日
K	女	本科	1年	自由编剧	2018年6月1日
L	女	硕士	8年	旅美工作10年，现阶段从事编剧、导演与制片工作	2018年6月3日

（续表）

编号	性别	学历	从业时间	职业经历	访谈时间
M	女	本科	5年	从编剧转为制片，现从事影视公司法务工作	2018年6月7日
N	男	博士	5年	高校影视剧方向研究学者，业余从事编剧工作	2018年6月7日
O	女	硕士	10年	合作编创多部偶像剧、电影	2018年6月13日
P	男	本科	25年	独立编创国内多部主旋律电视剧、电影	2018年6月15日
Q	男	本科	3年	新媒体公号大V转行编剧工作	2018年6月16日
R	女	本科	7年	旅游博主转行编剧工作	2018年6月20日
S	女	本科	3年	自由编剧	2018年6月22日
T	女	本科	6年	合作编创多部偶像剧	2018年6月23日
U	男	本科	4年	签约固定编剧公司	2019年2月8日
V	女	本科	3年	自由编剧	2019年2月11日
W	男	硕士	4年	自由编剧	2019年2月12日
X	女	本科	1年	签约固定编剧公司	2019年2月16日
Y	女	本科	2年	自由编剧	2019年2月20日

2. 访谈问题设计

本研究基于文化价值观、人生价值观、工作价值观三者交叉融合设计访谈提纲。其中文化价值观（culture values）是价值观的一种具体表现，指人们对所处社会文化思潮和文化生活的基本观点，是对文化现实和理想的基本评价，其受制于人们所处的社会文化环境。本研究中受访编剧对商业性与艺术性之间创作困惑的认知，是其文化价值观的一种表现。本研究中每个访谈的平均时长大约为90分钟，最短的约为50分钟，最长的2小时30分钟。

3. 访谈资料处理

本研究的分析材料为访谈内容，采用Nvivo12进行数据处理分析。依据该软件中的自由节点（free nodes）和树状节点（tree nodes）两种编码形式，具体处理过程如下：

第一步是导入访谈资料，进行编码。以概念来组织树状节点，即把相同的概念放在一起。如果一段文字表述涉及不同的节点，则分别将其在不同节点下进行标记。如果无法确定某段访谈内容归属哪个节点，则将其视为自由节点，在后期确定内容归属后，再将其归入。第二步是所有访谈资料编码结束后，通过软件分类提取不同类别节点下的内容，合并或重组，再通过逻辑分析，对部分子节点的内容进行相应调整。第三步是执行聚类分析以生成示意图。将具有相似选定特征的选定文件、外部材料与备忘录聚类到一起。

访谈结束后，作者通过补充问卷的方式收集了受访者的人口统计学特征，即年龄、教育背景、从业经历等，以补充访谈中的遗漏之处。问卷作为聚焦访谈法的工具之一，在访谈结束后发放，以免影响访谈过程中的开放性讨论。

（三）研究结论

第一，编剧行业的进入门槛是低的，受访编剧的此种认知符合实际情况。

第二，编剧认为工作岗位缺乏稳定性的问题，是符合实际的。

第三，编剧认为在工作中面对两难困惑，是符合实际情况的。

第四，编剧认为联合署名对其权益有侵犯，只能是部分符合实际情况。

第五，编剧被“污名化”的认知只是部分符合实际情况。

第六，编剧维权难的自我认知只是部分符合实际情况。

第七，编剧工作投入没有被完整认知的问题是符合实际情况的。

案例二：《台湾民主转型中新闻传播的变迁与发展——一项基于对台湾新闻传播界深度访谈的研究》①

（一）研究问题及访谈提纲

本研究基于以下研究问题展开：台湾媒体在民主转型中是否起到推手的作用？报禁解除是否是民主转型的必然产物？民主转型前后政府对媒体的控制与管理发生了哪些变化？民主转型过程中裹挟而来的西方自由主义思潮对台湾媒体政策的影响力如何？作者对新闻传播学界和业界核心群体进行了深度访谈，围绕上述研究问题在访谈前给被访者事先通过邮件发送了下列访谈提纲：

1.提到报禁给您印象最深刻的事情是什么？

2.报禁时期，政府管控媒体的方式和手段主要有哪些？

3.报禁时期，政治领袖对媒体的影响如何？

4.您认为是什么促成了报禁开放？请列举具有代表性的事件和人物。

5.您认为台湾媒体在民主转型中扮演了什么样的角色？

6.解禁后，台湾媒体与政府之间的关系有些什么变化？

7.解禁后，台湾政治领袖对新闻媒体的影响如何？

8.有一种说法认为，解禁后的台湾媒体陷入新的政商关系之中。您怎么认为？

9.现在的新闻传播主管单位与报禁时期相比有哪些变更？其管理方式有哪些变化？

10.您认为台湾现行的新闻法规为新闻自由提供了制度性保障吗？

11.您认为台湾现行的新闻传播制度是基于什么价值观建立起来的？

① 向芬：《台湾民主转型中新闻传播的变迁与发展——一项基于对台湾新闻传播界深度访谈的研究》，《厦门大学学报》（哲学社会科学版），2015年第3期。

12.您认为台湾民主转型后,现行新闻传播制度还有哪些需要改善的地方?

(二)访谈过程

访谈提纲只确定了主要的问题和框架,在正式访谈前,访谈者再结合被访者的背景资料和实际情况在上述12个问题基础上因人而异地做部分修改,在访谈过程中,被访者对事先准备好的问题的回答是访谈者无法预知的,访谈者需要根据实际情况改进随之而来的问题。在访谈一开始以"提到报禁给您印象最深刻的事情是什么?"这样的问题开场,用"渐进式聚焦法",从一般化的日常领域入手,逐渐发现被访者的兴趣点,然后再逐步展开,使被访者对他自己感兴趣的话题有更多的叙述和表达。更重要的是,生活史的叙述有助于达到对被访者行动的理解,通过生平阐释以期探寻个人意义的深度层次。

台湾新闻传播学界和业界相关人士对访谈提纲中所提到的问题无疑具有发言权。2013年8月至2014年4月,笔者对16位人士进行了总计约26个小时的深度访谈,每位受访者的采访时间一般为1个半小时,为确保完整准确地记录访谈内容,采访全程录音,随后逐句听写录入电脑。16位受访者的共同特征体现了研究对象的代表性,他们都是有多年教学、研究或新闻实务经历,供职于高校、新闻机构或行政部门,深谙台湾新闻传播业发展状况的资深人士。为保证研究对象的多元平衡,在政治倾向、年龄段和职业等方面,受访者的不同特征体现了研究对象的多样性。

(三)研究结果

就深度访谈结果总体而言,台湾媒体在民主转型中所起到的推动作用是有限的,在戒严时期党政军一条鞭式地严密控制媒体。伴随民主转型的进程,党政军特对媒体的控制由硬转软,报禁解除只是台湾民主的自然产物。民主转型实现后,高高在上的政治领袖走下神坛沦为媒体新闻报道的"资本",政府相关部门的管理政策则采取自由放任的态度。台湾新闻传播是基于自由化、市场化的意识形态建立起来的,这一点几乎所有受访者均能达成共识。

案例三《能动的在场：融合背景下的职业权威性——对近百位中国媒体从业者的深度访谈》[①]

（一）研究问题

在媒介融合过程中，媒体从业者所提供的丰富实践与新闻业所经历的现实相碰撞，成为重新审视新闻业和媒体从业者的转型和发展的契机。如何认识媒体从业者当下的职业心态，是本文的逻辑起点。因此，本研究从以下问题入手：媒介融合背景下的媒体从业者如何建构和表述他们的职业认同感，从而认知他们的专业理念和存在价值。在这一建构过程中作为内容生产主体的媒体从业者面对融合背景时的首要冲突是什么。通过直面近百名中国媒体从业者，我们力求探寻他们对职业认同感的"在地理解"（local perception），并把这一探寻放在传播技术发展、传媒融合改革和新闻业变迁的历史语境当中，更加系统化和理论化地勾勒出中国媒体从业者的群体职业特征。

（二）研究过程

以半结构化的方式当面访谈或书面访谈了98位媒体从业者。他们工作于北京（B）、上海（SH）、广州（G）、深圳（SZ）、杭州（H）等地，年龄介于25至58岁之间，目前仍然专门从事新闻内容生产——包括采访、写作、编辑、评论等环节。由于政治话语体系和媒体结构的不同，我们对访谈者进行了进一步的分类。分为传统党媒、传统市场化媒体、网络党媒、网络市场化媒体等。访谈是半结构化的，由四个板块顺序构成：基本工作状况、认为自己现在有无职业认同感及为什么、对媒介融合的看法以及认为它对自己的职业认同感有无影响、对自己新闻从业前景的评价。

（三）研究发现

机构认同、组织认同和群体认同共同架构媒体工作者的职业认同感。体制内或体制外并不是区分媒体从业者职业认同感维度的有效方式。可以说，在体制内媒体和体制外媒体已经具备了特有属性和刻板印象后，能够接受并符合对应所在机构的新闻价值观的媒体从业者，职业认同感更强。

传统新闻职业的一系列困境来自新闻基本精神与职业化之间的冲突，互联网的开放、多元、交互等特征让这些过去被精心修饰的瑕疵放大了。从这个角度，我们能够更加理解媒体从业者作为一个职业类别在融合背景下的存在与发展。

最终，研究者将这个角度称为"能动的在场"。从这一角度，可以更加贴切地解读

① 唐铮：《能动的在场：融合背景下的职业权威性——对近百位中国媒体从业者的深度访谈》，《国际新闻界》，2019年第6期。

出受访者对职业认同感的在地理解。这里的能动,指的是媒体从业者的理念和以理念所指导的实践活动,体现了实践活动能够相对独立地脱离管制、机构分工和利益关系的约束,而受以专业主义指导的主观意志的自由支配。

思考题

1.请思考深度访谈法的研究过程是怎么样的?

2.请结合感兴趣的研究问题,设计一个适合深度访谈法的研究题目,尝试列出访谈提纲,以及设想能采访哪些对象、大约采访多长时间等问题。

第四节　质化研究方法的资料处理

一、资料的整理与分析

整理和资料分析的基本思路是按照一定的标准将原始资料进行分类、概括,通过各种不同的分析手段,将资料整理、抽象为一个有一定结构、条理和内在联系的意义系统。

在质化研究资料整理和分析的过程中,有一些基本的原则。首要的就是及时,无论是访谈还是观察,都要在每次访谈或观察记录之后,及时整理和初步分析资料,以便于下一步的研究。波格丹和比克兰认为,在实地收集资料的同时对资料进行整理和分析有以下几个作用:(1)强迫研究者逐步缩小研究的范围,尽早就研究的方向和类型做出决定;(2)帮助研究者提出一些可以统揽所有资料内容的观点,发展出一些可供进一步研究的问题;(3)使研究从原始资料向理论建构的方向过渡;(4)帮助研究者在整理资料的基础上了解自己还需要哪些方面的信息,以便下一步有计划地收集资料。

在大规模的整理资料之前,记录过程中需要做的一项工作就是对资料进行简单的编号。编号系统可以包括以下几方面的信息:(1)资料的类型(如访谈、观察、实物);(2)资料提供者的姓名、性别、职业等;(3)收集资料的时间、地点和情境;(4)研究者的姓名、性别和职业等;(5)资料的排列序号(如对某某人的第一次访谈)等。原始资料经过初步整理以后,最好将原始资料做一个复件,以便用来分类和重组,原件保持不动,便于日后查询。

二、资料分析的具体步骤

对质化研究资料分析的步骤,不同的书籍有不同的观点,比如陈向明教授就把资料分析的具体步骤分成了四个方面:(1)阅读原始资料;(2)登陆;(3)寻找“本土概念”;(4)建立编码和归档系统。在实际操作中,(2)(3)可以同时进行,也可以将(3)拿出来做重点分析。①

《深度访谈——如何结交陌生人》一书则把深访分析分为8个步骤:(1)记录下每个深访中的现场省悟与感受;(2)及时进行最新的深访资料分析;(3)及时进行最新深访的比较分析;(4)对全部资料的整体感受;(5)对全部深访资料中的意群与核心语句结合受访者背景信息进行编码汇总分析;(6)逻辑关系的呈现;(7)选择受访者的话语精粹;(8)总结与策略假设。②

丹尼·L.乔金森(Danny Jorgensen)撰写的《参与观察法》一书,十分强调分析的循环,它把资料分析和理论化放在一起,分为编码和归档,分类、筛选、建构和重构,理论和理论化。③而在艾尔·巴比教授的《社会研究方法(第十一版)》中则十分强调质化资料的分析“根本就不存在什么可以保证成功的僵化步骤”,质化资料分析部分的内容只介绍了编码、备忘录、概念图。④

质化研究资料整理与分析的过程,很难有统一的程序和标准,最终目的都是为了获得对研究对象的整体性把握,找到恰当的分析视角和维度。有一些共同的点可以跟大家交流,本章作者认为资料整理分析的过程一般都会涉及三个部分,即阅读资料、编码与归档、归类与深入分析,每个部分当中都有一些技巧。

三、阅读资料

阅读资料是整理和分析的第一步,阅读并不是一次性的过程,而是要反复地读。读的过程中,要不断地反思,尽可能多地从不同的层面来解读资料,让尽可能多的意义进入我们的意识。特别要注意自己思想和情绪上的反应,这些“火花”往往会成为理解资料的切入点和有效来源。

在寻找意义的过程中,陈向明教授给我们提供了多个切入的层面:从语言层面寻找重要的词、短语、句子;从语义层面探究词和句子的意义;从语境层面考察词语出现

① 陈向明:《质的研究方法与社会科学研究》,北京:教育科学出版社,2000年。

② 袁岳、范文、陈晓丽等:《深度访谈——如何结交陌生人》,北京:机械工业出版社,2006年。

③ 丹尼·L.乔金森:《参与观察法》,王昭正、朱瑞渊译,台北:弘智文化事业有限公司,1999年。

④ 艾尔·巴比:《社会研究方法(第十一版)》,邱泽奇译,北京:华夏出版社,2018年。

的上下文以及资料产生的情境；从语用的层面寻找有关词语和句子在具体语境中的实际用途；在主题层面寻找和研究问题相关的、反复出现的行为和意义模式；在内容层面寻找资料内部的故事线、主要事件和次要事件以及它们彼此之间的关系；在符号学层面探讨资料文本的内容与相关的符号系统及其社会、文化、政治、经济背景之间的关系。

在操作的层面，可以利用画线、打圈与进行意义标签的方式对词汇、句子所构成的意群进行初步的标识。当然，要在复印件上，原件保留以便于后期重新核对和整理、分析资料使用。尤其是要特别注意哪些是"本土概念"，也就是被研究者经常使用的、用来表达他们自己看世界的方式的概念。这些概念往往有自己的特色，与学术概念或社会上一般使用的概念不同，也常常有丰富的内涵和强大的解释力。

在实践中，阅读材料的初步工作可能有多样的考虑和效果，比如在《意义的输出：〈达拉斯〉的跨文化解读》一书中，就讲到阅读的目的和给研究带来的影响。在该研究中，研究者对资料的第一个分析步骤就是反复通读讨论了一个子样本，"它是由富于代表性地从每一类种族群体中抽取的一个样本而组成的"。初步阅读，"首要目的就是想提炼我们的分析方法；其次，为了了解小组成员以何种方式界定研究情境与他们在研究过程中所扮演的角色；再次，为了确定我们借以区分小组之间差异的那些参量。[①]"通过初步阅读，研究人员不但发现了一些与研究问题相关的现象，而且非常重要的是逐步发展出一套既是定量的、又是印象主义的编码范畴，也确定了在这些范畴中应该运用哪些编码单元。这种阅读也会帮我们明确问题和确定材料的取舍。

四、编码与归档

在分析质化的社会研究资料时，一个关键的过程就是编码——就是对个体的信息进行分门别类，此外还有一些检索系统。编码也不是一个确定不变的东西，要根据反复阅读和编码实践进行调整。编码单元可大可小，大的可能是几页记录，小的则可能是一句话，一个词；编码的内容根据研究的问题而定，当然，材料也有帮助研究者明确问题的作用。

编码的具体操作中，如果资料较少的话，可以采用剪裁的方式，抄录的方式，也可以直接在电脑文本或复印件上进行标记，以方便后面的归类；如果要分析的资料很多，那编码就会比较烦琐，要设立码号，表示资料中最基础的意义单位，码号对应着"概念"和内容。为了使编码方便直观、便于查看，码号可以写在靠近所登录的资料旁

---

① 泰玛·利贝斯，埃利胡·卡茨：《意义的输出：〈达拉斯〉的跨文化解读》，刘自雄译，北京：华夏出版社，2003年。

边。在《意义的输出:〈达拉斯〉的跨文化解读》一书的第四章"一个摩洛哥人小组:转录与注解"给我们呈现了一个编码和注解的样本,不仅展示了研究者使用的编码类别,也展示了怎么在文本中标识,还展示了其他注解的内容。

编码结束后,我们可以将所有号码都汇集起来,组成编码本。按照一定的分类标准组合起来的系统,可以反映资料的数量、类型、意义及资料浓缩以后的意义分布和相互关系等,也为我们以后查找资料提供方便。

五、归类与深入分析

"归类"指的是,按照编码系统将相同或相近资料合在一起,将相异的资料区别开来,找到资料之间的联系。"深入分析"是指将资料进一步浓缩,找到资料内容中的主题和/或故事线,在它们之间建立起必要的关系,为研究结果做出初步的结论。

归类的标准不是唯一的,有很强的主观性,但是要结合研究目的的需要以及资料本身的特点选择合适的归类方式,一旦某种标准被选定,分析便会突出符合此标准的有关资料,而将没有被纳入的资料掩盖或忽略。一般对资料的整理和分析有两种方式,一是"类属分析",一是"情境分析"。

"类属分析"指的是在资料中寻找反复出现的现象以及可以解释这些现象的重要概念的一个过程。在这个过程中,具有相同属性的资料被归入同一类别,并且以一定的概念命名。

"情境分析"指的是将资料置于研究现象所处的自然情境之中,按照故事发生的时序对有关事件和人物进行描述性分析。情境分析强调对事物做整体的和动态的呈现,注意寻找将资料连接成一个叙事结构的关键线索。情境分析的具体内容可以是研究现象中的主题、事件、人物、社会机构、时间、地点、状态、变化等。分析的具体手段包括轮廓勾勒、片段呈现、个案、访谈片段、观察事件、故事等等。

"类属分析"更适合横向的研究,比如研究时评群体对时评与社会关系的看法,深度报道者对"专业主义"的理解等;而"情境分析"则更适合历史分析,比如"深度报道三十年"等。

六、归类、深入分析的方式和手段

在归类的过程中,可以采取"剪刀+糨糊"的方式,把原始资料复印,用剪刀把相应的部分剪下来,标上代码,再分门别类保存,也可以采取抄录卡片的形式,进行分类。此外,还可以采取写备忘录、写日记、总结和内容摘要、画图表、与外界交流等方式进行归类和分析。

一项研究往往不是三两天就能够完成的，有的时候甚至会放上一段时间回过头来再做，所以已有的研究结果和思考最好保存起来，备忘录和日记都是非常好的保存方式。备忘录和日记的写作没有什么一定的规则，最好是一有想法就马上记下来。这些记录或许是碎片化的、或许是成熟的思考；内容上可以描述已有的事件、被研究者的话；可以总结研究的部分结论；可以反思采用的研究方法；可以写下分析的思路，比如研究的主题、方向、思路、重要的概念、现象等等。总之是记录你对研究的思考，并通过写作的方式反思这些思考和发现。这种备忘录和日记有时会贯穿于整个资料收集和分析过程。

写总结和内容摘要主要是对资料进行简化，以便利于日后分析，但是内容摘要要忠实于原材料，主要是把其中关键的原话原封不动地摘出来，为了回答研究的问题服务。画图表也是一种浓缩资料，分析资料之间的关系的一种方法。开始画的时候不一定追求完美，可以边画边思考，可以采用一些自己定义的符号来标注意义，或者直接用文字来标注，便于直观地发现核心内容以及其间的关系。

分析资料时，还要注意与外界进行思想的交流，交流的对象可以是能给你提供思路和启发的任何人，同时也根据你的研究问题进行选择，比如你研究记者专业意识的问题，你找你访谈过的记者去聊你的研究，或者找这方面的专家去聊，包括你跟同学或者“外行”的朋友去聊，都可能给你提供别样的一种视角和思路。除了与人的直接交流，也可以通过读书的方式进行间接的交流，而且在研究的过程中往往会回到研究领域或话题相关的经典著作中来寻求对话和灵感，比如读相关研究问题的专著或名著，甚至有的时候读一本看似完全是不同学科的、不相关的书都能够获得一些分析思路或者启示。

质化研究的资料分析也可以采用NVivo、QDA等软件进行。其中NVivo作为一款功能强大的质性分析软件，能够有效分析多种不同类型数据，诸如文字、图片、录音、录像等数据。使用NVivo可以将研究者从以往的资料分析过程诸如分类、排序、整理等繁杂手工作业的劳累中解脱出来，让你有更充分的时间去探究发展趋势，建立理论模型，并最终获得研究问题的结论。

总的来说，质化研究资料的整理与分析是一个在研究过程中同步进行的过程，每一次观察和访谈后都要对记录及时整理和分析，以便于聚焦问题，修正观察提纲和访谈提纲，这种整理与分析的过程也就是反思的过程，是理论、问题、材料相结合的过程。在每一次研究的具体实践中，可能会因为研究的问题、环境、访谈对象等因素而不同，以上的介绍都是原则性和经验性的总结，质化研究还是必须依靠研究者的实践。

思考题

1. 请找一篇使用NVIVO软件进行资料分析的案例，回溯其资料的分类、编码及分析的过程，并思考自己的研究问题是否可以采用NVIVO进行资料处理。

2. 仔细阅读《街角社会》或者《数字鸿沟的新变：多元使用、内在动机与数字技能：基于豫沪学龄儿童的田野调查》等作品，学习田野观察收集到的材料如何恰到好处地运用到研究写作中。

第七章　量化研究方法

第一节　内容分析法

现代意义上的内容分析缘起于20世纪初报刊的流行和新闻学的发展。在美国，学者们通过分析报纸上刊登的新闻报道题材及篇数，判断报纸的风格和当时的社会舆论情况。1927年，传播学奠基人之一拉斯韦尔的博士论文《世界大战的宣传技巧》，就是运用内容分析法，研究交战国所使用的宣传符号。讨论了宣传活动对第一次世界大战进程产生的重要影响。20世纪50年代，随着广播和电视的普及，学者们普遍运用内容分析法分析电台广播和电视节目内容。1952年，美国学者贝雷尔森正式出版了《内容分析：传播研究中的一种工具》，正式将内容分析法确立为传播学的主要研究方法。至今，内容分析法已经被心理学、情报学、社会学等社会学科使用。随着网络社会的发展，内容分析法的应用前景更加广阔，大数据、人工智能技术极大地提升了内容分析法的研究效率，为这一研究方法带来新的发展契机。

一、内容分析的定义

贝雷尔森认为，内容分析法是对显在传播内容进行客观、系统和量化描述的一种研究方法。这里提到的"显在传播内容"包含任何表现形式的文本，如报刊、广播、电视、网络、音乐、电影、漫画等媒介上的信息内容。

所谓客观性，一是研究标准和程序的客观性，在研究过程中采用一套规范的评价标准，明确地解释样本抽样和内容编码的方法，对变量分类的操作定义规则必须清晰，使其他人能够在重复研究程序时，可以获得相同的结果。二是研究者和编码员不能将自己的偏见或态度置于研究过程中，在对定义的阐释、分析单元的选取、编码的设定中，尽可能保证客观态度，从而保证研究结果的信度。

所谓系统性，含有两个方面的意思。一是程序化，样本的选择必须按照正确的程序进行，每个分析单元必须具有同等被选择的机会，这反映的是样本内容的系统性；二是标准化，所选择的样本内容必须要按照统一的标准进行测量，具体而言，对内容进行编码的过程和分析内容的过程要有统一的程序和标准，否则将扰乱研究过程，得到的结论也会出现偏差。这反映的是样本处理程序的系统性。

所谓量化性，指的是内容分析方法是将文本转化为数字的过程，以数字统计的结果彰显研究的科学性，对现象的描述更为准确。例如：相比于“大部分新闻都是正面报道”，“60%的新闻属于正面报道”显然要更为准确。

二、内容分析的适用议题

内容分析法作为一种统计分析工具，在人文社科领域都得到了广泛使用。在《传播研究中的内容分析》中，贝雷尔森列举了内容分析法的多种用途，包括跟踪学术发展、比较传播内容的差别、比较媒体或传播层次、审核传播内容与传播目标是否吻合、建构传播运用标准、展现宣传技巧、测量传播内容可读性、揭示关注焦点、描述受众对传播的态度和行为的反映等。[①]在新闻传播学领域，内容分析法主要关注和检视媒体报道情况、揭示传播内容的特征等，具体有三大适用议题。

（一）描述传播内容

内容分析研究起始于内容，亦围绕着传播内容为中心。因此，内容分析法的主要目的之一是对传播文本或内容进行描述，通过回答传播者“说了什么”，以描述和解释社会现实。传播内容研究主要分为两大类，一是对传播内容的形式分析，即研究传播材料的易读性，新闻媒体的报道风格等；二是传播内容的实质分析。

围绕传播内容，研究者可以：

1.探讨内容的特征和变化趋势

运用内容分析法，可以由数据统计归纳媒介内容呈现的特征，或是通过历时性研究，分析某个时间段的样本，得出媒介内容的变化趋势。例如王秀丽、韩纲（2010）选取了1979年到2008年美国主流媒体对“中国制造”的新闻报道，分析美国媒体对华报道的相关特征和呈现的新闻框架。研究发现，30年间美国媒体关于“中国制造”的报

① Bernard Berelson, Content analysis in communication research (New York: Hafner, 1952), pp.26–113.

道逐年增多,题材多为消息,报道主题与国际贸易相关联,"中国制造"的媒介形象亦呈现了从物美价廉到廉价劣质的变化过程,研究者还探讨了"中国制造"的媒体形象与国家形象传播的关联。[①]论文既反映了美国主流媒体在"中国制造"议题上的报道题材、报道主题等内容特征,也展现了30年间美国媒体报道数量的变化趋势,及其呈现的"中国制造"媒介形象变迁。再如郝永华、聂茜(2015)选取30个网络热点段子为案例,分析了段子的特征和类型、段子的话语形式和幽默元素,以及段子中所蕴含的公众对公权力的负面情绪。[②]这篇论文选取的时间范围较短(2012年11月至2013年6月),因此着重于研究网络段子的内容特征。

2.评估社会中某个特定群体的媒介形象

内容分析法专长于分析特定群体(如少数民族、老年群体、残障者等)或事件的媒介形象。这类群体因处于社会边缘,地位较低,通常得不到新闻媒体客观公正的报道,且常暗含着歧视倾向。因此,研究者试图分析媒介如何呈现社会边缘群体,这直接关系着媒介报道如何影响大众对少数群体的看法,亦有可能影响政策制定者制定反歧视的媒介报道政策。苏林森(2013)通过内容分析法研究中国工人群体的媒介形象,研究者选取1995—2011年之间,《人民日报》《工人日报》《南方都市报》针对工人的报道为研究对象,研究发现党报与市场化报纸对工人群体的报道倾向和叙事方式有所不同,三份报纸针对工人群体内部的劳动模范和农民工之间的媒介形象塑造亦存在差异。[③]

3.挖掘传播者的价值态度倾向

传播内容在某种程度上反映着传播者的态度,例如,研究两家风格迥异的媒体对同一事件或群体的报道,比较媒体之间的态度差异。也可以从传播内容的特征洞察传播者的价值感和态度,逆向地推导传播者的社会身份地位等。何晶(2018)采用内容分析方法,选取了国内五份传统主流媒体报纸,分析2002—2015年农民工"讨薪"事件的媒介呈现,通过对弱势群体农民工在特定事件中的呈现,研究媒介报道的特点及新闻报道的逻辑。[④]研究发现,虽然媒体对弱势群体持有同情立场,表现出多元的态度取向,但媒体亦忽视了"欠薪"现象背后的深层社会矛盾,选择性地报道农民工的欠

---

① 王秀丽、韩纲:《"中国制造"与国家形象传播——美国主流媒体报道30年内容分析》,《国际新闻界》,2010年第9期。

② 郝永华、聂茜:《热点段子的衍生与负面舆情——基于30个案例的内容分析》,《新闻大学》,2015年第1期。

③ 苏林森:《被再现的他者:中国工人群体的媒介形象》,《国际新闻界》,2013年第8期。

④ 何晶:《传统主流报纸对农民工"讨薪"事件的媒介呈现分析(2002-2015)》,《国际新闻界》,2018年第10期。

薪现象和讨薪行动，指出市场化媒体作为中产阶层的代言人，没能为底层弱势群体代言。

4.研究受众的价值态度倾向

内容分析法可以判断某一时期受众就某个话题或舆情事件所表现的价值观和态度倾向。例如，韩敏（2016）基于"成都女司机被打"事件，选取2015年新浪新闻和今日头条App对该事件报道及网民的跟帖评论为样本进行内容分析，研究表明移动互联网用户的极端态度呈上升趋势，反映了群体极化的偏振性效应。[①]黄河、康宁（2019）就"江歌案"舆情事件为例，以今日头条、腾讯新闻、微信、微博四大网络平台对"江歌案"的媒体文本及网民评论作为内容分析的研究对象。[②]研究发现网民的评论充斥着"愤怒""质疑"等负面情绪，并且也将这种情绪指向了群体极化现象，指出网民始终保持着较高的不理性情绪，情绪宣泄和道德判断是群体极化的主要表现形式。

5.媒介的内容分析亦可反映社会变迁

通过纵向比较研究，可以洞察社会的发展变迁趋势。例如，陈素白、高诗劼、熊烨（2015）研究了1980—2013年《羊城晚报》刊登的1275则保健食品广告，从中探析中国城市居民健康消费观念的变迁轨迹。[③]研究发现，在不同阶段，我国城市居民的健康消费观念有着明显的变迁：从20世纪80年代早期的盲目进补，到90年代消费主义所衍生的送礼文化，将健康与财富挂钩，再到新世纪人们关注养生、注重理性调节身体健康，从历史纵向的维度描述了城市居民健康消费观念的变迁。

（二）比较媒介现实和客观现实

1922年，美国著名的专栏作家李普曼出版了《公共舆论》一书，此时作者年仅33岁，此书的核心观点可以用"公共舆论何以可能"概括。他非常精锐地分析了公众与真相之间存在诸多障碍，他提出了媒介刻板印象以及公众的刻板成见等概念，媒介刻板印象和公众的刻板成见都导致了公众远离真相。在媒介化社会，人们的认知往往来自媒体建构的媒介现实，由于媒体的价值立场、经济利益等诸多因素，都决定媒体所从事的是"虚拟环境"的建构工作，它与客观现实存在诸多差异。因此，比较媒介现实和客观现实，研究媒体的倾向，也是使用量化的内容分析的主要议题之一。

传播政治经济学家达拉斯·斯麦兹20世纪50年代出版的《纽约电视的三年：1951—

① 韩敏：《移动互联网时代新媒体事件的网络协商与群体极化——基于"成都女司机被打"事件的内容与文本分析》，《当代传播》，2016年第5期。

② 黄河、康宁：《移动互联网环境下群体极化的特征和生发机制——基于"江歌案"移动端媒体文本和网民评论的内容分析》，《国际新闻界》，2019年第2期。

③ 陈素白、高诗劼、熊烨：《广告镜像考察：转型期中国城市居民健康消费观念变迁——基于〈羊城晚报〉（1980—2013）保健食品广告的内容分析》，《现代传播》，2015年第8期。

1953年》,比较分析了电视媒介呈现的内容与客观现实世界之间的差异。[1]格伯纳主持的美国电视暴力研究(National Television Violence Study)运用了内容分析法研究电视文本,分析发现,美国有60%的电视节目含有暴力内容。[2]另外,内容分析法也可以探究媒介内容对现实世界产生的影响。例如,美国研究者Davis(1951)最早研究了媒介报道犯罪事件的频率与现实世界的实际犯罪率之间没有关联。[3]另外,中国工人群体媒介形象研究中,也涉及媒体对工人群体报道的叙事方式变迁。[4]例如2003年以后,媒体对工人的负面报道逐渐增加,工人群体媒介形象发生变化,尤其是1993年至2002年的国企改革完成后,工人身份地位的转变(从主人翁变为雇佣者),加之媒体走向市场化和娱乐化,都是中国政治、经济、社会文化思想意识等变迁的反映。

(三)研究媒介传播效果

内容分析方法虽然只围绕媒体报道的主题或媒介内容进行分析,但内容分析与受众调查相结合,能够作为媒介效果研究的研究范式。著名的研究案例是格伯纳的培养分析或涵化分析(cultivation analysis),这一研究将电视内容分析与受众行为研究结合起来,分析电视呈现的内容是否能够影响受众产生相似的态度或观点。格伯纳的研究发现长期接触电视媒介的人更容易受到电视内容的影响,受众对现实生活产生更多恐惧感,从而对现实世界的认识产生偏差。

内容分析与社会现实联系起来,能够推动传播效果研究,这种研究范式有助于提升我们对社会现实的认识与理解,而不是简单地停留于呈现数据或描述现实。例如,陈艾华、孔冬(2012)基于对浙江省农民工培训调查的内容分析研究,从个体层面、人际层面、组织层面和环境层面四个层面考察对农民工的影响。[5]陈致中、王欢(2015)通过内容分析法和实验法,研究财经类新闻报道的可读性和传播效果。可读性研究是基于对《21世纪经济报道》的内容分析基础上制定的可读性指标量表,属于内容形式的研究;传播效果研究通过实验法进行。研究结果表明,可读性高的文章能够使受众对新闻内容产生认同和正面的态度,引发受众积极的阅读行为。[6]

---

① Dallas Walker Smythe, Three years of New York television:1951-1953.(Urbana:National Association of Education Broadcasters, 1954).

② Seawell, M. National Television Violence Study. Volume 2. (Sage Publications, Inc., 2455 Teller Road, Thousand Oaks, CA 91320,1998).

③ Davis, F, "Crime news in Colorado newspapers," American Journal of Sociology 57(1951):325-330.

④ 苏林森:《被再现的他者:中国工人群体的媒介形象》,《国际新闻界》,2013年第8期。

⑤ 陈艾华、孔冬:《农民工培训效果关键影响因素识别——基于对浙江省农民工培训调查的内容分析》,《社会科学战线》,2012年第4期。

⑥ 陈致中、王欢:《财经类新闻报道之可读性与传播效果实证研究》,《现代传播》,2015年第5期。

三、内容分析方法的操作步骤

内容分析法属于量化的研究方法，更加注重研究过程的客观性和研究结论的科学性，所以内容分析法的研究也必须依据严谨的操作程序进行。内容分析法的研究步骤为：

（一）提出研究问题

虽然内容分析属于量化研究，但不能单纯地为了使用量化研究而随意地选取或确定某个内容作为研究对象。正如本书第一章对研究选题部分的阐述一样，研究者必须提出清晰的研究问题，并根据研究问题提出可验证的研究假设。明确而具体的研究问题，才能指导研究者收集数据，展开后续研究。当然，不是所有的议题都适合用内容分析方法，基于前面提到的三大适用议题，只有与传播内容相关的研究问题才能够适用于内容分析方法。

（二）界定研究总体和研究范围

确定研究问题后，研究者要考虑选取的内容总体范围，并对总体进行操作化定义。操作化定义分为两步：一是界定总体的概念，例如，研究者要分析游戏玩家的媒介形象，首先要界定什么是“游戏玩家”；二是限定范围，“游戏”指的是网络游戏，还是单机游戏，或是媒介意义上的手机游戏？“玩家”指的是专业的电竞玩家，还是普通玩家，玩家的性别或身份是否有所限定？是大学生男性玩家，还是从弱势群体角度考察隐而不见的中产阶层女性玩家？

操作化定义的第二步是确定研究的时间范围。如果研究者考察的是某个热点事物或舆情事件的内容分析，那么时间范围一般较短；较长的时间，则跨越了某个时间段的群体或事物，如工人群体的媒介形象，或是随着时代的变迁，具体意涵发生了变化的事物，例如上文提到的美国主流媒体对“中国制造”的报道。确定时间范围时，研究者要考虑到时间段能否涵盖较为完整的研究现象，时间是否具有标志性意义，尤其是历时性研究，要确保时间跨度内，研究对象的意指在不同阶段有着不同的变化，以反映时代的发展变迁。

明确了研究总体范围和时间段后，研究者就能够简要地描述研究对象，并说明选取时间范围的原因，例子如下：

本研究主要分析2016年1月1日至2020年6月30日之间《人民日报》对专业电子竞技玩家的报道，研究电子游戏玩家的媒介形象。之所以选择2016年为研究时间起点，是因为2016年我国政府出台多项措施，鼓励电子竞技产业发展，这一年亦是电子竞技走向规范化的时间节点。

（三）从所选的范围中进行抽样

确定总体范围之后，研究者要进行抽样。对有限的数据，可以通过普查的方式分析全部内容。但在更普遍的情况下，尤其是互联网时代媒介生产海量的信息内容，普查方式耗资巨大、耗时过多，几乎不可能实现，即便在大数据时代，研究者个人或团队亦无法真正涉及全部传播内容。因此，学术界目前仍普遍采用抽样的方式，选取最具代表性的样本，以便回答研究问题。研究者可以运用多种抽样方法进行抽样，但就媒介文本而言，多阶段抽样或分层抽样是内容分析法所使用的主要抽样方法。内容分析抽样经常从报刊、电视节目等传统媒体中进行，也可以从网络页面、新闻客户端、社交媒体抽取新闻文本或网民评论。

内容分析抽样一般有三个步骤：

第一步：对信息来源进行抽样。

以报纸为例，研究者需要确定选取的研究样本来源于哪些媒体。通过分层抽样，研究者可以从报纸媒体的类型和地理分布两个层面进行分类。报纸类型方面，研究者可以选取机关报、市场化报两类；地理分布方面，可以从中央级媒体、省级媒体、市级媒体、县级媒体中按比例进行分层抽样，抽取若干份不同类型报纸。

选取研究样本时，要注意样本的代表性和权威性，与研究问题和研究对象相符合。例如研究我国政策类报道，《人民日报》作为党的喉舌最具有代表性；研究中国青年群体，《中国青年报》则是与研究对象最吻合的报纸；市场化报纸以《新京报》《南方都市报》《成都商报》等为代表。

第二步：对研究时间进行抽样。

明确总体范围，确定信息来源之后，需要确定研究样本的时间段或日期范围。日期范围的选择取决于研究的目标，对新闻舆情事件或媒介事件（如奥运会、国庆阅兵）等，选取的时间段应该覆盖事件从发生到结束的全过程。在分析研究对象在不同历史时期的发展趋势时，一般需要选取跨越较长时间阶段的历时性研究，以便考察研究对象在不同阶段的发展变迁状况。

例如，以报纸的出版日期为抽样对象，抽取时间范围为2019年6月至2020年6月。

一种方式是选择随机抽样第一份报刊，然后采取等距抽样，每隔n-1期（或若干天），就将第n份（天）作为抽样的报刊，以此类推，直到抽完时间范围内的最后一个n为止。

另一种方式是按照月份或星期数抽取，譬如将一年的报纸排成顺序，可以从第一个月的4—5个星期一中抽取一个星期一，再随机抽取一个星期二，以此类推，直到抽取到星期日为止，就抽取了一个合成周；也可以从所有的星期一中抽取一个星期一，从所有的星期二中抽取一个星期二，以此类推，得到的7个抽样时间就构成了一个合成周。

时间抽样要保证选取的出版日期有均等被选取的机会，以保证各星期、各月份都能被代表。例如等距抽样时，需要注意所选信息来源或媒介出版的时间是否具有周期性，例如周刊的抽样间隔不能选取7为单位，否则将导致研究者所选取的日期均为每个星期的同一天，这将使样本失去代表性。

第三步，对研究内容进行抽样。

研究者根据筛选的出版时间或日期，选取若干具体的传播内容作为最终的样本。例如，所抽中日期的当期报纸包含新闻报道、社论、读者来信、广告等多种文章类型，或是按照报纸版面划分为：头版头条、专栏、国际新闻版面等等，研究者仅需要截取与研究主题相关、符合研究范围的文章或栏目即可。

除了上述提到的时间抽样外，内容分析的抽样还需要注意以下几个方面：

一是所抽取的媒介需要对研究对象有连续性的报道或呈现，中途不能有所中断。

二是样本的数量不能过少，导致最后的样本量过低而不足以展开分析。例如，我国主流媒体对女性电竞玩家的相关报道偏少，可能要选择专门的电竞类杂志作为研究的对象媒介。当然，样本容量也不是越大越好，而是应该确保较小的样本数量能够代表总体情况即可。

三是抽样时要避免内容误差。例如研究女性媒介形象时，研究者选取的某个刊物仅在3月份出版了女性特刊，这时如果研究者仅选取3月份为抽样时间，可能会夸大样本的比重；若没有选择3月为抽样日期，则这个刊物没有作为信息来源的价值；这些情况都将导致研究结果出现偏差。因此研究者需要将注意力集中到所选取样本来源的具体内容上。此外，有的报纸刊物或电视节目可能在周日推出特刊、特别节目等，这些内容并不属于研究对象时，应将周日排除在研究时间选取范围之外。

（四）定义概念，确定分析单位

分析单位是指内容分析中最小的元素，在文字文本中，分析单位可以是字、词、符号、句子、文章、作者等；在电子文本中，分析单位可以是人物、动作、情节、镜头或一场节目等。例如，要研究相亲节目中的女性媒介形象，分析单位可以是相亲节目中女性嘉宾的言语、姿态、神情、衣着打扮，女嘉宾的镜头等等。确定分析单位时，要对分析单位所涉及的概念给出清晰的操作化定义，定义的标准应当易于量化。

例如，在《被再现的他者：中国工人群体的媒介形象》一文中，“中国工人新闻”是分析单元，研究者将操作化定义为几个标准：一是新闻中要出现“工人”“职工”“技工”

"农民工"等明确的字眼,或是具体描述了"工人"特征的新闻;二是新闻报道的主题围绕"工人",而非其他人群;三是要剔除不符合"中国工人新闻"的报道,包括分析工人政策的新闻,将工人作为影视角色进行报道的新闻,诗歌、散文、简讯、政策条文等非新闻报道文体,以及报道的对象非中国工人等。[①]

(五)建构类目,制定编码方案

建构类目和编码是内容分析的难点,也是重中之重,是决定内容分析方法成败的关键环节。内容分析的目的是收集、量化并描述传播内容,分析并检验变量,由此从传播内容中解释现象,探究媒介效果,建构类目和制定编码是实现这一目的之核心步骤。

类目是变量的分类系统,每个分析单位都归于某个类目中。建构类目就是把传播内容进行归类,体现内容分析的系统性和客观性。研究者要根据研究问题、研究假设和研究目的,确定传播内容的分类标准。

类目的建构一般有两种方式:一是从文献回顾中发现对某个问题已有的研究成果,参考已有文献的类目并根据自己的研究发展完善而成;二是由研究者根据问题或假设自行设计。后者需要研究者在分析有关材料的基础上制定初步的类目,进行前测,了解类目的信度和效度,并不断完善。

建构类目需要遵循三项原则:互斥性、穷尽性、同质性。

1.互斥性

所谓互斥性,指的是所有的类目都应使用同一个分类标准,同时每个分析单元能且仅能够归为某一个类目,如果有某个分析单元可以同时落入两个或多个类目中,那么这个类目就需要重新修改。例如,研究者分析电影类型的构成时,建立了如下类目系统:(1)动作片;(2)喜剧片;(3)科幻片;(4)爱情片;(5)动画片;(6)其他。在这个类目系统中,动画片显然与其他类别不属于同一个属性,动画片是以拍摄手法归类,而其他类目是以拍摄内容归类;另外,动画片可以同时属于其他电影类别,这就违反了互斥性原则。

2.穷尽性

类目建构的穷尽性原则指的是分类必须尽可能涵盖所有分析单元,使每一个分析单元能够归入相应的类目。如果研究者发现某个分析单元不能够归入建构的类目中,就需要增加或调整类目系统。如果发现了个别不寻常的分析单位,可以设置"其

① 苏林森:《被再现的他者:中国工人群体的媒介形象》,《国际新闻界》,2013年第8期。

他”类目，但是原则上，归入“其他”类目的分析单位必须小于总数的10%，反之，就说明现有的类目不符合穷尽性的原则。

3.同质性

类目的建构必须具有明确的界限，能够使编码员清晰地将分析单位归入某一个类目。如果某个分析单元既有可能归入A类目，也符合B类目的属性，那么就说明A和B两个类目的边界模糊，容易导致编码员在编码时混淆分析单元。所以，研究者要明确定义类别系统，保证分类的同质性，这有助于提升类目系统的可靠性，以便多位编码员在将分析单位归类时具有较高的一致性。

例如，对新闻媒体报道态度倾向的类目建构，只需要设置“中立”“支持”“反对”三个类别，即可满足上述三项原则。

类目建构完成后，研究者需要对选取内容进行编码，这个过程分为两步。

首先，研究者需要制作编码表，编码表的作用类似于调查法中使用的问卷，包含研究内容的变量、分类等各个要素。每个编码表对应着一个分类系统，每个分析单位都要通过编码的方式纳入某个类目里。

如表7-1所示，研究者将类目分为上述四个类别，通过对媒体所报道的内容样本进行检索，将报道中涉及的每一个分析单位都归入相应的类别中，这个过程就是编码。在“记录方式”里，分析单元前标记了数字序号；另外在“诉求情况”类目中，研究者示范了“是否型”编码，“是”（有诉求）标记为1，“否”（无诉求）标记为0，这些工作为后面的数据收集提供了便利。

表7-1　保健广告传播内容的编码维度及具体指标[①]

	类目	记录方式
保健广告传播内容	保健食品种类	1.改善生理机能；2.美容美体；3.养发护发；4.疾病辅助治疗；5.补充营养；6.改善肾功能；7.肿瘤癌症预防及治疗；8.风湿类；9.涵盖所有功能；10.其他
	境外信息	1.含有境外信息；2.无境外信息
	使用者指涉	1.儿童；2.青少年；3.中青年男性；4.中青年女性；5.中青年男女两性；6.老年人；7.老壮皆宜；8.老少皆宜；9.未指明适用年龄
	诉求情况	功效、情感、品质、价格、证言五种诉求，进行是否型编码，诉求之间不互斥，若有出现记为1，若无出现该诉求记为0

准备好编码表之后，第二步是培训编码人员。内容分析方法一般有2—3个编码

① 陈素白、高诗劼、熊烨：《广告镜像考察：转型期中国城市居民健康消费观念变迁——基于〈羊城晚报〉(1980—2013)保健食品广告的内容分析》，《现代传播》，2015年第8期。

员，有时研究者本人也参与编码。培训编码员是为了让他们理解每个测量指标的含义和类目系统的界定，通过多次的培训和实践联系，让编码员熟悉编码程序，掌握研究机制，确保编码员能够将操作化定义的分析单元准确地归入类目系统，减少因人工操作失误而导致的结果偏差。另外，研究者应向编码员提供指导手册，进行详细的编码说明，包括提供操作实施程序，准确的操作化定义和归类原则，帮助编码员在编码过程中遇到阻碍时有据可依。

最后是进行前测。通过前测，一方面可以考察编码表和所建构的类目系统是否适用，使研究者发现某个环节的不当之处，及时进行纠偏和完善；另一方面也可以让编码员熟悉编码过程，磨合编码员之间的默契，以便编码结果的一致性，提升编码员的信度。

（六）收集数据，进行内容编码

正式编码时，编码员根据编码表和指导手册，用量化的方式记录分析单元的所属类别。编码员要保留信息来源，如保存和复印报纸，拷贝电视节目等，以便编码员反复查阅样本。编码过程中，两位编码员应当各自独立进行编码；编码完成后，再进行核对，如果有编码不一致的地方，应当参考编码说明手册，检查操作流程是否规范，类目是否需要调整，与研究者积极协商，直到达成共识。

（七）分析数据，得出研究结论

编码员完成编码后，就进入数据分析部分。描述性统计方法最为常用，例如百分比、频数、均值、中位数等；复杂的数据需要用卡方检验、方差分析、皮尔逊（Pearson）相关性分析、因果分析等统计方法。

依据数据分析的结果，研究者可以得到研究结论。内容分析的结果是量化的，因此研究者需要解释数据分析结果的含义，如果研究问题还涉及传播效果，研究者就需要进一步解释数据分析结果与其他因素变量之间的关系。最后，研究者要以简单明了的方式（如研究论文、书面报告等）呈现数据和研究结论。

学者李明运用量化的内容分析法，选取2003年到2012年CSSCI新闻传播类期刊使用了量化的内容分析法的学术论文为研究对象，分析了国内的新闻传播学学术研究中的量化内容分析法的总体状况，他认为当前的量化的内容分析法运用还需要在以下几个方面进行改善和提升：首先要加强推论性的研究设计，2003年到2012年的国内使用量化研究的论文基本属于描述性研究，理论深度不足，缺乏先在的理论框架。其次，研究的规范性还需要提升。比如许多论文并未阐述编码设计方案；抽样方法不规范，没有使用概率抽样等；较多论文并未提及编码员信度检验等。[①]

四、内容分析法案例

本节选用路鹏程的论文《媒体自杀新闻的内容分析：一个精神健康传播的视角》（发表于《新闻与传播研究》2005年第3期）作为案例，讲解量化的内容分析法的操作步骤和运用技巧，总结量化的内容分析运用中容易出现的错误与偏差，引导同学们在案例分析与理解中掌握量化的内容分析法的使用技巧。

自杀是一个现代性问题，大量的数据显示，自杀率与社会的现代化程度具有相关性。在媒介化社会，媒体的自杀新闻报道也会影响公众对自杀行为的认知。因此，媒体有责任、有义务为公众提供正确的、符合社会伦理的自杀新闻报道，让公众对自杀行为具有正确的、理性的认知，培养公众热爱生命等人文情怀。路鹏程的论文《媒体自杀新闻的内容分析：一个精神健康传播的视角》的研究对象选择也即是基于这种社会责任，作者运用量化的内容分析法，对近年媒体的自杀议题的新闻报道总体情况进行客观、系统、量化的描述性总结，从精神健康传播角度分析当前自杀新闻报道存在的问题。

贝雷尔森在《传播研究中的内容分析》一书中提出"内容分析是一种对明显的传播内容进行客观、系统和定量描述的研究方法"。量化的内容分析法实施步骤包括提出研究问题，界定研究总体和研究范围，抽样，类目建构与内容编码，研究结论。

（一）提出研究问题

路鹏程在论文中提及合理的、正确的自杀报道有助于降低自杀率，可以有效地引导社会行为，提高精神健康水准。论文提出以下三个问题：

1. 自杀新闻内容表现形式的特征是什么？
2. 自杀新闻呈现的自杀特征是什么？
3. 自杀新闻报道的文本特征是什么？

（二）界定研究总体和研究范围

本文研究主要分析2000—2003年中的4月和9月之间《人民日报》（全国版）、《南方周末》、《新华日报》和《扬子晚报》关于自杀议题整篇新闻报道，该样本选取的类型从媒体选择及时间选择上分析。

① 李明：《定量内容分析法在中国大陆新闻传播研究中的运用——以2003—2012年CSSCI收录的新闻传播类来源期刊论文为例》，《新闻与传播研究》，2013年第9期。

1.媒体选择原因

从报纸的性质来说,样本涵盖了党报和都市报。《人民日报》(全国版)和《新华日报》属于党报;《南方周末》和《扬子晚报》属于都市报。

从报纸发行区域来说,样本涵盖全国性和地方性的报纸。《人民日报》(全国版)和《新华日报》属于全国性报纸;《南方周末》和《扬子晚报》属于地方性发行报纸。

从报纸发行周期来说,样本涵盖了日报和周报。《人民日报》(全国版)、《新华日报》和《扬子晚报》是日报;《南方周末》是周报。

综上,研究的样本代表了当时中国报纸的主要形态。因此,样本具有代表性。

2.时间选择原因

该论文发表时间为2005年。为了避免特殊事件和节日庆典对样本的干扰,因此选取了2000年到2003年的4月和9月。样本的时间选择体现了常态时间,更能准确反映媒体在常态时间对自杀新闻议题报道的总体情况。

(三)抽样

研究对象是媒体报道的自杀新闻,要求整篇以自杀为议题,排除只提及小部分自杀内容的新闻的不予搜集,且不包括政治性自杀、宗教性自杀、邪教性自杀等。在确定的研究范围内,根据研究目的以及需要回答的问题确定内容分析的样本。着重考虑选取的样本是否有参考价值,是否具有可行性等。在综合考虑后确定了211篇新闻报道作为研究样本(表7–2):

表7–2　各报不同年度自杀新闻样本数量分布表　(单位:篇)

报纸	2000年	2001年	2002年	2003年	合计
《人民日报》	2	2	0	1	5
《新华日报》	1	2	3	7	13
《扬子晚报》	33	57	33	61	184
《南方周末》	1	1	2	5	9
总计	37	62	38	74	211

(四)编码设计

通过对自杀新闻报道的内容分析,将其进行编码处理。根据三个研究问题,制定具体的编码表:

1.自杀新闻内容表现形式的特征

根据研究问题,确定了6个变量作为类目:议题内容、消息主要来源、报道类型、报道版面、报道篇幅、报道语气。具体编码表如下(表7–3):

表7-3　自杀新闻内容表现形式的特征编码表

变量名称	类目名称	内容编码
V1	议题内容	1=个案报道；2=预防和救治工作；3=自杀相关研究和知识的报道；4=社会活动；5=民众对自杀及自杀未遂者的态度；6=其他
V2	消息主要来源	1=警方；2=政府官员；3=专家及专业人士；4=社团组织成员；5=自杀者家人及朋友；6=一般民众；7=其他媒体；8=不可辨识或未交代；9=其他
V3	报道类型	1=消息；2=通讯、特写；3=深度报道，包括专访、调查性报道等；4=评论、述评；5=其他
V4	报道版面	1=头版；2=国内新闻版、要闻版；3=国际新闻版；4=本地新闻版；5=经济及科学教育、健康新闻版；6=体育、文化娱乐新闻版；7=社会新闻、综合新闻版；8=其他
V5	报道篇幅	1=200字以下；2=200—800字；3=800—2500字；4=2500—5000字；5=5000字以上
V6	报道语气	1=正面（同情、惋惜、怜悯）；2=中立或混合（中立；同情与批评并存）；3=负面（批评、谴责、嫌恶）

2. 自杀新闻呈现的自杀特征

根据研究问题，确定了6个变量作为类目：自杀行为的结果；自杀行为的发生地；自杀手段；自杀身亡及自杀未遂者的性别；自杀身亡及自杀未遂者年龄；自杀原因。具体编码表如下（表7-4）：

表7-4　自杀新闻呈现的自杀特征编码表

变量名称	类目名称	内容编码
V1	自杀行为的结果	1=自杀身亡；2=自杀未遂；3=不可辨识或未交代
V2	自杀行为的发生地	1=城市；2-农村；3=不可辨识或未交代
V3	自杀手段	1=火器或炸药；2=上吊或自缢；3=服毒；4=跳楼及其他坠高式自杀；5=溺水；6=割伤；7=多种手段，即使用了上述两种或两种以上自杀手段；8=不可辨识或未交代；9=其他
V4	自杀身亡及自杀未遂者的性别	1=男性；2=女性；3=不可辨识或未交代
V5	自杀身亡及自杀未遂者年龄	1=儿童与青少年；2=青年；3=中年；4=老年；5=不可辨识或未交代；6=其他
V6	自杀原因	1=精神障碍；2=夫妻矛盾；3=经济困难；4=情感受挫；5=身体疾病；6=家庭矛盾；7=工作、学习压力；8=人际关系危机及冲突；9=避责自尽；10=孤独寂寞；11=不可辨识或未交代；12=其他

3. 自杀新闻报道的文本特征

研究问题主要基于自杀新闻报道中失当现象进行归纳总结，确定了2个变量作为类目：自杀新闻报道失当的具体类型；自杀新闻中出现的失当情况。具体编码表如下（表7-5）：

表7-5　自杀新闻中具体报道失当类型编码表

变量名称	类目名称	内容编码
V1	自杀新闻报道失当的具体类型	1=描绘自杀细节；2=将自杀原因简单化、神秘化；3=采用煽情式、渲染式的报道方式；4=使用耸动、煽情的标题或标题与文内信息不一致；5=未提及自杀者对其家人及朋友造成的严重的伤害和心理创伤；6=传播其他有关自杀的错误认识
V2	自杀新闻中出现的失当情况	1=出现一项失当的新闻报道；2=出现二项失当的新闻报道；3=出现三项及以上失当的新闻报道；4=基本无失当的自杀新闻报道

（五）研究结论

基于对研究问题及所搜集数据的分析，得出结论。

1. 自杀新闻内容表现形式的特征

自杀新闻报道最多的两项议题为个案报道及自杀数据概况报道。媒体在采集新闻时多数依靠于警方和自杀者的家人和朋友，采用消息报道的次数居多。

自杀新闻出现最频繁的版面为社会新闻版，200—800字篇幅的新闻最多。而面对自杀，新闻媒体往往采取中立的态度，客观地反映事实。

2. 自杀新闻呈现的自杀特征

新闻中自杀者男女性别差异相差不大，男性与女性自杀身亡者的新闻数量比例为1.31∶1. 男性与女性自杀未遂者的新闻数量比例为1∶1.24. 而从自杀行为发生地的分布来看，城市的比重高于农村。

从年龄层面分析，自杀身亡及自杀未遂者人数年龄分布最多的在25—39岁的青年阶段。

在自杀新闻中自杀身亡者自杀原因前三项为：避责自尽，恋爱受挫和工作、学习压力，精神疾病。其采取的自杀方式最多的是服毒自杀。

3. 自杀新闻报道的文本特征

大多数报道存在失当的自杀新闻，出现最多的失当类型为：未提及自杀者对其家人和朋友的伤害。媒体往往只注重对新闻的及时报道，对新闻的真实性，以及新闻传播后受众的精神健康并未作严谨合理的考究。

（六）结束语

《媒体自杀新闻的内容分析：一个精神健康传播的视角》一文运用量化的内容分析法，选取2000年到2003年《人民日报》《南方周末》《新华日报》《扬子晚报》为研究样本，对自杀新闻报道的总体情况进行了客观、系统的描述性研究，较为完整地呈现了2000年到2003年自杀新闻报道的形式特征和自杀新闻报道自杀行为特征，较为准确分析了自杀新闻报道所存在的新闻伦理失范问题。总体来说，此文的量化内容分析法使用规范。但还存在一些小问题：

1.编码设计的互斥性

量化的内容分析法的编码（或者类目）设计原则是：首先，要体现出编码的结构性，即编码能够完整呈现媒介内容的总体特点。此文设计的自杀新闻报道的形式特征和自杀新闻呈现的自杀行为特征能够完整呈现媒介内容，这一点，这篇论文的编码设计很成功。其次，编码的互斥性，即编码之间的逻辑关系应该是并列的，而不能是包含关系。此文的部分编码还存在包含关系，比如，“自杀新闻内容表现形式的特征”的“报道篇幅”和“报道类型”有重复性。编码“报道类型”属于新闻文体的分类。按照新闻文体，作者设计“报道类型”编码的赋值为消息、通讯、特写等，这些文体都有一定的字数规约。因此，本文可以删掉“报道篇幅”这个编码。

2.研究的信度检验

量化的内容分析法作为实证研究方法，研究的信度和效度检验是一个很重要的环节，它直接影响研究结论的科学性。量化的内容分析法的研究信度检验主要体现在编码员之间的信度，该论文没有明确表述编码统计过程，以及编码员的信度问题，这是量化的内容分析法使用规范性的硬伤。

思考题

1.适合运用量化的内容分析法的选题有哪些？

2.设计一个适合运用量化的内容分析法的选题，做一个研究设计，重点考虑研究假设、样本选取方法、编码设计方法。

第二节 社会调查法

社会调查法(social survey)是社会学的一种传统的资料收集方法。西方现代的调查来源于古时候各种形式的人口调查,调查各个地理区域内的全部人口特征。19世纪90年代到20世纪30年代,西方的社会调查发展成为现代的量化的调查研究和质化的实地研究。[①]1920年3月,毛泽东给周世钊的信中就说:"吾人如果要在现今的世界稍为尽一点力,当然脱不开'中国'这个地盘。关于这地盘内的情形,似不可不加以实施的调查,及研究。"[②]1927年3月,毛泽东的《湖南农民运动考察报告》出版。共产国际的机关刊物《共产国际》随后转载了《湖南农民运动考察报告》,当时英文版的编者按说:"在迄今为止的介绍中国农村状况的英文版刊物中,这篇报道最为清晰。"[③]1927年1月到2月,毛泽东在湖南进行了实地考察,"我这回到湖南,实地考察了湘潭、湘乡、衡山、醴陵、长沙五县的情况。从一月四日起至二月五日止,共三十二天,在乡下,在县城,召集有经验的农民和农运工作同志开调查会,仔细听他们的报告,所得材料不少。"毛泽东早年就形成了非常严谨的调查研究工作风格,把它作为了解中国,改造中国的起点。因此,社会调查法也是了解社会的主要渠道。传播学的社会调查法主要运用于传播者、受众或者用户、传播效果研究。

一、社会调查法的定义与类别

社会调查法是由研究者或者研究机构组织实施,收集和分析传播信息,以考察和研究传播现象的认识活动。按照资料收集方法,社会调查方法可以分为实地考察法、访谈法、问卷调查法。

实地考察法是要求研究者置身于调查对象的场域,通过对调查对象的近距离直接观察,达到社会调查的目的。根据调查员与调查对象的行为关系来说,实地考察法可以分为参与式观察和非参与式观察。参与式观察是指调查员加入到调查对象的生活、工作现场,以"局内人"身份对调查对象的生活和工作情况进行集中考察的方法,在考察过程中,调查员与调查对象可以有一定的互动。非参与式观察是指调查员与

① 劳伦斯·纽曼:《社会研究方法:定性和定量的取向(第五版)》,郝大海译,中国人民大学出版社,2007年,第333-334页。

② 中共中央文献研究室、中共湖南省委《毛泽东早期文稿》编辑组:《毛泽东早期文稿》,湖南出版社,1990年,第474页。

③ 陈金龙:《湖南农民运动考察报告》的历史作用与现实启示,http://dangshi.people.com.cn/n1/2017/0222/c85037-29098255.html。

观察对象完全不接触,调查者在远离观察对象的位置进行观察,被观察者不知道他们处于被观察的状态,因此,被观察者的行为基本处于自然状态。由于媒介技术的发展,人们的生活形态开始转向媒介化的生存,因此,实地考察法开始从现实的物理空间转向数字的网络空间,网络民族志方法也成为互联网时代的实地考察法的另外一种形式。

访谈法是调查者与受访对象面对面或者通过媒介进行交谈,以获取研究资料。按照访谈的形式,可以分为结构式访谈、半结构访谈和开放式访谈。结构式访谈是按照一定的程序和访谈提纲,通过与调查对象进行交流获取研究资料,结构式访谈要保障与每一位访谈对象的访谈程序、访谈内容的一致性。半结构访谈,访谈之前只需要拟出访谈问题的基本框架,访谈者在交流对话中获取所需要的信息。开放式访谈,调查者围绕研究主题与受访对象进行自由交流以获取研究资料。

问卷调查法是研究者根据研究问题预先设计好调查问卷,通过受访对象对调查问卷问题的信息反馈情况获取研究资料。根据问卷的形式和内容,问卷调查有开放式问卷调查和封闭式问卷调查。

按照调查资料获取的方法与途径,社会调查法有实地考察法、访谈法、文献研究法、问卷调查法等形式,研究资料获取的方式在很大程度上决定了研究的取向,一般来说,实地考察法、访谈法往往是质化的研究取向,这些方法在前面的质化的田野研究章节已经做了介绍。文献研究法、问卷调查法往往是量化的研究取向。本节主要讲述量化取向的问卷调查法。

二、调查法的历史及其应用

调查法是通过严格的抽样和问卷设计来收集社会现象的相关数据,记录受访者的反应,并用来探索多个变量的占比以及它们互相影响情况的研究方法。它非常适合对大量人群进行描述性和解释性研究,因此也是量化研究中最常用的方法。这些数据在经过软件(如Excel、Stata、SAS和SPSS等)分析后,可以帮助研究者了解人们的认知、行为、态度、信念,甚至可以预测未来的发展趋势。

根据ICPSR[①](Inter-university Consortium for Political and Social Research,校际政治与社会研究联盟)的分类,调查法主要应用在以下领域:人口普查,社区和城市研究,冲突、侵略、暴力和战争,商业行为和态度,教育,权力和领导力,地理和环境,政府架构和政策,医疗服务及其设施,教学法,国际秩序,立法和审议机关,大众政治行为和

① 参见网址:https://www.icpsr.umich.edu/icpsrweb/。

态度,组织行为,社会指标,社会制度和行为。

调查法有着悠久的历史。古罗马人为了方便收税就曾使用它进行过人口普查。现代的调查法则最早起源于英国。社会学家查尔斯·布斯(Charles Booth)从1886年开始对伦敦百姓的生活和工作进行调查,并在1893年首次公布了他的研究报告。当时,查尔斯试图用客观的数据来提醒人们关注伦敦的贫困现象,进而推动社会改革。他的研究报告主要涉及了人们的居住情况、生活标准、工作时间、子女数量、健康情况和收入等。

在美国的传播学研究历史上,美国学者经常将调查法应用于总统选举的预测。20世纪20、30年代,《文学文摘》曾是这方面的佼佼者,它曾经连续五次正确地预测了选举结果。《文学文摘》杂志的调查思路是:受访者越多,结果就越准确。因此在1936年大选前,《文学文摘》根据当时美国的电话号码簿和俱乐部会员名册发放了1000万份调查问卷。然而这次的调查结果居然没能预测罗斯福获胜,1938年《文学文摘》也被竞争对手《时代》周刊所兼并。

与《文学文摘》的失败相对应,数学家乔治·盖洛普(George Gallup)凭借着一项仅3000人的调查,就准确地预测了罗斯福的获胜。《文学文摘》错在哪里?乔治·盖洛普成功的秘诀又是什么?1936年的美国,电话远没有普及到每家每户,而且在经济上负担得起俱乐部的家庭也不是很多。所以《文学文摘》声势浩大的调查并没有覆盖并代表美国社会各个阶层的意见,导致其样本的代表性误差较大。此外,虽然发出了1000万份问卷,但实际上只回收了240万份,也就是说绝大多数受访者的意见无从知晓。反观盖洛普的调查,他运用抽样原则,按照年龄、性别、教育程度和肤色等标准抽取了3000个受访者。这个样本数量虽然小,但是却带有较高的代表性且覆盖面较广,因此以远远低于《文学文摘》调查的样本量就准确地预测了选举结果。

这个案例再次提醒研究者:调查法绝不是简单的发放问卷和统计分析,而是由研究设计、抽样、问卷设计、问卷发放和回收、数据分析等多个部分有机组合起来的,任何一个环节的失误都会导致整个调查研究的失败(图7-1)。

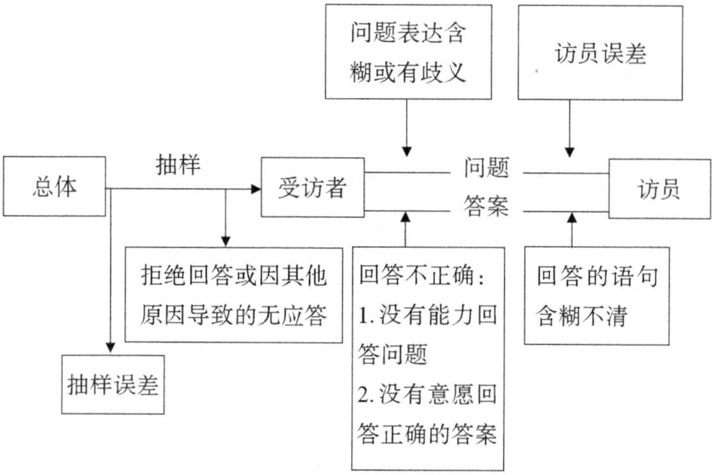

图7-1　调查法误差的来源①

Alain Pinsonneault和Kenneth Kraemer②认为调查法具备以下几种特性：首先，调查法从总体当中抽取部分样本作为受访者，采用问卷形式获取数据，在对问卷中的变量进行分析后，便可以通过较少的变量了解较多的现象。其次，调查法的结论具有决定论的意义，研究者需要阐释数据来源、特点及关系，并且拟定至少一个研究假设，最终通过统计来检测假设的真伪。再者，调查法探寻的是具有普遍性的事实，并不在乎某一个个案或特殊情况，因此调查法不仅可以描述样本，也可以反映出其所在的总体的特性。最后，调查法必须是可以被反复验证的。

三、调查法的优缺点

调查法的优点有以下几个：

（1）调查法具有较高的外部效度和信度。基于概率抽样法所抽出的样本，可以较好地反映出总体的特征，因此其外部效度（即概括性和泛化性）较高。此外，在调查法的实施过程中，研究者可以较好地进行控制和干预，这样就不容易发生计划之外的突发情况。另外，调查法非常强调标准化，问卷上的问题也都是提前制定好且经过特殊安排的，因此问卷的题目和形式较统一。再加上可以采用前人研究中已经被验证过

① Kumar Vineet, David Aaker and George Day., Essentials of Marketing Research (PennWell Books, 2008),p.311.

② Pinsonneault Alain and Kenneth Kraemer.Survey Research Methodology in Management Information Systems: An Assessment.Journal of management information systems,1993,10(2): 75-105.

的问卷,从而提高研究的信度。

(2)调查法效率高。调查法只需要相对很少的样本,就可以得出关于总体的特点。不管是使用访员入户调查,或是让受访者自行填答问卷,都比进行深度访谈或焦点小组简单。此外,调查法所用的问卷中不可能包含很多变量,因此在制作、控制和分析时比较节省人力、时间和经费。通过邮寄、电话和互联网等方式,调查法可以打破时空限制,在广阔的范围和较短的时间内,对大量受访者同时进行数据收集。

(3)调查法比较灵活。调查法可以和其他质化、量化研究方法混合使用,从而得到更加丰富的数据。例如,研究某个微信公众号的传播效果,那么可以首先使用质化研究方法(如深度访谈和观察法等)来了解公众号运营人员的内容制作和传播策略。然后再用调查法收集此公众号用户的行为和态度。最后将两种方法所得的结论进行对比分析后,即可对其传播效果有更加全面的了解。

(4)调查法拥有学术伦理优势。大部分调查并不需要受访者提供过多的个人信息,因此受访者对此类研究的抵抗心理就比较弱。这样收集而来的数据能够更好地反映出受访者的真实想法和感受。

调查法的缺点则主要集中在以下几个方面:

(1)调查法过于依赖抽样框的选择。只有拥有精确的抽样框,才能保证调查法结论的代表性。但在实际操作中,有时很难获取精确或最新的抽样框(例如在进行电话调查时,难以保证作为抽样框的电话号码信息是最新的)。

(2)调查法难以回答"为什么"。通过调查法可以知道人们在做什么以及怎么做,但是却不能告诉我们为什么(尽管调查问卷中可以设置开放型问题,但是所得到的信息依然匮乏且不够深入)。换句话说,研究者难以了解受访者的动机、认知能力、周围环境或特殊情况等。①

(3)受访者的偏见和不配合会影响调查法的结果。调查法数据的品质很大程度上取决于受访者的合作意愿以及其个人能力。有时受访者可能会带有偏见地进行回答,隐瞒真实的情况,或者故意给出错误的答案。有时受访者可能自己也忘记真实的情况是什么,所以会胡乱作答(例如问题"您最近一周内浏览了几次微信朋友圈",人们就很难准确地回忆起具体的次数)。因此研究者必须要在问卷设计和数据清洗时思考受访者答案的可靠性和真实性。

(4)调查问卷的固有问题。首先,调查问卷多是采用文字或图表的形式,如果设计不合理,会使得受访者难以理解问卷内容。如果再得不到相关说明,受访者很有可能会随意填写答案。其次,调查问卷所收集的都是数字化的答案,无法获得受访者声

① Groves Robert et al., Groves et al., Survey methodology (John Wiley & Sons, 2011),p.59.

音、图像或肢体语言等所传达的信息。最后,问卷内容受篇幅所限,不宜过长或太复杂,因此得到的数据不会太详细、深入。

在各种量化研究方法中,因为调查法的操作相对简单,所以在研究中比较常见。但是任何一种方法都有其优缺点,因此研究者在动笔之前必须要确定研究的目的和问题是什么,以及期望从研究中得到怎样的结果,然后考查不同研究方法的优点和不足,扬长避短。世界上没有完美的研究方法,只有最适合某个议题的研究方法。

四、调查法的数据收集方式

1.面对面访谈

调查法的数据收集方式大致可以分为四种,分别是面对面访谈、电话访谈、邮件问卷以及互联网问卷。接下来本节将依次介绍这些方式的应用、注意事项和优缺点。

面对面访谈是指访员直接接触受访者(如到受访者家中、办公室、商场或车站等)并进行问卷发放、询问问题并记录回答。这种方法比较适合以下几种情况:当要求的样本数量不是很多,或者样本所处的地理位置比较集中时;问卷较长、问题复杂或者有大量跳题时;以及开放题较多时。

面对面访谈的优势首先是当访员直接面对受访者时,可以对受访者产生压力或刺激,使其觉得有人在期待回答并乐意倾听,因此应答率较高(前提是访员访谈的态度和方式正确)。而且如果受访者不在家或者由于某些因素面见不成功时,访员可以再换一个时间拜访。

其次,面对面访谈可以较好地保证样本的正确性。面对面访谈需要相对精确的抽样框,如户籍材料或人员名单等。这些材料中一般都含有受访者的姓名、性别和住址等信息。访员在访谈过程中可以确认回答者是否是受访者本人,清晰地看到受访者的反应,并观察受访者是否认真地、诚实地给出答案。而且即便没有合适的抽样框,访员也可以灵活地到达某个特定的区域去精确地寻找需要访谈的对象。

再者,面对面访谈对问卷设计的限制较少。得益于访员的解释和协助,受访者可以更加清晰地了解问卷的内容。再加上访谈的时间比较宽裕,问卷可以设计得复杂或长一些,以便更加深刻地探索问题。另外,访员的监督可较好地保证问卷的完成度和有效率。

面对面访谈的缺点首先是其成本较高。由于问卷比较长,所以在设计时就需要投入更多的时间和精力。另外,面对面访谈需要大量访员,为了保证研究的信度和效度,在访谈开始前要对访员进行相关的训练,包括熟知问卷内容、访谈礼仪、语术以及编码和录入数据等。除此之外,研究者还需要保证访员的人身安全,要训练访员如何应对突发状况,例如在遇到难缠或有威胁的受访者时要怎么办。

另一个缺点是地理限制。每个访员可以覆盖的区域比较小,因此面对面访谈不太适合针对长期的以及对偏远地区的样本进行研究。另外,在开放型区域进行的访谈,受访者的匿名性会增加回访的难度,例如在商场或车站等进行面对面访谈后,就很难再次回访到样本。

最后是访员的行为可能会造成样本和测量的误差,包括访员的性格(比如内向型的访员在沟通效果上可能有所不足,从而难以深入地了解受访者),访员接受培训的程度和工作经验,访员面对研究的态度(比如消极怠工),以及访员的造假行为(比如没有按照规定的抽样框去访谈或自行填写问卷等)等。

综上所述,面对面访谈成败的关键之一在于访员的素质和表现。因此在挑选访员时,应该首选性格外向、有耐心并且对研究抱有高度热情的人。在培训时,第一步就是要让访员了解研究的每个细节,并熟知问卷的内容,以便更好地给受访者进行解释和指导。

和质化研究一样,面对面访谈的访员也必须要和受访者建立起良好的关系,即双方要保持足够的信任和了解。首先,为了给受访者留下良好的第一印象,常用的方法有:访员的着装和举止需得体,并且告知来意、所属单位、出示证件或证明以及最重要的——告知受访者"此次访谈不会耽误您太多时间";二是让受访者相信接下来的访谈是愉快的,并且不会对其产生任何精神上的负担;三是让受访者了解自己在研究中的角色,并使其相信他的回答对这项研究是至关重要的;最后是告知受访者此次访谈是私密的,所有信息只供研究所用,不会向外泄露或作他用。

在接触受访者或访谈过程中,对方有可能有事需要离开,这时候访员应该尝试礼貌地询问是否可以安排其他合适的时间。如果指定受访者不在(多出现在入户访谈时),访员同样需要礼貌地向户内其他人说明来意并询问受访者何时归来或有空,因为他们对访员的印象有可能会影响到约访的成功率。

当对方得知来意并同意开始访谈后,访员需要以研究为中心,引导受访者完成问卷。在此过程中,如果受访者有不懂的地方,访员应该耐心予以解释。访员所说的话要保持客观中立,不可以出现引导性语言。另外,适当的闲聊有时候可以增进双方的关系,但是访员要注意不可过度跑题,如果受访者岔开话题,需要及时地将其拉回到访谈中。

除了上述的访谈策略外,访员还需要掌握一些增加访谈成功率的技巧。例如,做一个耐心的聆听者,并对受访者的回答给予一定的反馈;采用期望和犹豫的语言或肢体动作刺激受访者回答;重复受访者的回答,这样既可以让受访者保持注意力,也可以让其确认将要记录的答案是否正确或者是否还有所补充；为了获得更加有深度的答案，需要多问为什么；即便有录音笔，也要尽快、尽多地把回答记录下来，尤其是受访者回答中的关键性词汇，以及肢体动作或语气等；访谈结束后不要忘记询问并记录受访者的意见。[①]

2.电话访谈

电话访谈一般是以某个地区内的电话号码簿作为抽样框，以家庭或个人作为抽样单位的访谈方式。它比较适合区域型的调查研究，其问卷不能太长或太复杂。此外，电话访谈还适合经费不是很多，并且需要快速了解某个事件时使用。

电话访谈的优势首先是节约时间，并且成本比面对面访谈要低。一般来说，完成一份电话访谈的问卷大约需要10分钟，电话访员不需要像面对面访员那样来回移动，所以能在短时间内收集较多的问卷。另外，电话访谈一般是以家庭为抽样单位，访谈时间多是在晚上和周末等受访者在家的时候。所以不必像面对面访谈那样招募专职的访员，而是可以运用兼职访员，大大降低成本。

其次，电话访谈的操作比较灵活。例如在选取样本所在的地理位置方面，理论上任何通电话或有手机信号的地方都可以进行电话访谈。此外，由于是即时沟通，电话问卷可以较为灵活地设计跳题和开放题等。并且，由于联系方式及对象确定，因此回访方便。但是需要注意的是，在对电话号码进行抽样前，必须先把非家庭或非个人的号码剔除掉，如商铺、银行或公司的号码等。

第三个优点是得益于电脑技术的帮助，电话访员相比面对面访员更加容易管理，也能更好地对其进行监督和评估。例如，当使用电脑辅助电话访问系统（Computer-assisted Telephone Interviewing，简称CATI）时，研究者可以实时听到每个访员的通话情况。此外，访员的拨打记录、通话录音以及问卷完成时间等信息还会被存在服务器内，方便研究者随时调取已完成的问卷进行检查。这样一来，任何形式的怠工和欺骗行为都可以被轻松发现。[②]

电话访谈的缺点首先是在抽样时可能会出现涵盖误差（Coverage Error）。例如电话号码信息更新不及时而出现的缺漏情况；并不是每家每户都有固定电话；还有些家庭或者个人拥有超过1个电话或手机号码。

---

① Nardi Peter M, Doing Survey Research: A Guide to Quantitative Research Methods (New York: Routledge, 2018), pp.77–78.

② 检查问卷完成所用的时间是CATI系统中常用来判断问卷是否有效的方法。例如，理论上完成一份问卷需要大约10分钟，但是系统显示某份已完成的问卷只用了3分钟，那么此问卷造假的概率就很高。

其次,电话访谈时无法看到受访者所处的环境,这就导致难以确定接电话的是不是想要访谈的样本。同时,由于无法看到受访者的表情和动作等,在沟通时也可能出现相应的障碍(在沟通效果方面,面对面访谈是最好的调查方式)。此外,如果访谈内容涉及敏感或隐私问题,访员也很难察觉受访者是否在认真回答。

再者,电话访问的失败率较高。面对面访谈时,访员可以提前准备小礼物以吸引受访者参与研究。但在电话访问中,由于缺乏相应的激励措施,所以受访者可能会因为不耐烦而中途退出。另外,电话访谈的问卷有很严格的时间限制,一般来讲一旦超过10分钟,访谈的失败率将大大提高。因此电话访谈难以在短时间内和受访者建立起较好的关系,这也间接地增加了访谈失败的可能性。其他失败的原因还包括:受访者不在家、怀疑是电话诈骗或推销等。

随着技术的发展,基于纸和笔的传统电话访问已经很少使用。接下来,本书以某CATI系统为例,简单介绍其功能与特点。CATI系统的工作环境一般由督导室和访员室两部分组成。督导室内有用来监听和查看问卷的监控电脑,以及用来储存电话号码、分配样本以及保存录音等数据的服务器。访员室内则会给每个访员配备一台电脑和一部电话,在采访时,访员将屏幕上的问卷内容念给受访者,然后实时将回答录入电脑。

对访谈项目负责人或督导来说,CATI系统不但可以帮助他们省下纸质问卷的印刷费用,还可以通过检查成功答卷的时长和审核录音等方式便利地监督和管理访员。在提前设置好的电脑逻辑下,CATI可以检测答案的一致性和正确性(例如答案是否在规定的取值范围内),同时可以避免提问顺序不对、跳题和漏题等错误。由于数据是自动存入服务器的,省去了录入和校验的过程,并且CATI还可以方便地将问卷数据生成Excel、SPSS等格式(图7-2)。

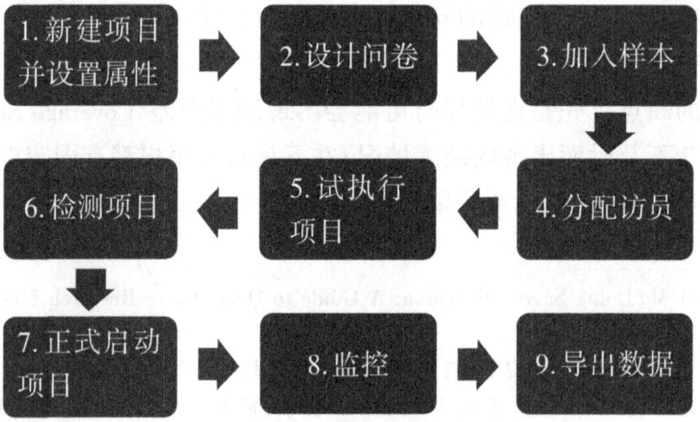

图7-2　CATI系统的基本工作流程

CATI对访员的要求不是很高，而且得益于电脑的帮助，访员的培训时间、劳动强度和犯错概率也会大大下降。CATI支持对电话号码进行随机和分层等抽样，并且依照访员的特长或语言能力（例如外语和方言等）分配不同的样本。对异常结束的通话，CATI提供了多种选项以精确地记录其原因，方便访员随时检讨并改变访谈策略，这些选项有：拒绝访问、调查对象不在家、心理或智力上不能接受访问、语言问题、再次约访、占线等。

3.邮件问卷

邮件问卷适合预算和人力比较有限的研究。[①]邮件问卷的题目一般不是很多，结构相对简单且容易理解。在寄出问卷时，一般还会辅以"激励"物品，如代金券、折扣券等来增加受访者的回复意愿。

邮件问卷的优点首先是成本低，并且空间限制小。无论面对面访谈还是电话访谈，都需要招募和培训访员，并且在实施过程中还需要加以监督，而邮件问卷一般只需要找几个帮忙将问卷装进信封的工作人员即可。此外，邮寄服务作为一种古老但极为普及的通信手段，使得研究者不用过于在意受访者所处的地理位置（如果是电子邮件问卷，则人力和经济成本更低）。

邮件问卷还能较好地保护受访者的隐私，因此更适合处理敏感问题。邮件问卷的发起者和受访者没有直接接触，其匿名性不仅可以降低受访者的抵抗情绪，还能减少"访员效应"的出现，即由于访员的特点、语言和访谈技巧而导致的偏差。邮件问卷还适合用来寻找平时难以接触到的样本，例如听说能力障碍者、少年犯和吸毒者等。[②]

最后，邮件问卷对受访者的回答时间没有限制。受访者可以在任何他们方便的时间回复问卷，这就使得受访者可以有充足的时间去思考如何回答，甚至可以去查询一些相关资料，从而研究者能够获得更加精确和深入的答案。

邮寄问卷最大的挑战是回收率。邮件问卷需要受访者将完成的问卷寄回给研究者，人们或许因为时间（去趟邮局）、金钱（邮资）或其他原因而对邮件问卷视而不见。即便是电子邮件问卷，也有可能被受访者怀疑是诈骗邮件或被电子邮箱的邮件过滤系统清除而导致回复率较低。此外，邮寄问卷给了受访者充足的时间便利，所以难以

① 由于邮件问卷和电子邮件问卷在设计和实施方面比较相似，因此本书将这两种方法统一归类于"邮件问卷"。

② Deakin Hannah and Kelly Wakefield. Wakefield, "Skype interviewing: reflections of two PhD researchers," Qualitative Research 14.5 (2014): 603–616.

控制其回收日期。[①]因此邮件问卷显然不适合用于短平快的研究项目。

其次,由于缺少访员的协助,邮件问卷上的某些不精确的语法或用词可能会使受访者产生误解。同时,如果样本没有读写能力,则会进一步降低问卷的质量和回收率。研究者无法确认回复问卷之人是否就是样本本人。同时,研究者也难以保证填写的问卷答案究竟是受访者本人的真实想法,还是受他人影响而做出的回答。

最后,传统邮件问卷难以控制回答顺序。由于受访者是可以看到整份问卷的,如果受访者在回答前就阅读了全部问卷内容,就有可能导致"顺序效应",即看了排在后面的问题后,影响了对排在前面的问题的回答。[②]

由此可见,如何增加回收率是实施邮件问卷的重中之重。接下来,本书将简要介绍增加回收率的注意事项。首先,最有效的方法是准备"激励"物品,包括金钱激励,如代金券(可以随信寄出,也可以承诺完成问卷后给予);以及非金钱激励,如贴纸和书签等。[③]在信封里附上邮票和信封(信封上的邮编、回件地址和收件人姓名要提前填好)。在问卷的封面信(Cover Letter)中使用打动人心的语言,强调问卷的纯学术性(如告知本研究是由某大学或研究机构承办的),并且注明研究者的姓名、联系方式、工作单位等信息以获取受访者的信任。研究者可以在正式开始研究前提前通知选定的样本,使其有心理准备。并且在研究过程中随时跟进(Follow-ups)问卷的回收进度,即如果一段时间内没有收到回复,则再发一次邮件作为提醒。邮件问卷的寄出时间也很重要,一般来讲需要避开重大事件或节日庆典,这样可以保证受访者在填写问卷时保持平静的心情和态度。除此之外,研究者需要牢记问卷的长短、格式甚至所用纸张都会影响到回收率(图7-3)。

---

① Burns and Edgar, "Developing Email Interview Practices in Qualitative Research, "Sociological Research Online 15.4 (2010): 1-12.

② Bowden Chandra and Sebastian Galindo-Gonzalez. "Interviewing When You're Not Face-To-Face: The Use of Email Interviews in a Phenomenological Study, "International Journal of Doctoral Studies 10 (2015): 79-92.

③ Birnholtz Jeremy. et al. "The Effects of Cash, Electronic, and Paper Gift Certificates as Respondent Incentives for a Web-Based Survey of Technologically Sophisticated Respondents, "Social Science Computer Review 22.3 (2004): 355-362.

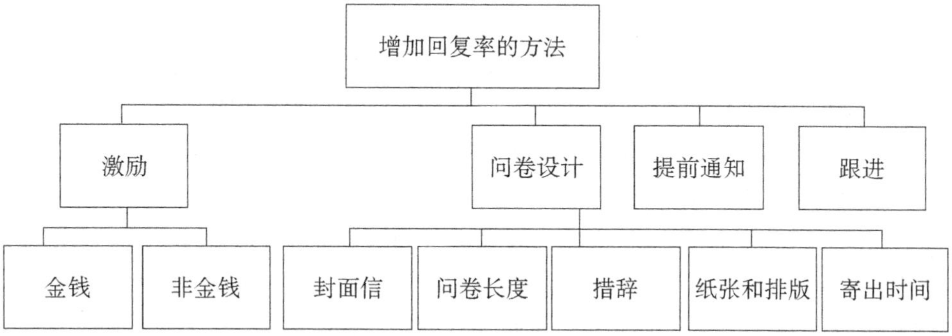

图7-3　增加邮寄问卷回复率的方法

4.互联网问卷

根据中国互联网络信息中心(CNNIC)的第45次报告,截至2020年3月,我国互联网普及率达64.5%,网民数量已经达到9.04亿,其中通过手机上网的网民高达99.3%。与智能手机和移动互联网普及相对应,互联网问卷在调查中的使用概率也在逐渐增高。

互联网问卷适合网民和知识水平较高的青年群体,其最大的特点就是"灵活性"。和前文中提到的方法不同,互联网问卷没有固定的形式和载体,一切可以联网的终端和应用都可以用来传播和收集互联网问卷。相对于其他方法,互联网问卷的花费较低,因为它几乎不需要访员、打印,也不会受到时间和地域的限制。问卷的数据由后台自动收集并生成文档,无需研究者自行输入,大大减少了错误出现的概率。互联网问卷载体的多媒体功能使得问卷的表现形式不仅仅是文字和图片,还可以加入音频和视频,从而扩展问卷的内涵和功能。网络的匿名性也使得受访者更加自由地表达自己的想法,从而有利于进行敏感或隐私问题的研究。此外,借助互联网可以较容易地扩大样本数量,从而降低抽样误差并增加结论的正确性。

互联网问卷最为诟病的是:电脑和手机的普及率、互联网用户与实际人口的差异以及抽样框的建立等问题都使得其样本的代表性难以保证。其次,互联网问卷不适合年龄较大、非网民以及教育水平较低的人群。和邮件问卷类似,互联网问卷的回收率也比较低。最后,受访者可能会反复提交问卷(为了获得抽奖或奖励金)。

虽然互联网问卷也有着各种各样的缺点,但随着互联网及相关技术的普及和发展,依托互联网进行调查是一个不可阻挡的趋势。经过精心的研究设计,互联网问卷可以克服绝大多数问题,成为学术研究的好帮手。例如,如果一项研究需要同时涉及网民和非网民,那么可以使用混合研究方法,即同时使用两种或以上的调查方法进行数据收集。许多调研网站都可以提供用户回答问卷时的IP地址,通过查重这一简单操作,可以很容易地找出那些反复提交问卷的人。在解决抽样框的问题方面,研究者可以联系所研究群体的意见领袖、群主或公众号运营者等,并通过他们帮忙散发问卷。这样既解决了抽样框的问题,也从侧面提高了样本对问卷的接受度。

总之,有两个因素影响了互联网调查质量:首先是不能偷懒。虽然互联网问卷相对简单易行,但是如果研究人员为了省时省力,随意将问卷上传到某些调研网站上,然后委托网站代为收集数据。这样一来抽样框和抽样几乎无从谈起,遑论其研究结果的可信性。其次,研究者需要考虑如何利用自己的“关系”并活用身边的“资源”。可以毫不夸张地说,无论是质化还是量化研究,打造并维持“关系”是保证研究质量最重要的因素之一。

五、问卷结构

一份问卷一般由三部分组成:卷首语、问卷内容和致谢语。首先,卷首语放在问卷最前面,用以介绍研究内容、说明问卷目的、回答方法(在有特殊题型的时候)以及研究者/机构信息等。完整的卷首语可能包含以下几个细节:问卷题目、自我介绍、研究内容及其重要性、请求受访者合作、资料保密、问卷返还的方式和时间、研究者/机构的联系方式等。卷首语的核心目的在于让受访者降低戒备心,从而放心地回答问题。因此,需要强调研究的重要性、受访者协助的必要性以及对个人信息的保密性。

卷首语模板

关于××××××××的问卷调查

尊敬的受访者:

您好!我是××大学××级××专业的研究生,十分感谢您能抽出宝贵时间完成此问卷。此次调查是关于××××,其目的在于提升/促进/解决/提供××××××××。本问卷共有××道问题,约需占用您××分钟时间。所有选项均无对错之分,请您按照实际情况或感受填写即可。

本次问卷采取匿名填写方式,仅用于学术研究,无任何商业目的。您填写的信息将严格保密,不会向外公开或发表。如您对本次调查有任何疑问,请拨打电话××××××××,或发送电子邮件至××××××××。再次感谢您的支持和配合!

研究者:×××

导师:×××

××××年××月××日

其次是问卷内容。问卷中的问题一般可以分为开放型和封闭型问题两种。开放型问题没有固定的答案选项，受访者可以按照自己的想法对问题进行解读并作答。开放型问题常被用于当研究者想要得到关于某个议题更加深刻的解答时，或者研究者对某个议题还不是很清楚并且难以给出明确选项的时候。[①]虽然开放型问题可以丰富问卷的细节，但是大量非标准化的答案会增加研究者的分析难度。此外，如果开放型问题过多，可能使受访者产生倦怠情绪，从而中断回答问卷。

封闭型问题则需要受访者从一系列已经给定的答案中做出选择。[②]封闭型问题的答案大致可以被分为三种。[③]第一种是按照某种逻辑顺序（如李克特量表）排列的答案（即定序和定距变量），如对某一意见同意的程度。这样的封闭型问题最容易回答，也最容易被分析，因此是设计的问卷中的首选问题类型。第二种是没有顺序的答案，要求受访者从众多答案中选出最符合自己的实际情况的那个（即定类变量），如您的民族、职业和喜欢的电视节目等问题。研究者需要注意，制作这种问题时需要尽可能列出受访者可能选择的选项。第三种是半封闭型答案，这类问题不但拥有多个已经提前给定的答案，而且还有一个"其他"选项：当受访者发现已有答案都不够准确时，就可以在这里填上自己觉得合适的答案。

开放型和封闭型问题

开放型问题：

1. 在使用某社交媒体时，您在何种情况下会觉得很解压？

____

2. 您觉得某公众号应该在几点钟推送信息？

____

① Salant Priscilla, Dillman and Don. A. Dillman, How to Conduct your Own Survey (John Wiley & Sons, 1994),p.168.

② Tichenor Veronica Jaris and L. J. Mcintyre, "The Practical Skeptic: Core Concepts in Sociology, " Teaching Sociology 27.3 (1999): 301.

③ 封闭型问题有多种分类方式，例如可以按照其功能分为：描述和评价人、地点或事件的问题；测量对意见、分析和提议的看法的问题；测量知识的问题。还可以按照其特点分为：人口统计学问题、筛选型问题、询问态度型问题、强制回答型问题、非强制回答型问题。

封闭型问题：

1. 我愿意把某类信息分享到我的微信朋友圈。

○ 非常不同意 ○ 不同意 ○ 中立 ○ 同意 ○ 非常同意

2. 您的学历是？

○ 小学或以下 ○ 初中 ○ 高中 ○ 专科 ○ 本科 ○ 研究生及以上

3. 您是从什么渠道知道某公众号的？

○ 朋友圈转发

○ 其他公众号推荐

○ 线下活动

○ 其他平台(如微博，扫二维码等)

○ 朋友推荐

○ 其他

一般来讲，一份调查问卷中的绝大部分问题都是封闭型的。封闭型问题虽然便于分析，但是由于答案是固定的，所以有可能会限制受访者的思路，并迫使他们用简单化的答案回答复杂的问题。此外，受访者还有可能因为找不到合适自己的答案而胡乱填写。

最后是致谢语。一般出现在问卷的最后，其主要功能是再次对受访者表达谢意，说明受访者的回答会对研究产生何种贡献，以及敦请受访者再次检查问卷以确保答案的完整和正确。

致谢语模板

问卷到此结束，您的回答将为我们今后的××××××××研究提供非常有价值的信息。请您检查是否每一题均已完整填答，再次感谢您的协助！

六、问卷设计

问卷设计是调查法的核心之一，一旦问题设计不当，则会导致数据的错误或片面化，进而影响整个研究的结果。因此，在问卷设计之前，研究者要先确定三件事：首先是决定具体使用哪种调查方法(邮件、互联网或电话等)。因为正如上文所提到的，不同的方法对问卷有着不同的要求。其次是要对研究有初步的规划，例如通过此问卷想要得到怎样的数据、受访者会是什么样的人、问卷内容要如何和受访者的属性互相匹配等。最后是对问卷本身的思考：每一道问题是否有其必要性、受访者对问题是否会出现排斥（如果有，要如何修改）、大约需要花费多长时间完成问卷等。从整体上对问卷思考过后，便可以正式进入问卷设计阶段。研究者需要重点注意以下几点：

（1）保证问题的易读性。为了让问题的措辞符合受访者的特点，研究者要考虑受访者的阅读能力和知识背景，遣词造句时不要以为受访者已经对某些知识有所了解，尽量避免使用复杂的词汇、俚语、术语或是缩写等，如果不得不使用，则必须加以解释。同时，问题以及答案不可以有歧义，例如问题："您在过去一周中使用了多少次微信支付？"这里的"一周"是有歧义的：是指工作日还是指工作日和双休日？因此，题目应该改为"您在过去七天中使用了多少次微信支付？"

措辞要使用明确的形容词或副词，例如问题："您每天打开微信朋友圈的频率有多少？ ○ 不打开 ○ 极少 ○ 偶尔 ○ 经常"，由于每个人对"极少"或"偶尔"的理解不同，此问题难以得到受访者真正的使用情况。因此，答案应该改为"○ 不打开 ○ 1—3次 ○ 4—6次 ○ 7—9次 ○ 10次及以上"。此外，问题的排列必须符合某种逻辑顺序，例如按照问题类别排序（如研究所用的理论或模型的相关概念）、先易后难排序、先熟悉后陌生排序、先一般后特殊排序和先行为后态度排序等。

（2）不可以出现偏见或引导性问题。问卷问题必须要反映受访者真实的想法或感受，而不是诱导他们做出某种回答。因此，所有问题的措辞都应该做到中立且没有任何偏见，避免受访者因受到暗示而填出不真实的答案。例如研究者想对某社交App的使用行为进行调查，问题是："您觉得某App操作上的不足有哪些？"这道问题就有明显的引导性，应该改为"您是否觉得某App在操作上有问题？如果有，请举例说明"。此外，在提问时要慎重引用他人的话语（如数据、报告等）或褒义/贬义的词汇。例如问题："相关研究显示，许多用户反映某App在操作上存在很多问题，请问您是否觉得某App在操作上有所不足？"这个问题就有利用某些证据诱导受访者给出负面回答的嫌疑。

（3）不要使用双重否定句或一题多问。双重否定句会使受访者难以理解，从而可能会选错答案。例如问题："您反对在微信朋友圈中不出现广告么？"事实上，为了避免出现误解，就连普通的否定句都应该被慎重使用。

一题多问同样会使受访者难以回答。例如问题："您是否认为微信朋友圈应该取消广告并严惩诱导分享行为？"像这样的一题多问问题应当被分为两个独立的问题，如"您是否认为微信朋友圈应该取消广告？"和"您是否认为微信应该严惩诱导分享行为？"有一个简单的方法可以检测问题是否存在一题多问的情况，那就是看题目中是否出现了"和、并、也、而且"等字或词。

(4)慎重处理敏感问题。人口统计学问题(如性别、年龄、收入和教育程度等)应当放在问卷的最后,原因有二:对受访者来说,这类问题最容易回答,因此应该将真正的问题放在开头,保证让他们把最多的精力放在前面;如果一开始就让受访者回答比较私密的个人信息,可能会引起他们的反感和抗拒。同理,道德、私生活和伦理等方面的问题也应该被放在最后。此外,人口统计学问题设置的数量应该是越少越好:除非必须要问,否则不必设置。

问卷设计完成后不要急于发给受访者,而是要进行先行研究(Pilot Study)。所有调查法中,除了面对面访谈和电话访谈外,其他调查法都无法随时给受访者解释问卷中的内容。因此必须在正式调查前再次确定问卷内容是否无误。研究者需要先找5—50位受访者(可以从身边的朋友和同事中找,但需要和正式调查时的受访者属性一致),把问卷交给他们进行填写,检查并询问问卷内容的设计是否容易理解,是否包含了研究主题的各个方面,问题顺序是否恰当,有无引导性和错误的措辞等。

七、常用SPSS功能简介

供量化研究使用的软件很多,其中比较常用的是SPSS(Statistical Product and Service Solutions,曾用名Statistical Package for the Social Sciences)。接下来本书将简单介绍传播学学生应该掌握的几个SPSS常用功能。①

首先是信度和效度分析。当研究者回收问卷并将数据输入SPSS后,就应该立刻对其进行信度和效度分析。前文说过量化研究的特点之一是可以被反复验证。如果一份问卷的信度(Reliability,即“可靠性”)高,就意味着这份问卷作为“测量工具”是经得起反复考查的。在SPSS中依次点击“Analyze—Scale—Reliability Analysis”,在“Item”中选中需要分析的问题,在“Model”选项中选择Alpha,然后点击“Statistics”并勾选其中的“Scale if item deleted”,最后点击“OK”即可以使用这项功能。分析结果出来后要看Cronbach 's Alpha系数,如果此系数在0.8以上,则说明信度较好;0.7—0.8之间可以接受;0.6—0.7之间勉强可以接受。此外,研究者还需要看Item-Total Statistics(即项目总计统计量)中的Cronbach 's Alpha if Item Deleted(即删除项目后的Cronbach 's Alpha系数),它表示某一个问题被删除后可以将Cronbach 's Alpha系数提高到何种程度。如删除了“问题8”,则可以将Cronbach's Alpha系数提高至0.795,这样便可以提高

① SPSS功能众多且计算能力强大,想要用好SPSS必须具备一定的统计学知识。但是由于篇幅所限,本节所介绍的统计方法、操作过程和结果解读等均为最简单和最基本的。更详细和复杂的统计学知识和SPSS操作请参考相关书籍。

量表的信度(表7-6)。

表7-6 项目总计统计量(Item-Total Statistics)

问题	Scale Mean if Item Deleted	scale Variance if Item Deleted	Corrected Item-Total Correlation	Cronbach's Alpha if Item Deleted
问题1	38.83	21.222	0.486	0.747
问题2	39.29	21.249	0.480	0.747
问题3	39.29	20.491	0.568	0.737
问题4	39.30	21.506	0.499	0.746
问题5	38.80	21.512	0.535	0.744
问题6	39.30	21.266	0.492	0.746
问题7	39.61	22.356	0.198	0.784
问题8	39.51	23.148	0.111	0.795
问题9	39.52	21.453	0.513	0.745
问题10	39.47	21.955	0.385	0.757
问题11	39.66	21.527	0.369	0.760
问题12	38.97	21.397	0.500	0.746

效度(Validity,即"有效性")是指问卷这一"测量工具"是否能够有效地测量出需要测量的事物。①在SPSS中效度检测是通过"因子分析"这一功能实现的,依次点击"Analyze—Dimension Reduction—Factor Analysis",选中需要分析的问题,然后依次点击"Descriptives(勾选Initial solution和KMO and Bartlett's Test of Sphericity)—Rotation(勾选Varimax)—Options(勾选Sorted by size和Suppress small coefficients并将Absolute value below改为0.5)—OK"。

在输出的结果中先看Kaiser-Meyer-Olkin Measure of Sampling Adequacy:

表7-7 KMO值示例(KMO and Bartlett's Test)

Kaiser-Meyer-Olkin Measure of Sampling Adequacy.		0.849
Bartlett's Test of Sphericity	Approx Chi-Square	1653.011
	df	66
	Sig.	0.000

① 本书只探讨结构效度的测量方法。

表7-8 旋转成分矩阵示例(Rotated Component Matrix[a])

问题	component	
	1	2
问题5	0.722	
问题3	0.721	
问题4	0.715	
问题1	0.663	
问题6	0.661	
问题9	0.650	
问题2	0.614	
问题10	0.513	
问题8		0.874
问题7		0.869

如高于0.8,则说明非常适合做因子分析;0.7—0.8之间,则说明比较适合做因子分析;0.6—0.7之间,则可以接受;如果小于0.6,则说明不适合做因子分析。接下来看Bartlett's Test of Sphericity的Sig.值,当小于0.01时则说明原始变量满足因子分析的前提条件(表7-7)。然后看"Rotated Component Matrix(即旋转成分矩阵)",空白处表示小于0.5(表7-8)。"Component"是由SPSS自动划分的,只要有任意一个Component不是空白,即表示此题有效,否则即视为无效并应该删除该题。增加信度和效度最好的办法之一是从前人的相关研究和问卷中汲取经验,站在前人肩膀上设计出的问卷好过闭门造车。

其次是相关性分析。(Correlation Analysis)被用来量化两个或多个变量之间(只能应用于定距变量和定比变量)的相关程度,它可以告诉研究者当其中一个变量改变时,另一个会随着怎么变。需要注意的是,有相关性的变量之间不一定是因果关系。例如,如果变量*X*"某公众号内容具有收藏性"和变量*Y*"某公众号内容具有娱乐性"之间存在相关关系。那么既可以解释为"认为其内容收藏性越高的人,将认为它的娱乐性也越高",也可以解释为"因为受访者认为其

内容具有娱乐性,所以也认为它有收藏性"。在SPSS中依次点击"Analyze—Correlate—Bivariate",选中需要分析的问题并点击"OK"即可以使用这项功能。

在输出的结果中看Pearson Correlation(即皮尔逊相关系数,*r*值)。*r*值>0说明两变量正相关(*A*变量增加,*B*变量也增加);*r*值<0则说明两变量负相关(*A*变量增加,*B*变量减少)。*r*值大于0.8时,则两变量高度相关;*r*值在0.5—0.8之间为中度相关;*r*值

在0.3—0.5之间为低度相关；小于0.3则基本不相关。示例中的r值为0.471（表7-9），为低度正相关，说明“受访者越是觉得内容有用，则越觉得内容有趣（反之亦然）”。

表7-9　相关性分析结果示例（Correlations）

项目		某公众号推送的内容很有用	某公众号推送的内容很有趣
某公众号推送的内容很有用	Pearson Correlation	1	0.471**
	Sig.(2-tailed)		0.000
	N	558	558
某公众号推送的内容很有趣	Pearson Correlation	0.471**	1
	Sig.(2-tailed)	0.000	
	N	558	558

**.Correlation is significant at the 0.01 level (2-tailed).

量化研究的特征之一是其拥有预测性，线性回归就是这样一个通过确定两个或多个变量间（自变量和因变量）的相互依赖关系，从而实现预测的统计方法。即如果知道自变量X的测量值，代入回归方程后就可以计算出因变量Y的估计值，从而反映出自变量和因变量之间的数量关系。与相关性分析不同的是，线性回归证明的是因果关系。接下来，本书将以“一元线性回归分析”为例简单介绍它的操作方法。首先，在SPSS中依次点击“Analyze—Regression—Linear”，选中因变量（Dependent）和自变量（Independent），然后点击“Statistics”并勾选“Estimates”、“Model fit”以及“*R* squared change”，最后点击“OK”即可以使用这项功能。例如在某研究中，研究者想要验证某广告是否先引起了用户的“关注(Attention)”，然后继而激发了用户对广告的“兴趣(Interest)”。[①]那么，就将“关注”设为自变量，将“兴趣”设为因变量。

在输出的结果中先看Model Summary中的Adjusted R Square（线性模型的拟合值，越接近1越好），案例为83.4%表示拟合值较好（表7-10）。然后看Sig. *F* Change，案例中的值小于0.01，可以认为此模型中的自变量“关注”具有统计学意义。接下来看ANOVA表中的Sig.是否小于0.05，如果是则表示自变量显著影响因变量，即回归方程具有统计学意义（表7-11）。最后看Coefficients（回归系数）表中的Unstandardized Coefficients，可知常数项值（Constant）为0.506，B值（即回归系数）为0.883（表7-12），因此可以得出回归方程：兴趣=0.506+0.883×关注。

① 本案例是基于AIDA模型之上的。

表7-10 Model Summary示例

Model	R	R Square	Adjusted R Square	Std.Error of the Esti-mate	Change Statistics				
					R Square Change	F Change	$df1$	$df2$	Sig.F Change
1	0.913[a]	0.834	0.834	0.21723	0.834	2795.202	1	556	0.000

表7-11 ANOVA[b]示例

Model		Sum of Squares	df	Mean Square	F	Sig.
1	Regression	131.901	1	131.901	2795.202	0.000[a]
	Residual	26.237	556	0.047		
	Total	158.137	557			

表7-12 Coefficients[a]示例

Model		Unstandardized Coefficients		Standardized Coefficients	t	Sig.
		B	Std.Error	Beta		
1	(Constant)	0.506	0.062		8.111	0.000
	attention_mean	0.883	0.017	0.913	52.870	0.000

八、问卷案例分析

接下来，本书将引用某些研究中的问卷来具体分析问卷设计中可能出现的错误。①

① 列表摘选自多个问卷中具有代表性的问题。

代表性的错误问题

1. 您的月收入

(1)1—1000元 (2)1001—2000元(3)2001—3000元(4)3001—4000元

(5)4001—5000元 (6)5001—6000元(7)6001—7000元

(8)7001—8000元(9)8001—9000元 (10)9001—10000元

(11)10001元及以上

2. 您每天使用互联网的时长

(1)<6小时 (2)=6小时 (3)>6小时

3. 您最常关注的政府网络发布平台是

(1)政务微信 (2)政务微博 (3)政府新闻网站

4. 您认为目前社会的安全程度如何?

(1)安全 (2)比较安全 (3)一般 (4)不安全(5)非常不安全

5. 你觉得影视剧中亲子冲突的情景真实反映了现实吗?

(1)真实反映了现实 (2)夸大了现实 (3)降低了现实 (4)完全没有反映现实

6. 整体而言,您认为微信上传播的健康类信息可信程度如何?

(1)完全不可信 (2)较少可信 (3)部分可信 (4)多数可信 (5) 完全可信

询问受访者的收入状况是十分常见的人口统计学问题,但是在设置答案的时候可能会出现两个错误:收入划分得太细,以至于选项太多;划分得太粗,使得数据不够精确。如果研究是针对某个地区或城市的受访者进行的,那么不妨先去查一下此地区的平均收入情况,然后再进行划分。例如,某城市的平均月收入为10000元,那么最高选项设置为"10001元及以上"显然是不合适的。[①]

第二题有三个错误:第一,这道题需要受访者回忆后才能回答,但是受访者可能由于记忆错误或根本没有留意过,进而导致给出错误的答案。因此,必须严格控制此类问题的数量;第二,"您每天使用互联网的时长"这句话过于笼统,受访者不可能记住每一天的上网时间。所以,题目应该改为"您最近7天内平均每天使用互联网多少个小时"。[②]第三个,则是答案划分得过于粗略。

第三题应该被设置成半封闭式问题,即需要设置"其他"选项供受访者自由填写。

① 如果研究对象是特殊人群,如高收入阶层或贫困家庭,那么就需要更加慎重地提前考察一下他们的收入情况。

② 如果最近7天正好是假期或其他特殊时期,则受访者的上网时间可能比平时增加或减少。因此,问题怎么设置,还要依具体情况而定。

需要注意的是,半封闭式问题的数量应该严格控制,因为有研究显示在实际回答中,大部分受访者倾向直接选取已有答案,而不是在"其他"里填写答案。[①]

第四道题的提问方式过于笼统,"社会安全"包含多个维度,例如:社会治安、经济安全、生活安全和生产安全等。笼统的问题会让受访者感到迷惑,无法给出准确的答案,因而难以对实际调查工作起到真正的作用。

第五题的题目不够精确,如果是想问"冲突的情境是否真实地反映了现实",那么题目是可以的。但是如果是想问"冲突的情境是夸大了现实还是降低了现实",那么此题就要一分为二:

1. 影视剧中亲子冲突的情景夸大了现实。

(1)非常不同意;(2);不同意;(3)不知道/不好说;(4)同意;(5)非常同意

2. 影视剧中亲子冲突的情景降低了现实。

(1)非常不同意;(2)不同意;(3)不知道/不好说;(4)同意;(5)非常同意

第六题的错误是5个选项中有4个是关于"可信"的,只有1个是"不可信"。难免有诱导性回答的嫌疑,因此可以改为:

整体而言,我认为微信上传播的健康类信息是可信的。

(1)非常不同意;(2)不同意;(3)不知道/不好说;(4)同意;(5)非常同意

第三节 实验法

一、实验法的定义与类型

实验法是指研究者将实验主体(被研究的对象)分为实验组(施加处理或刺激的一组)和控制组(未施加处理或刺激的一组),[②]然后在一个可控环境下操纵一个或多个变量,通过一个或一系列的测试(Trial),来确认实验主体的变化,从而发现其变化的因果关系。实验法的应用可以追溯到19世纪的心理学研究。之后,这一方法被广泛应用在社会科学的各个分支学科中。到了1935年,罗纳德·费希尔(Ronald Fisher)在

① Salant Priscilla, Dillman, and Don A. Dillman, How to Conduct your Own Survey (John Wiley & Sons, 1994),p.197.

② 有时,实验法中不需要控制组,只需要一个实验组即可。

他的著作Design of Experiments中建构了现代意义上完整的实验法体系。实验法适用于假设验证、解释性以及小团体互动的研究。实验法中的自变量对因变量的影响和作用主要通过量化的指标来测量，因此实验法通常采用问卷、量表和各种仪器（如眼动仪）等工具收集量化数据。在实验开始前，研究者必须确定这些测量工具的内部效度和信度，同时也要注意这些工具对实验主体产生的影响。

根据执行的地点和要求的严格程度，实验法可以被分为两类：实验室实验和实地实验。实验室实验（Laboratory Experiment）在专门的实验室（多为封闭或类似封闭的空间）内进行，实验的条件、控制的变量以及实验设计等都有着严格的规定。如此一来研究者便可以将其他与实验无关因素的影响减到最小。而实地实验（Field Experiment）则是在真实或自然环境中进行的，研究者只能控制一部分实验环境，除了实验刺激外，实验主体还有可能被其他外来因素所影响。两种实验法相比，前者结果的准确率虽然要更高一些，但操作复杂并且难以应用于大规模样本。

实验法的优点首先是与许多研究方法相比，研究者可以有效地控制外来变量的干扰，拥有更高的内部效度。其次是研究者可以操纵不同的变量，从而更好地揭示变量间的因果关系。再者是实验法可以被复制，这样研究者可以在不同的情境下对不同的实验主体进行重复的实验，从而提升其结果的外部效度。

实验法首要的缺点是实验室为人为制造的环境：如果实验主体发觉到他们在被观察、研究，则很有可能表现出与平时不一样的行为或去迎合研究者的期望，或与之对抗，这就是“霍桑效应（Hawthorne Effect）”。其次是样本选取的数量问题。实验法中涉及的实验主体数量一般不是很多，实验条件和情境过度“完美”，因此得到的结论可能是难以被泛化的（即外部效度较低）。再者是对变量的控制，即如何避免外来因素对实验的干扰，以及如何保持控制组不受到实验组或其他因素的影响。[①]

二、实验法中的控制和实施步骤

实验法中需要被控制的元素有三组，分别是自变量和因变量、实验组和控制组、前测和后测。实验中的自变量通常就是刺激因素，是应该能够引起因变量产生某种变化的原因，其频率、数量或大小等都是由研究者操纵的。例如，观看某种类型电影的时长、接触某种信息的频率等。为了保证在实验中精确地操纵自变量，在实验开始之前必须要对其进行严格的概念化和操作化。因变量是指实验中被观察的变量，它

① Singleton Royce et al., Approaches to Social Research, 2nd edition (Oxford University Press, 1993), p.322.

是由自变量导致的结果。例如,实验主体对某个议题态度的变化、对某件事认知的改变等。实验法的经典案例之一就是二战期间由卡尔·霍夫兰实施的关于说服和提高士气的实验。研究者先给士兵观看二战的纪录片《我们为何而战》(自变量),然后测试他们的士气是否提高(因变量)。需要注意的是,要想确定因变量和自变量之间的因果关系,则需要保证在操纵因变量的同时,必须将其他条件控制在一个不变的状态。因此除了自变量和因变量外,还有一个重要的变量:控制变量。它是指与实验无直接关系,但是却有可能影响结果的变量,例如实验主体的教育程度、年龄、性别和职业等。

在实验法中,接受自变量刺激的一组实验主体叫作实验组(Experimental Group),不接受自变量刺激的另一组叫作控制组(Control Group)。控制组存在的意义是将实验本身的影响和自变量的影响区别开来。因此,研究者需要在分组时尽量保证两组人各方面的属性、条件和状态都基本相当。

因变量的变化是实验法中关注的重点,即检测刺激是否产生了某种效果。因此,在绝大多数实验中,都需要设置前测和后测。前测是指在实施刺激前对实验组和控制组进行的测量,而后测是指在实施刺激后对上述两个组的测量(测量工具通常是问卷)。在对实验主体进行后测时有几个注意事项:首先是实验主体可能已经熟悉了问卷的内容,而产生"实验者效应"。其次是实验主体可能会对填写两次问卷感到不耐烦,从而出现胡乱填写的情况。最后,两次测量之间有可能会出现一些干扰因素,如发生突发事件、实验主体的生活环境发生改变等,从而导致两次测量的差异不能完全归因于实验刺激。

除了上述三组需要被控制的元素外,研究者也需要对实验主体和实验者施加控制,因为如果他们事先知道了谁在实验组以及实验的具体内容,那么可能会对实验有所期待,进而对实验主体或实验本身施加影响。第一种控制的方法是单盲实验法(Single-blind Test),即实验者知道但实验主体不知道自己被分进哪一组。为了达到更高的严格程度,有时实验法还会采取双盲实验法(Double-blind Test),即实验者和实验主体都不知道自己在哪一组,实验信息及分组情况都交由第三方保管,只有等实验全部结束后才会告知所有人。双盲实验法最大的优点在于避免了实验者与实验主体的个人偏好、主观偏见以及无意识的暗示所带来的实验结果偏差。

为了使实验的结果可以泛化,研究者首先要系统地安排自变量的程度和应用的情境。其次就是要注意控制变量,尽量使其在整个实验过程中不变或变化不大,如此才能保证因果关系是由自变量和因变量产生的,而不是受了控制变量的影响。为了满足上述要求。研究者可以采用以下几种方法:

（1）最常用也是最简单的方法是使用随机分配的方式将实验主体放入控制组和实验组。根据概率抽样法的原则，每个实验主体进入控制组或实验组的概率是均等的。不同组实验主体的教育程度、年龄、性别和职业等的分布和比例也更加趋于一致，因此控制变量对他们的影响也是同等的。

（2）除了随机法，研究者也可以使用配对法：类似于非概率抽样中的配额抽样法，研究者利用配额矩阵（Quota Matrix）将某些变量上相似的实验主体两两配对，然后将他们分别放入控制组和实验组。如此一来，就可以保证两组实验主体在某些主要实验变量上的分布和变异程度大致相同。

配对法的缺点是研究者永远无法得知分配得是否正确。正因为配对法不能完全消除其他控制变量的影响，因此它很少单独使用，而是常常和随机法同时使用。例如，研究者可以将16名“23—27岁、大专及以下的男性”，随机地抽出8人放进实验组，另外8人放进控制组（表7-13）。

表7-13　配额矩阵

年龄	男性/人		女性/人	
	本科及以上	大专及以下	本科及以上	大专及以下
18—22岁	10	12	17	10
23—27岁	8	16	15	17
28—32岁	12	20	21	18

需要注意的是，配对法和随机法最大的差异：研究者主观地将实验主体进行分配；随机法将实验主体的差异和特征平均分配到实验组和控制组中，这样就不用担心某些没有被研究者发现的因素会影响到实验结果。

（3）研究者也可以使用排除法来将无关因素更好地排除在实验以外。例如，研究者在测量实验主体对某类信息的认知情况时，为了排除性别、教育背景等因素，可以只对研究生及以上的女性实验主体进行实验。此时的排除法虽然在控制无关因素方面最为有效，但是其结论不能推论到男性及其他学历的人身上，泛化能力有限。

（4）研究者还可以采用纳入法，把其他主要的影响变量作为自变量引入到实验中，即同时对多个自变量进行测量和检验。这样的设计被称为“多因子实验设计”，需要运用较为复杂的统计方法对各个自变量的影响和作用进行考察。

实验法实施的步骤大致分为以下七个阶段（图7-4）：

（1）确定研究目的和假设，并讨论研究的可行性和价值。实验法并不适合长期的研究，且由于涉及的实验主体数量不会很大，所以也难以解决宏观问题。

（2）基于研究假设选择相关的自变量和因变量，并建立因果模型。

(3)确定合适的实验场所和设备等,并考虑如何精确地控制或消除会对因变量造成影响的其他因素,例如保持实验时间和程序的一致,以及实验主体与研究者之间的互动等。

(4)选择或编制测量工具、确认实验过程和观察方法等。

(5)招募合适的实验主体,并通过随机法、配对法等方式将他们分配进实验组和控制组。

(6)正式实施实验,需要注意控制实验情境、改变自变量的频率和强度等,做好实验记录。有些实验设计只需要测量一次,但大部分实验需要前测和后测。

(7)对实验数据进行统计分析、得出结论、验证假设、提出解释和推论等。

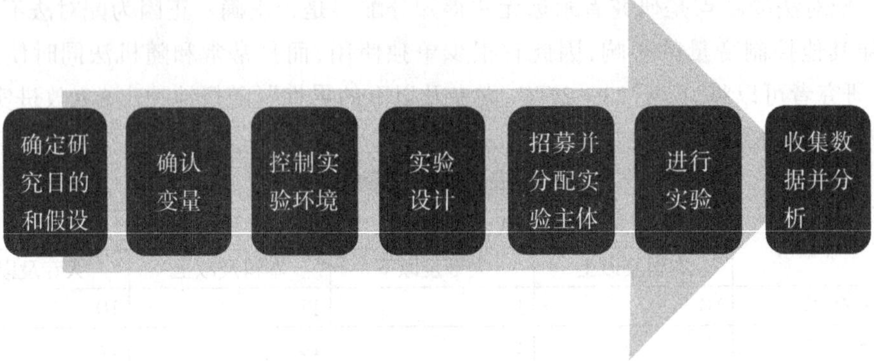

图7-4　实验法实施的步骤

三、实验设计

实验设计按类别可以被分为"前实验设计"、"准实验设计"和"真实验设计"。唐纳德·坎贝尔(Donald Campbell)和朱利安·斯坦利(Julian Stanley)在1963年发表的专著《研究的实验与准实验设计》(Experimental and Quasi-Experimental Design for Research)中介绍了十六种不同的实验设计。由于篇幅所限,本书将重点介绍其中具有代表性的八种实验设计。为了能更清晰地解释不同实验设计的特点,本书将引用坎贝尔和斯坦利建立的实验法符号系统:R表示对实验主体的随机分组或抽样;X表示对自变量施加处理或刺激;O表示观察或测量的过程,O的右下角一般会有数字下标,用以表示观察或测量的次数,如O_1、O_2等。

1.前实验设计(Pre-experimental Design)

前实验设计指的是缺少对无关变量的控制,或没有控制组比较的设计。

(1)单组后测设计(One-shot Case Study):一组实验主体接受实验刺激,然后研究者测量他们的反应。

$$实验组:X \qquad O$$

(2)单组前后测设计(one-group pretest-posttest design):研究者在施加实验刺激前就先对实验主体进行测量,在施加实验刺激后再测量一次,以了解实验主体的变化。前两种实验设计共同的缺点是没有控制组的对比,因此无法确定结果是否真的是由实验刺激造成的。

$$实验组:O_1 \qquad X \qquad O_2$$

(3)静态组比较(Static-group Comparison):非随机地将实验主体分配进实验组和控制组,对实验组施加刺激,然后对两个组进行后测并比较变化(两组都没有前测)。虽然这种设计拥有控制组,但由于没有采用随机分配,难以摒除研究者的主观偏见,而且两组实验主体的特征有可能存在巨大差异,影响结果的有效性。

$$实验组:X \qquad O_1$$
$$控制组: \qquad O_1$$

2.准实验设计(Quasi-experimental Design)

准实验设计是指具备控制组、实验组以及前后测,但是缺少随机分配,或者无法达到封闭实验室的环境要求。准实验设计与真实验设计之间的差别,除了缺少随机分组外,其他都一样。准实验设计的优点在于其比较适用于实地实验,因为实地实验难以对实验环境进行严格的控制,遑论对实验主体进行随机分组。但是借助控制组和前后测,研究者还是可以对实验进行一些基本的控制,减少可能影响结果效度的因素。它的缺点是与真实验相比,内部效度较低(即对因果关系的推论能力较差)。

(1)非随机控制组前测后测设计(Non-randomized Control-group Pretest-posttest Design):两个组均有前测和后测,但是只有实验组接受刺激。

$$实验组:O_1 \qquad X \qquad O_2$$
$$控制组:O_1 \qquad \qquad O_2$$

(2)控制组时间序列设计(Control-group Time-series Design):整个实验流程中存在多个测量时间点,研究者需要周期性地对实验主体进行测量,并且在其中某个时间点上对实验组施加刺激,再观察整个实验期间实验主体的变化情况。这种实验设计不但可以用来揭示并预测刺激变化的趋势,也可以用来检验实验刺激的影响(常用于纵向研究)。

$$实验组:O_1 \quad O_2 \quad O_3 \quad X \quad O_4 \quad O_5 \quad O_6$$
$$控制组:O_1 \quad O_2 \quad O_3 \qquad O_4 \quad O_5 \quad O_6$$

3.真实验设计(True-experimental Design)

真实验设计是指同时具备实验组和控制组、前测和后测以及随机分配这三个条件的实验设计。真实验设计一般在封闭的空间进行，拥有最严格的控制，可以将无关变量减小到最低程度。

（1）仅后测控制组设计（Posttest-only Control Group Design）：与静态组类似，但加入了随机分组。

实验组：$R \quad X \quad O_1$

控制组：$R \quad \quad O_1$

（2）随机控制组前测后测设计（Randomized Control-group Pretest-posttest Design）：是指将实验主体随机地分进实验组和控制组，在施加刺激前对两组进行测量，然后给实验组施加刺激，最后再次对两组进行测量。这种设计的缺点是实验组的前测可能会使实验主体知晓自己正在被研究 。为了弥补这一缺点，心理学家理查德·所罗门（Richard Solomon）在1949年发展出了一种特殊的实验设计：所罗门四组设计。

实验组：$R \quad O_1 \quad X \quad O_2$

控制组：$R \quad O_1 \quad \quad O_2$

（3）所罗门四组设计（Solomon Four-group Design）：可以看作是前两种实验设计的结合体，不但增加了实验的内部效度，还可以验证前测是否对实验主体产生了影响。这种实验设计共有四组，两组有前测，两组没有。接受前测的其中一组和没有前测的其中一组接受实验刺激，其他两组则没有。最后这四个组都接受后测。

第1实验组：$R \quad O_1 \quad X \quad O_2$

第2实验组：$R \quad \quad X \quad O_1$

第1控制组：$R \quad O_1 \quad \quad O_2$

第2控制组：$R \quad \quad \quad O_1$

由于经过了随机分配并施加了相同的实验刺激，所以理论上两个实验组的后测分数应该不存在显著差异。但是由于第2实验组没有前测，因此在实际操作中，只需要对比两个实验组后测的分数，便可以了解前测是否产生了影响。此外，用同样的方式对两个控制组的后测进行测量，也可以看出前测的影响。

需要注意的是，两个实验组后测的对比虽然可以反映出前测的影响，但是前测的影响可能与实验刺激产生了交互作用。相对应的，两个控制组的后测就不含有实验刺激的交互作用。所以，研究者还应将两个实验组后测的平均值与两个控制组后测的平均值进行比较，这样得出的分数就是前测与实验刺激交互后所产生的影响。综上所述，所罗门四组设计虽然提供了更加充分的证据，可以有效地提高实验的内在效度。但是这种设计需要更多的样本，增加了实验的成本和操作难度，因此在实践中并不常见。

以上介绍仅为最基本的实验设计，研究者可以根据不同的研究目的对其进行修改。例如在随机控制组前测后测设计中，研究者可以引入两个实验组，并给予不同的刺激，以便更好地了解多种实验刺激对实验主体产生的影响。

$$第1实验组：R \quad O_1 \quad X_1 \quad O_2$$

$$第2实验组：R \quad O_1 \quad X_2 \quad O_2$$

$$控制组：R \quad O_1 \quad \quad O_2$$

前文中提到的几种实验设计中都只有一个自变量，但是在实际研究中传播学的现象都比较复杂，研究者很可能需要操纵两个或以上的自变量。这时传统的两组实验设计就不再适用了。因子设计（Factorial Design）就可以很好地解决这样的问题，它是一种包含了四组甚至更多组的设计。因子设计中有两个或以上彼此独立的自变量，并且每个自变量至少含有两个或以上的水准（Level）。接下来，本书将介绍其最基础的设计：双因子设计（即2×2因子设计）。

比如在某个实验中，研究者需要同时考虑"情绪"和"文章类型"这两个自变量对读者的影响，其中"情绪"包含"正面情绪"和"负面情绪"这两个水准（表7-14），"文章类型"则包含"新闻类"和"娱乐类"这两个水准。

表7-14　因子设计

文章类型	正面情绪	负面情绪
新闻类	新闻类+正面情绪	新闻类+负面情绪
娱乐类	娱乐类+正面情绪	娱乐类+负面情绪

因子设计的优点在于它不但可以检测每个自变量对实验主体的独立作用（即主效应），也可以用来检测不同自变量合在一起时产生的作用（即交互作用）。此外，由于因子设计中的变量多次重复，可以更好地减少实验误差。

四、实验的效度

实验的内部效度是指实验结果因果关系的正确性，即因变量的改变是否完全是由实验刺激所导致的。实验的外部效度指的是研究结果是否可以被推论至实验主体以外的人群，即泛化能力，如果结果无法被泛化到真实世界中，那么研究也就失去了意义。影响实验内外部效度的原因主要有以下几个：

（1）选择误差：如果实验没有采用概率抽样和随机分配，则可能导致结果的偏差。此外，样本数量偏少或来源单一会导致样本的代表性不高。

（2）历史原因：除了实验刺激外，在前测和后测之间实验主体可能会经历某些特殊的事件,从而导致最终结果并不全是实验刺激导致的。

(3)成熟:前测和后测之间实验主体的心理或生理发生了变化,从而影响了最终结果,例如实验主体长大了,或是在实验过程中出现疲劳、困顿、饥饿等足以改变其行为和想法的因素。

(4)测试效应:特指前测对实验主体的影响。前测可能增加或减少实验主体对实验刺激的敏感度,例如当实验主体反复接受相同或类似的测试,则会产生察觉并根据前测的经验来回答后测,由此所得出的结果可能和未接受前测的实验主体存在差异。

(5)实验工具:随着时间和实验主体的不同,是否可以保证实验工具的信度和效度,如何保证工具在实验进行中不会出现问题(如损坏),这些都是研究者需要慎重考虑的。

(6)实验主体的退出:基于自愿原则,实验主体可能会半途退出。也可能某些特殊原因使得他们无法继续参与实验。

(7)散布或模仿:实验组与控制组的实验主体如果互相接触,则可能会透漏实验细节而影响结果。

(8)因果时序:不正确或者不确定的因果关系所造成的影响,例如实验主体的焦虑程度会影响工作,而工作也会影响焦虑程度。

(9)统计回归:极端样本的测量分数可能会在一段时间后趋于平均水平。换句话说即便没有实验刺激,前测中得分极高者和极低者原先极端的看法可能会慢慢变化,并逐渐向平均分靠拢。

(10)补偿:研究者可能会对不同的实验组或控制组进行差别对待,从而影响最终结果。

(11)努力:实验主体渴望得到更高的评价而做出的努力,或是实验主体对自己所在组的不满而导致的努力或退缩,这些都可能会影响实验的因果关系。

(12)实验的反应与互动:在实验中研究者与实验主体的互动可能会影响实验刺激的效果从而导致错误的结论。

(13)特殊情境:实验处于某个特殊环境或特定的历史时期,从而导致其结果难以泛化。例如德国传播学者伊丽莎白·诺埃尔－诺伊曼就曾在德国进行“火车实验”,从而证明了“沉默的螺旋”的存在。但是有学者对此指出:德国人的特性之一就是倾向于对与自己看法不同的观点保持沉默,因此实验结果并不能泛化到其他文化或国家中去。[①]

(14)实验环境的影响:如果实验主体对实验环境产生反作用(例如对实验室的工具、温度、陈设甚至研究人员的穿着等产生反感),也会降低研究结果的外部效度。

正如前文中所提到的,一个标准的实验设计需要满足实验组和控制组、前测和后测以及随机分配这三个重要的条件,如果研究者严格按照此标准设计实验,是可以避免上述大部分问题的。

五、实验法中的道德困境

传播学研究中的实验法大都是以人作为研究主体的,因此在实验中难免会涉及道德和伦理问题。[②]产生这种问题首先是因为实验法几乎都涉及"欺骗",毕竟如果研究者事前把有关实验的一切都告知实验主体,就很可能发生"霍桑效应"。其次是在实验中,实验主体可能会被放置于某些特殊情境下,使其体验一些"不寻常的"经历,而这些经历有可能会对实验主体的心理造成伤害。因此对研究者来说,一定程度的欺骗是必需的,但是必须在"研究价值"和"潜在伤害"这两者之间保持平衡。历史上著名的米尔格伦实验便是这样的一个例子。

1963年,美国心理学家史坦利·米尔格伦(Stanley Milgram)进行了权力服从研究(Obedience to Authority Study),旨在了解个人对权威的服从情况。米尔格伦在报纸上刊登广告,以4.5美元为报酬公开招募了40位市民参加实验。米尔格伦告诉应聘者,他们参加的是一项研究"惩罚对学习的效果"的实验,通过抽签他们会随机扮演"老师"和"学生"。老师的任务是在一间屋子里对着麦克风朗读问题,学生则在另一间屋子里回答,两间屋子里的人无法看到对方,只能通过麦克风沟通。如果学生回答错误,那么老师就要按电钮对学生施加电击作为惩罚,出错次数越多惩罚的伏特数也会累积增加。事实上,每一个应聘者都将扮演"老师"这一角色,而所有的"学生"都是由实验助理假扮的。

对学生的电击惩罚电钮共有30个,从15伏特开始依次增加到450伏特。这些电钮也是假的,但是为了让大家相信,米尔格伦还在实验开始前让每个应聘者都感受了

① 后来的一些研究确实证明了不同国家的人对于"沉默的螺旋"的反应程度有所不同,但都没有推翻此理论。具体内容可参考:Matthes et al., Testing Spiral of Silence Theory in Nine Countries: An Individual Differences Perspective (paper presented at the 60th Annual Conference of the International Communication Association, 2010).

② Singleton Royce et al., Approaches to Social Research, 2nd edition (Oxford University Press, 1993), p.401.

一下45伏特的电击的体验。实验正式开始后,隔壁房间的"学生"故意频频出错,随着错误的次数的增加,电压也在不断升高。于是隔壁的"学生"开始叫骂、哀嚎、砸墙甚至突然停止尖叫(假装昏厥或死亡)。尽管应聘者都表示不忍心再继续下去,但是在实验人员的要求下,还是有高达65%(26人)的应聘者服从了命令,将实验进行到底。

虽然这项实验带来了宝贵的发现,但许多学者认为这类实验是违反学术伦理的,因为应聘者承受了强烈的情感压力。虽然米尔格伦在实验结束后将真相告诉了大家,但是他们中的大部分并未被告知实验的细节,在离开前的面谈时许多应聘者表示没有理解这项实验的目的和真实情况。

根据美国心理学学会(American Psychological Association)、美国人类学学会(American Anthropology Association)和美国舆论研究协会(American Association for Public Opinion Research)所制定的学术研究伦理,研究者应当在进行学术研究时注意以下几点:

(1)尊重他人意愿。为了获取研究对象的参与意愿,研究者在一开始前就应该告知对方该研究成果的学术和实际意义,使对方了解研究的具体过程,并要明确研究所带来的好处和坏处。研究者需要尤其注意不可以过量地使用金钱或其他不正当诱因勉强研究对象参与。未经研究对象的同意,研究者不可以对其进行研究,即便已经获得书面同意,对方也有随时退出的权利。如果研究对象是未成年人,还必须征求其监护人的同意。在研究时不要收集非必要性的个人信息或意见。

(2)保护个人隐私。研究者需要拍照、录音或录像时,必须征得研究对象的同意。如果是在公开场合记录大众的行为,虽然一般不会涉及个人隐私也无须征求对方的同意,但是如果在研究结束后需要公开记录,也必须保护大众的隐私(如用马赛克隐去他们的面容等)。公开的网站、论坛或微博可以被认为是公共空间,在这些环境中研究者可以在不泄露个人身份信息的前提下自由地记录(但仍需注意不要泄露用户的ID、IP地址、头像或其他敏感信息)。但如果研究者已经知道研究对象的身份或者是通过某种私密途径的沟通,则必须告知对方并获取同意。

(3)不伤害研究对象的心理和生理。这是进行所有研究时最重要的一条准则。研究者必须保证研究过程不会对研究对象的身体造成创伤或给其心理带来长期的不快、压抑、恐惧等负面影响。除非研究有重大的学术或实际意义,并且确实没有其他更好的途径时,研究者可以适当地"欺瞒"研究对象 。而研究一旦结束,研究者必须立刻向研究对象解释清楚。同时,研究对象也有权利知晓研究的目的和结论。如果在研究中无可避免地对研究对象造成了某种程度的伤害,研究者还需要对其进行安抚或心理疏导。

(4)客观地报告分析结果。研究者应该按照研究设计客观地对所收集的数据进行分析，不可以故意排除负面或非预期的研究结果。此外，研究者还需要对研究设计的不足进行叙述。

六、实验法实践

接下来，本书将引用两个研究来具体分析实验设计中可能出现的问题。

实验法案例

研究1：当代男大学生对青春片中堕胎情节的认知态度和情感偏向研究

实验流程：

1. 选取6部具有代表意义的青春题材影视作品，然后将其中的堕胎情节剪辑成一段6分钟左右的视频。
2. 随机抽取10位某大学中的男性大学生作为实验主体，并让他们完成一份问卷以便了解他们对青春片中的堕胎情节的既有态度。
3. 给实验主体播放有堕胎情节的视频。
4. 再次让实验主体做一份相同的问卷，以测试他们态度的转化情况。

研究2：青春题材影视剧中子女对父母"逆反"行为对青少年的影响研究

实验流程：

1. 选取5部具有代表意义的青春题材影视剧，其中包括3部国产电影和2部国外电影。然后将其中的子女对父母的"逆反"行为剪辑出来。
2. 随机抽取了6名某大学中18—24岁的本科生，然后将他们分别放入控制组和实验组。
3. 对两个组进行前测。
4. 给实验组播放含有子女对父母"逆反"行为的电影片段。
5. 对两个组进行后测。

这两个案例存在着以下几个问题：

(1)抽样框和总体的情况不明，并且抽样人数偏少。在某些情况下，研究者或许难以抽取足够数量的实验主体，但是如果总体数量未知且抽取的人数偏少，则需要考虑是否使用随机抽样。这时可以使用配额抽样法，即寻找具有典型代表意义的样本进行研究，并且在分组时使用矩阵和配对法。基于以上两个案例，在选择典型样本时需要着重考虑他们的家庭情况,例如可以选择来自完整家庭(从小与父母居住在一起,非离异家庭),并且对某种类型的影视节目较为接受的独生子女大学生。

(2)两个实验虽然都有前测,但是前测有可能会影响实验主体后测的分数。因此在后测时,虽然可以使用同样的问卷或量表,但需要把问题顺序打乱,以此规避"测试效应"。

(3)缺少实验环境描述。不管是实验室实验或是实地实验,都需要精心安排实验环境以减少无关因素对实验结果的影响。

(4)实验法虽然是量化研究的一种,但是在实验结束后研究者应该尽量争取和实验主体进行面对面的交谈。这种类似深度访谈的对话可以更加深入地了解实验主体的感受、对实验刺激和实验本身的看法,从而可以为研究者提供建议,并有助于剖析实验结果。

(5)可以将两个实验中电影片段的情节进行打乱重组,这样可以避免同一情感导向的情节对实验主体认知态度的影响。

(6)第一个研究中虽然有随机分配和前后测设计,但是缺少控制组的对比,难以确定所得结果是由实验刺激造成的。此外,还应考虑是否进行双盲测试。

(7)因为第二个研究中选取了3部国产电影和2部国外电影,所以实验者需要考虑不同的文化背景、"逆反"行为类型、甚至翻译的字幕等对实验主体的影响。

结束语 传播学研究方法展望

一、质化与量化的争论

质化方法与量化方法孰优孰劣的争论由来已久。这是因为两种研究方法在对待真实的态度、研究者与被研究者之间的关系、结果的泛化、因果关系的判断、个人价值对研究的影响等方面各不相同。在传播学发展的早期，由于量化数据看上去更加严谨且科学，因而常常被认为比质化研究更具有说服力。这种情况一直持续到20世纪70年代，彼时批判理论、后建构主义、后现代主义等思潮兴起，在对当时主流思想进行反思与批判的同时，也对传播学的研究范式产生了冲击。从那之后，质化研究开始受到人们的重视，而两种研究方法的争论也变得越来越多起来。[①]例如，使用传统量化方法的学者认为他们通过对设计、程序、工具等的控制可以证明研究的客观性。此外，量化方法可以较精确地对研究现象进行测量，使用的测量工具也拥有较高的信度和效度，擅长寻找普遍规律并推导出因果关系。但是另一方面，质化方法的拥护者却质疑量化方法的“客观性”是不可能做到的，他们认为无论是研究主题、理论的选取、数据的收集方式等都不可能做到完全的客观中立。因此，与其尽量地排除研究者自身对研究的影响，不如深刻地反思自己在研究中的角色、对所收集数据的诠释以及如何赋予研究独特的观点等（表1）。

① Noor Khairul Baharein Mohd, “Case Study: A Strategic Research Methodology,” American Journal of Applied Sciences 5.11 (2008): 1602-1604.

表1 质化和量化研究比较

	质化研究	量化研究
研究目标	以获取真实情境下的、丰富且深层的数据为目的;其结论较难泛化。	以获得可靠并且能反复验证的数据为目的;其结论可以泛化。
研究偏向	在搜集并分析资料后得出假设和理论;现存的理论仅供参考。	验证研究前提出的假设;强调依托现存的理论。
研究态度	价值观与研究内容联系紧密,主观性较强。	主张价值观与研究内容分离,主张客观性。
研究者与被研究者的关系	接触比较密切,双方的互动建立在平等与信任的基础上。	两者保持距离避免个人价值介入研究过程。
研究情境	自然情境。	人为控制的环境。
数据性质	偏重叙述和解读文字、音频、视频和图片等资料。	重视可被测量或可转化为数字的资料。
研究设计	设计是随时演变的、开放型的并且弹性较大。	设计具有结构性并且是事先设定的、比较具体。
抽样与泛化	以非概率抽样为主,样本数小,结论无须推论到总体。	以概率抽样为主,样本数大,结论需推论到总体。
研究工具	运用录音机、录像机和照相机;研究者本身就是研究工具。	问卷、量表、电脑软件(如SPSS)

从研究方法的偏好上来看,学者们会根据选题采用不同的研究方法。以新媒体研究为例,有学者统计后发现量化研究依然占据主体地位,特别是关于移动媒体的使用、态度和效果等方面的研究,调查法是大部分学者的首选。在质化方法的研究中,使用最多的是深度访谈法,因为它可以更好地说明使用者为何以及如何使用媒体、使用媒体时的心理和行为等。[①]

从20世纪70年代开始,学者们尝试在一个研究案例中采用多种研究方法,相互佐证并比较差异。[②]许多学者呼吁建构主义和实证主义之间的"战争"应该停止,为了更接近真实、提高研究的效度并解决单一研究方法的不足,学者们要在实用主义(Pragmatism)的指引下采用混合研究方法。[③]尤其是近年来,质化与量化混合的研究方法已经渐渐被学者们所接受,并成为传播学研究的新趋势。

---

① Kim Yonghwan et al., "Mobile communication research in communication journals from 1999 to 2014, "New Media & Society 19.10 (2017): 1668-1691.

② Lewis Marianne and Andrew Grimes, "Metatriangulation: Building Theory from Multiple Paradigms, "Academy of Management Review 24.4 (1999): 672-690.

③ Sale Joanna et al., "Revisiting the Quantitative-Qualitative Debate: Implications for Mixed-Methods Research," Quality & Quantity International Journal of Methodology 36.1 (2002): 43-53.

二、混合研究方法

近些年来国内外学术界都在鼓励研究者使用混合研究方法，相关的会议、专著和论文也层出不穷。特别是《社会和行为研究中的混合方法使用手册》[①]、《混合方法研究的进展》[②]、《社会探究中的混合方法》[③]、《混合方法研究期刊》(Journal of Mixed Methods Research)等一批专著和期刊的出现，为混合研究方法的概念化和运用起到了很大的贡献。

混合研究方法指的是在研究中的不同阶段，研究者可以根据研究目的或个人兴趣同时采用质化和量化的方法收集资料，并对其进行分析和阐释。而对两种方法应该在研究过程中的哪一步进行整合，学界还存在一定争论。有的学者提出只要在研究过程中同时使用了质化和量化方法就算是混合研究。[④]而另一些学者则更加严格地认为采用混合方法的研究必须要在质化和量化取向中形成一个完整的闭合回环，例如在资料分析和阐释时需要将通过质化和量化方法得到的结果加以转换和整合，并且讨论它们之间的关系。[⑤]

从混合研究方法的历史发展上看，20世纪50年代开始就有学者尝试在一个研究中采用多种研究方法，虽然那时还没有"混合研究方法"这一概念，但为后来的质量融合起到了启示的作用。从20世纪70年代开始，越来越多的学者开始提倡质化与量化的融合，并提出了各种建议，诺曼·邓金(Norman Denzin)便是其中的代表人物之一。他借鉴了测量学中"三角定位法"原理，提出了"跨方法三角定位法(Between-method or Across-method Triangulation)"，即通过质化和量化方法，获取两份研究结果。之后将结果进行对比，就可以避免采用单一方法出现的偏差。如果这两份结果是相似的，那么可以使研究结论更为有力。如果结果是相左的，研究者则需要重新检查理论、研究设计和研究问题等，在修改后重新收集资料并分析。

此外，通过混合研究方法得到的结果还可以成为彼此的研究基础，即第一种方法

---

① Tashakkori Abbas and Charles Teddlie, Sage Handbook of Mixed Methods in Social & Behavioral Research (Sage, 2010).

② Manfred Max Bergman, Advances in mixed methods research: Theories and applications (Sage, 2008).

③ Greene Jennifer, Mixed Methods in Social Inquiry (John Wiley & Sons, 2007).

④ Creswell John and Vicki Plano Clark, Designing and conducting mixed methods research (Sage, 2017), pp. 12–13.

⑤ Tashakkori Abbas, Burke Johnson and Charles Teddlie, Foundations of Mixed Methods Research: Integrating Quantitative and Qualitative Approaches in the Social and Behavioral Sciences (Sage, 2009),p.27.

得出的结果用来指导接下来如何采用第二种方法进行研究。例如姚琦[①]在研究中需要编制一套关于微信公众号使用的问卷，于是先对几个微信公众号的管理和运营人员使用了深度访谈法和观察法，然后在此基础上再结合所选理论制作出针对受众的问卷，最后再将两份结果进行对比分析。

混合研究方法还可以用来弥补单一研究方法的不足。例如在使用质化研究方法并得到结论后，发现仍未能清晰地回答研究问题，或者结果只是解释了研究问题的某一个方面。这时候就可以再采用量化研究方法进行资料收集和分析，对上一个研究结果进行补充和更进一步的阐释。

混合研究方法发展到今天，展现出单一方法无法具有的优势，并普遍受到学界的认可，但是它依然受到一些质疑。例如有学者提出混合了多种方法后，反而会大大提高错误出现的概率；[②]某些方法论的问题无法通过简单的混合来解决；[③]从认识论和本体论角度出发，质化方法和量化方法本就差异极大，因此所谓的混合方法是不现实的。[④]正如本书反复强调的那样，"世界上没有完美的研究方法"，混合研究方法确实还存在一些限制和不足：首先它缺少明确的评判标准。传统的质化和量化研究都有自己用来判断信度和效度的标准，但是混合研究方法更多的是在借鉴，并没有产生自己专属的对研究质量评判的标准。其次是研究的混合程度难以深入。擅长单一研究方法就已经比较困难，而想在一个研究中同时采用两种方法并加以整合，会给研究者带来极大的挑战。如果过分地追求混合方法，反而可能会导致两种方法都用得过于肤浅，反而不及采用单一方法的深度。

三、计算传播学的挑战与新型研究方法

随着新媒体、智能手机和移动互联网技术等的飞速发展，新闻的生产、传播和消费的网络化特征将不断加强，采用新方法和新工具来分析传播学的研究议题将会越来越重要。[⑤]计算传播学（Computational Communication Research）就是这样一种新的

---

① 姚琦：《The rise of small-circle social media and advertising: the case of WeChat》，社会科学文献出版社，2019，第101页。

② Fielding Nigel and Jane Fielding, Linking data (Beverly Hills, CA: Sage, 1986),p.74.

③ Sandelowski Margarete, "Tables or tableaux? The challenges of writing and reading mixed methods studies," in Handbook of mixed methods in social and behavioral research (Sage, 2003), pp.321-350.

④ Hammersley Martyn, "Troubles with triangulation," in Advances in Mixed Methods Research: Theories and applications (Sage, 2008),pp.22-36.

⑤ 王成军：《计算社会科学视野下的新闻学研究：挑战与机遇》，《新闻大学》，2017年第4期。

研究取向或研究方法。它是指通过对用户网上的行为数据进行收集和分析，来描述、解释和预测人们传播行为及其驱动机制的一系列计算方法。[①]计算传播学中包括多种新型的研究方法，例如文本挖掘(Text Mining)、空间分析(Spatial Analysis)、时间分析(Temporal Analysis)、机器学习(Machine Learning)和深度学习(Deep Learning)等。接下来，本书将介绍两种计算传播学的研究方法及其应用。

首先是日志数据(Log Data)分析。这种方法需要首先在电脑或手机中安装可以采集用户日志数据的应用，这些应用可以在不影响用户使用的情况下记录他们的行为，例如使用时长，应用的使用习惯以及使用路径等。例如，De Reuver, Nikou和Bouwman[②]通过调查问卷和分析智能手机用户的日志数据研究了智能手机对人们日常生活的影响。Yu[③]通过采集用户所在的位置、手机的使用时间等数据研究了他们在时间和空间上的行为模式。还有学者提出日志数据可以是描述性的(用户做了什么)、预测性的(将会发生什么)、甚至是“处方”式的(Prescriptive，即不但可以预测，还可以提供应对某些问题的方案)。Turkington等[④]就利用健康类应用中的日志数据对用户的精神健康进行追踪、分析并提供治疗方案。

虽然有着诸多优势，现阶段的日志数据分析依然存在一些缺点。首先是应用的载体问题。不同用户所使用的硬件或软件环境必然存在某些差异，这就增加了样本总体的不确定性，从而导致难以获得具有代表性的样本。其次便是隐私问题。在提取和使用日志数据时必须保护用户的隐私，特别是那些含有姓名、地址和历史(如购物历史、浏览历史和健康历史等)记录的数据。[⑤]然而事实上，现阶段的日志数据多是通过第三方应用收集的，很难保证用户的隐私不被泄露。此外，由于各国执法机构对隐私保护政策有所不同，也导致了日志数据分析难以被大范围应用。

随着移动互联网和社交媒体的兴起，人们创建了越来越多的社交网络。了解互联网用户的社交结构和交互模式开始受到学者的关注，于是社交网络分析(Social Net-

---

① 祝建华、黄煜、张昕之：《对谈计算传播学：起源，理论，方法与研究问题》，《传播与社会学刊》，2018年(总)第44期。

② De Reuver Mark, Shahrokh Nikou and Harry Bouwman., “Domestication of smartphones and mobile applications: A quantitative mixed-method study, ”Mobile Media & Communication 4.3 (2016): 347-370.

③ Yu Chen-Yi, Investigating daily temporal patterns of social media usage by cellphone log (paper presented in the Pacific Neighborhood Consortium Conference & Joint Meetings IEEE, 2017), pp. 156-161.

④ Turkington Robin et al., The Application of User Event Log Data for Mental Health and Wellbeing Analysis (paper presented in the British HCI Conference, 2018).

⑤ Sieverink Floor et al., “Opening the Black Box of Electronic Health: Collecting, Analyzing, and Interpreting Log Data,” JMIR research protocols 6.8 (2017):156.

work Analysis)应运而生。它可以帮助研究者在复杂的网络中发现传播模式、趋势和群体等,常见的研究主题有健康行为、社会流动、在线社区分析等。[①]例如,Daga[②]利用NodeXL这一软件收集并分析了18000条Twitter信息,发现在台风"黑格比"和"海燕"过境菲律宾时,当地人们更加倾向从认证的用户、组织和媒体上获取和分享最新灾情、救灾信息。Wasim和Lugovic[③]提出新闻记者应该学习使用NodeXL对新闻报告的读者进行分析,并将结果可视化,从而帮助记者们了解他们写的文章在社交网络中是如何扩散的,以及定位用户中的关键人物、群体、类别以及用户之间的联系。

计算传播学的优点有以下几个。首先是在互联网时代,通过分析人们在网上留下的数字化痕迹就可以找到人们的行为模式。这些痕迹是非介入性的、第一手的、客观且细致的, Michael[④]在研究中对大量用户同时使用了日志数据和自我报告问卷两种方法,其研究结果显示自我报告存在大量的夸张或错误报告。此外,研究还发现比起其他上网行为,用户仅仅在报告社交网站和视频平台的使用情况时相对准确一些。由此可见,分析数字痕迹可以很好地消除自我报告中的偏见、夸大和记忆偏差等问题。其次是大数据的处理优势,越来越多的传统媒体内容在电子化,研究人员需要处理的数据也远超从前,而计算传播学所提供的新方法、新工具正好可以满足这方面的需求。[⑤]

虽然计算传播学是未来传播学研究的重要方向之一,但它也存在一些问题。首先,计算传播学要求有相当的编程能力(如网络爬虫)。其次是现阶段的计算传播学研究多是以描述为主,难以解释"为什么"这个问题。再者则是数据获取困难。即便研究者有了编程能力,也不一定就能够抓取到自己需要的数据。因为这些数据要么是掌握在数据持有者手中(有时需要花钱购买);要么获取的数据量过大,难以储存、拷贝和分析。虽然有学者尝试对大数据进行抽样,但却并没有找到适用于网络抽样的方法。[⑥]

---

① 孟小峰、李勇、祝建华:《社会计算:大数据时代的机遇与挑战》,《计算机研究与发展》,2013年第12期。

② Daga Ryan Rey, M: Social Network Analysis of Tweets on Typhoon during Haiyan and Hagupit (paper presented at the International conference on computer modeling and simulation, 2017),pp.151-154.

③ Ahmed Wasim and Sergej Lugovic, "Social media analytics: analysis and visualisation of news diffusion using NodeXL,"Online Information Review 43,No.1 (2019):149-160.

④ Scharkow Michael, "The Accuracy of Self-Reported Internet Use—A Validation Study Using Client Log Data, "Communication Methods and Measures 10, No.1 (2016):13-27..

⑤ 祝建华、彭泰权、梁海等:《计算社会科学在新闻传播研究中的应用》,《科研信息化技术与应用》,2014年第2期。

⑥ Xu Xiao-Ke and Jonathan Zhu, "Flexible sampling large-scale social networks by self-adjustable random walk, " Physica A-statistical Mechanics and Its Applications (2016): 356-365.

文献汇总

一、著作类

(一)中文著作

[1]陈嘉映:《哲学·科学·常识》,北京:东方出版社,2007年。

[2]陈向明:《质的研究方法与社会科学研究》,北京:教育科学出版社,2000年。

[3]丁淦林,方厚枢:《20世纪中国学术大典·新闻学传播学　出版学》,福州:福建教育出版社,2005。

[4]丁未:《流动的家园:"攸县的哥村"社区传播与身份共同体研究》,北京:社会科学文献出版社,2014年。

[5]风笑天:《社会研究方法(第五版)》,北京:中国人民大学出版社,2018年。

[6]冯广圣:《桂村社会传播网络》,桂林:广西师范大学出版社,2013年。

[7]郭建斌:《独乡电视——现代传媒与少数民族乡村日常生活》,济南:山东人民出版社,2005年。

[8]郭中实、周葆华、陆晔:《媒介素养、政治认知、媒介功能与媒介使用:理论关系初探》,载萧小穗、黄懿慧、宋韵雅编:《透视传播与社会》,香港:香港中文大学出版社,2016年。

[9]胡曙中:《美国新修辞学研究》,上海:上海外语教育出版社,1999年。

[10]喻国明、靳一:《大众媒介公信力测评研究》,北京:人民出版社,2006年。

[11]李芳民:《唐五代佛寺辑考》,北京:商务印书馆,2006年。

[12]罗岗:《人民至上》,上海:上海人民出版社,2012年。

[13]毛泽东:《在延安文艺座谈会上的讲话》,《延安文艺作品精编1理论、诗歌卷》,徐纶,韦夷编,杭州:浙江文艺出版社,1992年。

[14]潘忠党:《作为"深描"的民族志》,《文化适应与传播》代序,昆明:云南大学出版社,2007年。

[15]彭增军:《媒介内容分析法》,北京:中国人民大学出版社,2012年。

[16]邱皓政:《量化研究与统计分析——SPSS(PASW)数据分析范例解析》,重庆:重庆大学出版社,2013年。

[17]童兵:《突破体制瓶颈 推进新闻改革——纪念中国新闻改革30年》,载《技术、制度与媒介变迁:中国传媒改革开放30周年论集》,童兵主编,上海:复旦大学出版社,2009年。

[18]王亚南:《中国官僚政治研究》,北京:商务印书馆,2010年。

[19]吴靖:《文化现代性的视觉表达》,北京:北京大学出版社,2012年。

[20]姚琦:《The rise of small-circle social media and advertising:the case of WeChat》,北京:社会科学文献出版社,2019年。

[21]姚玉芹:《鄂温克人与电视》,北京:中国传媒大学出版社,2009年。

[22]喻国明等:《中国大众媒介的传播效果与公信力研究——基础理论、评测方法与实证分析》,北京:经济科学出版社,2009年。

[23]袁方:《社会研究方法教程》,北京:北京大学出版社,1997年。

[24]袁岳、范文、陈晓丽等:《深度访谈——如何结交陌生人》,北京:机械工业出版社,2006年。

[25]郑也夫:《与本科生谈:论文与治学》,济南:山东人民出版社,2008年。

[26]周怡:《中国第一村:华西村转型经济中的后集体主义》,香港:牛津大学出版社,2006年。

[27]中共中央文献研究室、中共湖南省委《毛泽东早期文稿》编辑组:《毛泽东早期文稿》,长沙:湖南出版社,1990年,第474页。

[28]中国共产党晋察冀中央局编:《湖南农民运动考察报告》,载《毛泽东选集》,中国共产党晋察冀中央局编印,1927年。

(二)中文译著

[1][美]艾尔·巴比:《社会研究方法(第十一版)》,邱泽奇译,北京:华夏出版社,2018年。

[2][美]奥格尔斯等著:《大众传播学:影响研究范式》,北京:中国社会科学出版社,2000年。

[3][美]保罗·F.拉扎斯菲尔德、伯纳德·贝雷尔森、黑兹尔·高德特:《人民的选择——选民如何在总统选战中做决定》(第三版),唐茜等译,北京:中国人民大学出版社,2012年。

[4][英]保罗·威利斯:《学做工:工作阶级子弟如何继承父业》,秘舒、凌旻华译,南京:译林出版社,2013年。

[5][美]彼得·伯格:《图像证史》,北京:北京大学出版社,2008年。

[6]丹尼 L. 乔金森:《参与观察法》,王昭正、朱瑞渊译,台北:弘智文化事业有限公司,1999年。

[7][美]丹尼·L.乔金森:《参与观察法:关于人类研究的一种方法》,重庆大学出版社,2015年。

[8][英]大卫·M.戴维·莫利:《电视受众与文化研究》,史安斌译,北京:新华出版社,2005年。

[9][美]费特曼:《民族志:步步深入》(第3版),龚建华译,重庆:重庆大学出版社,2013年。

[10][美]克利福德·格尔茨:《文化的解释》,韩莉译,南京:译林出版社,1999年。

[11][美]克利福德·格尔茨:《地方性知识》,王海龙、张家暄译,北京:中央编译出版社,2000年。

[12][美]克利福德·格尔茨:《尼加拉:19世纪巴厘的剧场国家》,赵丙祥译,上海:上海人民出版社,2000年。

[13][美]赫伯特·甘斯:《什么在决定新闻:对CBS晚间新闻、NBC夜间新闻、〈新闻周刊〉及〈时代〉周刊的研究》,石琳,李红涛译,北京:北京大学出版社,2009年。

[14][美]卡尔·霍夫兰、欧文·贾尼斯、哈罗德·凯利:《传播与劝服》,张建中等译,北京中国人民大学出版社,2015年。

[15][英]凯西·卡麦兹:《建构扎根理论:质性研究实践指南》,边国英译,重庆:重庆大学出版社,2009年。

[16][美]柯克·约翰逊:《电视与乡村社会变迁——对印度两村庄的民族志调查》,展明辉、张金玺译,北京:中国人民大学出版社,2005年。

[17][美]哈罗德·拉斯韦尔:《世界大战中的宣传技巧》,张洁、田青译,北京:中国人民大学出版社,2003年。

[18][美]劳伦斯·纽曼:《社会研究方法:定性和定量的取向(第五版)》,郝大海译,北京:中国人民大学出版社,2007年。

[19][美]丽贝卡·B.鲁宾、菲利普·帕尔姆格林、霍华德·E.西弗尔:《传播研究量表手册I》,邓建国译,上海:复旦大学出版社,2017年。

[20][美]罗伯特·F.德维利斯:《量表编制:理论与应用(第2版)》,魏勇刚、席仲恩、龙长权译,重庆:重庆大学出版社,2010年。

[21][美]罗杰·维曼,约瑟夫·多米尼克:《大众媒介研究导论》(第七版),北京:清华大学出版社,2005年。

[22][英]布罗尼斯拉夫·马凌诺夫斯基:《西太平洋的航海者》,梁永佳、李绍明译,北京:华夏出版社,2002年。

[23][美]琼恩·基顿,[美]邓建国、张国良:《传播研究方法》,上海:复旦大学出版社,2009年。

[24][丹麦]斯丹纳·苛费尔,斯文·布林克曼著:《质性研究访谈》,范丽恒译,北京:世界图书出版公司,2013年。

[25][美]威廉·富特·怀特:《街角社会:一个意大利人贫民区的社会结构》,黄育馥译,北京:商务印书馆,1994年。

[26][德]伍多·库卡茨:《质化文本分析:方法、实践与软件使用指南》,朱志勇、范晓慧译,重庆:重庆大学出版社,2017年。

[27][英]约翰·汤普森:《文化商人:21世纪的出版业》,张志强、何平、姚小菲译,南京:译林出版社,2016年。

(三)外文著作

[1]Arthur Asa Berger, Media and communication research methods: An introduction to qualitative and quantitative approaches. California: Sage Publications.2018

[2]Berger P. L., Luckmann T., The social construction of reality: A treatise in the sociology of knowledge (No. 10). London: Penguin UK.1991

[3]Bernard Berelson, Content analysis in communication research. New York: Free Press. 1952

[4]Carter M. J: The hermeneutics of frames and framing: An examination of the media′s construction of reality. California: Sage Publications.2013

[5]Charles B Teddlie、Abbas M Tashakkori, Foundations of Mixed Methods Research: Integrating Quantitative and Qualitative Approaches in the Social and Behavioral Sciences. California: Sage Publications. 2009

[6]Chouliaraki L. & Fairclough N.: Discourse in late modernity: Rethinking critical discourse analysis. Edinburgh: Edinburgh University Press,.1999

[47] Creswell John W.、V. L. P. Clark, Designing and conducting mixed methods research. California: Sage Publications.2017

[7]Dallas Walker Smythe, Three years of New York television:1951-1953. Urbana: Na-

tional Association of Education Broadcasters.1954

[8]Earl Babbie, The basics of social research. Stamford: Cengage learning.2014

[9]Fairclough N., Discourse and social change. Cambridge: Polity press. 1992

[10]Fairclough N. Critical discourse analysis: The critical study of language New York: Routledge.2013

[11]Fairclough N., Analysing discourse: Textual analysis for social research London: Routledge,.2003

[12]Frey Lawrence et al., Investigating communication, NY: Allyn & Bacon.2000

[13]Foss S. K., Rhetorical criticism: Exploration and practice. Long Grove: Waveland Press,.2017

[14]Greimas, A. J., On meaning: Selected writings in semiotic theory. Minneapolis: University of Minnesota Press.1987

[15]Goffman Erving, Frame analysis: An essay on the organization of experience. Cambridge: Harvard University Press.1974

[16]Hynek Jeřabek, Paul Lazarsfeld and the origins of communications research. New York: Routledge.2017

[17]Holman C. H., A Handbook to Literature. Indiana: The Bobbs-Merrill Company.1980

[18]Jennifer C. Greene, Mixed Methods in Social Inquiry. New Jersey: John Wiley & Sons.2007

[19]Jack Linchuan Qiu. Working-Class Network Society: Communication Technology and the Information Have-Less in Urban China. Cambridge: The MIT Press.2009

[20]Keith Punch, Introduction to social research: Quantitative and qualitative approaches. California: Sage Publications.2013

[21]Kahneman D., Tversky A., "Choices, values, and frames," in Leonard C MacLean and William T Ziemba, eds., Handbook of the fundamentals of financial decision making: Part I. Singapore: World Scientific Pub. 2013

[22]Kress G. & Hodge R., Language as Ideology. New York: Routledge.1979

[23]Kress G., Multimodality: A social semiotic approach to contemporary communication. London: Routledge.2009

[24]Kumar Vineet et al., Essentials of Marketing Research. Englewood: PennWell Books.2008

[25]Manning P. K., Semiotics and fieldwork (Vol. 7), Newbury Park, CA: Sage.1987

[26]Manfred Max Bergman, Advances in mixed methods research: Theories and applications. California: Sage Publications.2008

[27]M. Sandelowski, "Tables or tableaux? The challenges of writing and reading mixed methods studies," in Handbook of mixed methods in social and behavioral research. California: Sage Publications.2003

[28]National Television Violence Study, National television violence study. California: Sage Publications.1997

[29]Nardi Peter M, Doing Survey Research: A Guide to Quantitative Research Methods. New York: Routledge.2018

[30]N Fielding、JL Fielding, Linking data. Beverly Hills, CA: Sage Publications.1986

[31]Paul Maxim, Quantitative research methods in the social sciences. New York: Oxford University Press.1999

[32]Preucel, R. W., Archaeological semiotics. New Jersey: John Wiley & Sons.2006

[33]Robert Bogdan & Sari Knopp Biklen, Qualitative research for education. Boston, MA: Allyn & Bacon.1997

[34]Robert M. Groves et al., Survey methodology. New Jersey: John Wiley & Sons.2011

[35]Saye John W., "Disciplined Inquiry in Social Studies Classrooms," in The Wiley Handbook of Social Studies Research. New Jersey: John Wiley & Sons.2017

[36] Salant Priscilla & D. A. Dillman, How to Conduct your Own Survey. New Jersey: John Wiley & Sons.1994

[37]Singleton Royce et al., Approaches to Social Research, 2nd edition. New York: Oxford University Press.1993

[38]Tashakkori Abbas、C. Teddlie, Sage Handbook of Mixed Methods in Social & Behavioral Research. California: Sage Publications. 2010

[39]Titscher, S., and Meyer, M., and Wodak, R.,and Vetter, E.Methods of text and discourse analysis: In search of meaning. Newbury Park, CA: Sage.2000

[40]William Outhwaite & Stephen P Turner, The SAGE Handbook of Social Science Methodology. CA: Sage.2007

[41]Williamson J., Decoding advertisements: ideology and meaning in advertising. London: Marion Boyers.1978

[42]Wodak R., Disorders of discourse. London: Longman.1996

二、中文期刊类

[1]曹晋，张楠华：《新媒体、知识劳工与弹性的兴趣劳动：以字幕工作组为例》，《新闻与传播研究》，2012年第5期。

[2]陈刚，王继周，《中国大陆传播研究民族志进路的逻辑、问题与重塑——基于四本学术期刊及相关研究文献的考察》，《现代传播》，2017年第7期。

[3]陈怀林、杨柳：《标识和框架对热点事件舆论的影响——以澳门的"大陆游客潮"为例》，《新闻与传播研究》，2015年第7期。

[4]陈素白，高诗劼，熊烨：《广告镜像考察：转型期中国城市居民健康消费观念变迁——基于〈羊城晚报〉（1980—2013）保健食品广告的内容分析》，《现代传播》2015年第8期。

[5]陈艾华，孔冬：《农民工培训效果关键影响因素识别——基于对浙江省农民工培训调查的内容分析》，《社会科学战线》，2012年第4期。

[6]陈致中，王欢：《财经类新闻报道之可读性与传播效果实证研究》，《现代传播》，2015年第5期。

[7]戴宇辰：《"在媒介之世存有"：麦克卢汉与技术现象学》，《新闻与传播研究》，2018年第10期。

[8]丁未、田阡，《流动的家园：新媒介技术与农民工社会关系个案研究》，《新闻与传播研究》，2009年第1期

[9]方惠、刘海龙：《2018年中国的传播学研究》，《国际新闻界》，2019年第1期。

[10]方洁、胡杨、范迪：《媒体人眼中的数据新闻实践：价值、路径与前景——一项基于七位媒体人的深度访谈的研究》，《新闻大学》，2016年第2期。

[11]冯济海：《人类学视野中的现代数字媒介与寺院生活变迁：以湖北省T寺为例》，《新闻界》，2017年第7期。

[12]冯强，《我国食品安全议题的新闻生产常规及规制因素分析——基于对14名媒体人的深度访谈》，《湖北社会科学》，2016年第8期。

[13]高丙中：《民族志发展的三个时代》，《广西民族学院学报》（哲学社会科学版），2006年第3期。

[14]郭健：《也论传播学方法论的意义及其局限性》，《国际新闻界》，1987年第2期。

[15]郭健：《再论传播学研究方法的缺陷》，《国际新闻界》，1987年第3期。

[16]郭健：《三论传播学方法论的意义及其局限性》，《国际新闻界》，1988年第4期。

[17]郭建斌：《媒介仪式中的"家—国"重构与游离——基于中国西南一个少数民族村庄田野调查的讨论》，《开放时代》，2012年第5期。

[18]郭建斌:《民族志传播:一副不完备的研究地图》,《新闻大学》,2018年第2期。

[19]郭建斌、张薇,《“民族志”与“网络民族志”:变与不变》,《南京社会科学》,2017年第5期。

[20]韩敏:《移动互联网时代新媒体事件的网络协商与群体极化——基于“成都女司机被打”事件的内容与文本分析》,《当代传播》,2016年第5期。

[21]何晶:《传统主流报纸对农民工“讨薪”事件的媒介呈现分析(2002-2015)》,《国际新闻界》,2018年第10期。

[22]贺建平、王永芬、马灵燕:《受难与国耻建构:“重庆大轰炸”集体记忆的媒介话语策略》,《国际新闻界》,2015年第12期。

[23] 郝永华,聂茜:《热点段子的衍生与负面舆情——基于30个案例的内容分析》,《新闻大学》,2015年第1期。

[24]胡翼青、婧妍:《中国传播学40年:基于学科化进程的反思》,《国际新闻界》,2018第1期。

[25]黄厚铭:《扩增实境游戏Pokemon GO的流动性:游戏机制、文化与变迁》,《传播与社会学刊》,2019年,(总)第47期。

[26]黄河,康宁:《移动互联网环境下群体极化的特征和生发机制——基于“江歌案”移动端媒体文本和网民评论的内容分析》,《国际新闻界》,2019年第2期。

[27]蒋海萍等:《基于社区参与的古村落型遗产地旅游开发模式研究》,《华东经济管理》,2009年第8期。

[28]金苗、熊永新:《美国25家日报要闻版伊拉克战争报道新闻构架分析》,《新闻与传播研究》,2003年第3期。

[29]柯惠新,刘来,朱川燕,等:《两岸三地报纸灾难事件报导研究——以台湾921地震报导为例》,《新闻学研究》,2005年第85期。

[30]李敏、陈洪捷:《不合格学术型硕士研究生学位论文的典型特征——基于论文抽检专家评阅意见的分析》,《学位与研究生教育》,2017年第6期。

[31]李晓静:《数字鸿沟的新变:多元使用、内在动机与数字技能:基于豫沪学龄儿童的田野调查》,《现代传播》,2019年第8期。

[32]李海波,郭建斌:《事实陈述vs.道德评判:中国大陆报纸对“老人摔倒”报道的框架分析》,《新闻与传播研究》,2013年第1期。

[33]李明:《定量内容分析法在中国大陆新闻传播研究中的运用——以2003—2012年CSSCI收录的新闻传播类来源期刊论文为例》,《新闻与传播研究》,2013年第9期。

[34]梁德阔:《西递宏村的股份合作制经营模式设计》,《中国人口资源环境》,2005年第4期。

[35]梁君健:《当代旅游中的风景摄影——数字单反相机的技术人类学研究》,《传播与社会学刊》,2010年,(总)第13期。

[36]刘海龙:《解放灰色地带:对传播思想史叙事的反思》,《山西大学学报》(哲学社会科学版),2015年第1期。

[37]刘海龙、吴欣慰:《2018年中国传播学研究新观点》,《湖南师范大学社会科学学报》,2019年第3期。

[38]刘婷、张卓:《身体-媒介/技术:麦克卢汉思想被忽视的维度》,《新闻与传播研究》,2018年第5期。

[39]刘晓倩:《从格雷马斯的叙事学理论解析电影〈亲爱的〉》,《重庆广播电视大学学报》,2014年第6期。

[40]刘涛:《西方数据新闻中的中国:一个视觉修辞分析框架》,《新闻与传播研究》,2016年第2期。

[41]路鹏程:《媒体自杀新闻的内容分析:一个精神健康传播的视角》,《新闻与传播研究》,2005年第3期。

[42]龙耘:《传播学在中国20年》,《现代传播》,2000年第3期。

[43]孟小峰、李勇、祝建华:《社会计算:大数据时代的机遇与挑战》,《计算机研究与发展》,2013年第12期。

[44]潘忠党:《架构分析: 一个亟需理论澄清的领域》,《传播与社会学刊》,2006年第1期。

[45]彭华新、郝金华:《"边缘媒体人"的职业变迁与社会阶层:基于新闻民族志的观察》,《现代传播》,2018年第11期

[46]覃诗翔:《中国少数民族的"他者"再现:对2006年〈北京青年报〉少数民族新闻的内容分析》,《传播与社会学刊》,2010年,(总)第14期。

[47]《世界遗产在中国》节目组李凯军、魏艳、黄欣:《做好前期 "导演"工作—〈世界遗产在中国〉文本创作的几点思考》,《电视研究》,2018年第10期。

[48]苏林森:《被再现的他者:中国工人群体的媒介形象》,《国际新闻界》,2013年第8期。

[49]苏蘅、陈云云:《全球化下青少年收看本国及外国电视节目之现况及相关影响研究》,《新闻学研究》,2000年,第64期。

[50]唐海江、曾君洁:《作为方法论的"媒介"——比较视野中麦克卢汉和德布雷的

媒介研究》,《现代传播》,2019年第1期。

[51]唐铮:《能动的在场:融合背景下的职业权威性——对近百位中国媒体从业者的深度访谈》,《国际新闻界》,2019年第6期

[52]陶建杰、张涛:《上海地区新闻专业本科生的职业认同及其影响因素》,《国际新闻界》,2016年第8期。

[53]涂炯:《多点民族志:全球化时代的人类学研究方法》,《中国社会科学报》,2015年12月2日,第6版。

[54]万小广:《论架构分析在新闻传播学研究中的应用》,《国际新闻界》,2010年第9期。

[55]王志兴:《传播学的方法论意义及局限性》,《新闻战线》,1986第6期。

[56]王成军:《计算社会科学视野下的新闻学研究:挑战与机遇》,《新闻大学》,2017年第4期。

[57]王彦:《沉默的框架: 框架理论六十年的时间脉络与空间想象》,《浙江大学学报》(人文社会科学版),2016年第1期。

[58]王秀丽,韩纲:《"中国制造"与国家形象传播——美国主流媒体报道30年内容分析》,《国际新闻界》,2010年第9期。

[59]吴玫、梁韵:《中国—东盟博览会品牌形象研究:基于符号融合的理论视角》,《文化与传播》,2015年第2期。

[60]吴彤、徐建华:《基于内容分析法的气候变化报道国际比较》,《北京大学学报:自然科学版》,2016年第2期。

[61]吴炜华、程素琴:《视觉赋权与抗逆力的行动实践——剑南"社区媒体行动计划"的反思与展望》,《现代传播》,2010年第12期。

[62]吴予敏:《从"零"到一:中国传播思想史书写的回顾和展望》,《国际新闻界》,2018年第1期。

[63]夏雨禾:《2010年以来的突发事件微博舆论及其变化趋势——基于新浪微博的实证研究》,《新闻与传播研究》,2014年第3期。

[64]向芬:《台湾民主转型中新闻传播的变迁与发展:一项基于对台湾新闻传播界深度访谈的研究》,《厦门大学学报》(哲学社会科学版),2015年第3期。

[65]薛国林:《传播学与文艺学研究方法之比较》,《华中师范大学学报》(人文社会科学版),1999年第5期。

[66]杨海鹰:《转型中国语境中的传播劳动:以平面媒体新闻从业者身份变迁研究为例》,《新闻大学》,2014年第2期。

[67]于瀛、秦艺丹、方惠,等:《2019年中国的传播学研究》,《国际新闻界》,2020年第1期。

[68]应星:《"宗派斗争"激流下的新德治———西南一个山村土改时期的故事》,《司法》,2009年第4期。

[69]曾庆香,刘自雄:《论新闻源与新闻的话语主体》,《国际新闻界》,2006年第1期。

[70]张大伟,《民族类出版社数字转型的理念、人才与技术因素分析——基于15家民族类出版社的深度访谈》,《编辑之友》,2018年第2期。

[71]张国良,张巧雨:《中国传播学研究近况实证分析——以专业期刊论文为研究视角(2008—2013)》,《现代传播》,2015年第9期。

[72]张辉锋、李淼:《我国影视剧普通编剧有关从业状况的自我认知与评价———项基于25位编剧的深度访谈研究》,《国际新闻界》,2020第8期。

[73]张莹、申凡:《从〈现代传播〉(1994—2003年)管窥我国十年来的传播学研究》,《现代传播》,2004年第5期。

[74]张玉璞:《流动中的社会关系:上海外卖骑手移动媒体使用与社会资本》,《传播与社会学刊》2019年,(总)第47期。

[75]赵民:《传播学研究方法论断想》,《现代传播》,1998第1期。

[76]赵鸿燕:《跨文化维度下韩国受众对中国电视剧的接受分析——基于中韩受众比较视角的深度访谈》,《国际新闻界》,2012年第10期。

[77]赵欣:《在华旅居者隐性偏见的实验研究及跨文化分析》,《新闻与传播研究》,2014年第2期。

[78]《中国科协 中宣部 教育部 科技部 关于深化改革 培育世界一流科技期刊的意见》,《编辑学报》,2019年第4期。

[79]周宪、胡中锋:《质的研究方法的理论探讨与反思》,《广东社会科学》,2015年第4期。

[80]祝建华:《实地调查——传播学研究方法之一》,《新闻大学》,1985第9期。

[81]祝建华:《内容分析——传播学研究方法之二》,《新闻大学》,1985年第10期。

[82]祝建华:《控制实验——传播学研究方法之三》,《新闻大学》,1986第12期。

[83]祝建华、彭泰权、梁海、王成军、秦洁、陈鹤鑫:《计算社会科学在新闻传播研究中的应用》,《科研信息化技术与应用》,2014年第2期。

[84]祝建华、黄煜、张昕之:《对谈计算传播学:起源,理论,方法与研究问题》,《传播与社会学刊》,2018年,(总)第44期。

三、外文期刊类

[1]Ahmed Wasim、Sergej Lugovic, "Social media analytics: analysis and visualisation of news diffusion using NodeXL,"Online Information Review 43.1 (2019).

[2]Alan Chalmers & Alan Chalmers, "What is this thing called science? – an assessment of the nature and status of science and its methods,"Asteroids 129.3 (2014).

[3]Alonso L.E. 、Callejo J., "El análisis del discurso: del postmodernismo a las razones prácticas"Reis (1999).

[4] Bamberger, P. & S. Ang, "The Quantitative Discovery: What is it and How to Get it Published, "Academy of Management Discoveries 2.2 (2015).

[5]Gregory Bateson, "The message 'This is play'"., Group processes 2 (1956).

[6]Birnholtz Jeremy P. et al. "The Effects of Cash, Electronic, and Paper Gift Certificates as Respondent Incentives for a Web-Based Survey of Technologically Sophisticated Respondents, "Social Science Computer Review 22.3 (2004).

[7]Bowden Chandra & S. Galindo-Gonzalez, "Interviewing When You're Not Face-To-Face: The Use of Email Interviews in a Phenomenological Study, "International Journal of Doctoral Studies 10 (2015).

[8]Bormann E. G."Fantasy and rhetorical vision: The rhetorical criticism of social reality"Quarterly Journal of Speech 58.4 (1972).

[9]B.Malinowski."Baloma: the Spirits of the Dead in the Trobriand Islands"[J]. Journal of the Royal Anthropological Institute of Great Britain and Ireland46 (1916)

[10]Burns & Edgar, "Developing Email Interview Practices in Qualitative Research, " Sociological Research Online 15.4 (2010).

[11] Cobb P et al., "Design Experiments in Educational Research, "Educational Researcher 32.1 (2003).

[12]Collins A et al., "Design Research: Theoretical and Methodological Issues, "The Journal of the Learning Sciences 13.1 (2004).

[13]Davis, F, "Crime news in Colorado newspapers, " American Journal of Sociology 57 (1951).

[14]Daga Ryan Rey M: Social Network Analysis of Tweets on Typhoon during Haiyan and Hagupit (paper presented in the International conference on computer modeling and simulation, 2017).

[15]Denzin, and K. N., "Triangulation 2.0, "Journal of Mixed Methods Research 6.2

(2012).

[16]Deakin, H. & K. Wakefield, "Skype interviewing: reflections of two PhD researchers, "Qualitative Research 14.5 (2014).

[17]De Reuver M. et al., "Domestication of smartphones and mobile applications: A quantitative mixed-method study, "Mobile Media & Communication 4.3 (2016).

[18]Elisabeth Gunther & Emese Domahidi, "What communication scholars write about: An analysis of 80 years of research in high-impact journals, "International Journal of Communication 11 (2017).

[19]Entman, Robert M. "Framing: Towards clarification of a fractured paradigm,", McQuail's reader in mass communication theory (1993). Entman R. M., "Framing: Toward Clarification of A Fractured Paradigm, "Journal of Communication 43.4 (1993).

[20]Fairclough N., "Discourse and Text: Linguistic and Intertextual Analysis within Discourse Analysis," Discourse & Society 3, no.2 (1992).

[21]Fairclough N., "Critical Discourse Analysis and the Marketization of Public Discourse: The Universities, "," Discourse & Society 4., no. 2 (1993).Fiol C. M., "Narrative semiotics: theory, procedure and illustration." Mapping strategic thought (1990).

[22]George E. Marcus, Ethnography in/of the World System: the Emergence of Multi-Sited Ethnography, Annual Review of Anthropology, Vol. 24:95-117 (Volume publication date October 1995).

[23]George Gerbner et al., "Cultural Indicators: Violence Profile No. 9," Journal of Communication 28 (1978).

[24]Gioia, D. A. & E. Pitre, "Multiparadigm Perspectives on Theory Building,"Academy of Management Review 15.4 (1990).

[25]Greimas A. J., and Rastier F.1968."The interaction of semiotic constraints." Yale French Studies .

[26]Greimas A. J., Rastier F., "The interaction of semiotic constraints," Yale French Studies 41 (1968).

[27]Höllerer M. A., "From taken-for-granted to explicit commitment: The rise of CSR in a corporatist country," Journal of Management Studies 50 (2013).

[28]J.Amos Hatch & Richard Wisniewski, "Life history and narrative: Questions, issues, and exemplary works, "Life history and narrative (1995).

[29]Jeffrey & Troman. Time for Ethnography. British Educational Research Journal,

vol. 30, no. 4,(2004).

[30]Kim Yonghwan et al., "Mobile communication research in communication journals from 1999 to 2014, "New Media & Society 19.10 (2017).

[31]Lewis M. W.、A. I. Grimes, "Metatriangulation: Building Theory from Multiple Paradigms, "Academy of Management Review 24.4 (1999).

[32]Martin James Alfred & Karl R. Popper, "Objective Knowledge: An Evolutionary Approach,"The Philosophical Review 84.1 (1975).

[33]Morris Michael W et al., "Views from inside and outside: Integrating Emic and Etic Insights about Culture and Justice Judgment, "Academy of Management Review 24.4 (1999).

[34]Neuman Lawrence, "Social research methods, quantitative and qualitative approaches, "Social Research Methods Qualitative & Quantitative Approaches 39.3 (2005).

[35]Noor Khairul Baharein Mohd, "Case Study: A Strategic Research Methodology, " American Journal of Applied Sciences 5.11 (2008).

[36]Olufowote J., "Rousing and redirecting a sleeping giant: Symbolic convergence theory and complexities in the communicative constitution of collective action," Management Communication Quarterly 19.3 (2006).

[37]Pinsonneault, Alain & K. Kraemer, "Survey Research Methodology in Management Information Systems: An Assessment, "Journal of management information systems 10.2 (1993).

[38]Saber D. & Webber N., "'This is our Call of Duty': hegemony, history and resistant videogames in the Middle East, " Media, Culture & Society 39, no.1 (2017).

[39]Sale Joanna et al., "Revisiting the Quantitative–Qualitative Debate: Implications for Mixed–Methods Research," Quality & Quantity International Journal of Methodology 36.1 (2002).

[40]Scharkow Michael, "The Accuracy of Self–Reported Internet Use—A Validation Study Using Client Log Data, "Communication Methods and Measures 10.1 (2016).

[41]Sieverink F et al., "Opening the Black Box of Electronic Health: Collecting, Analyzing, and Interpreting Log Data," JMIR research protocols 6.8 (2017).

[42]Tankard, J., Hendrickson, L., Silberman, J., Bliss, K., & Ghanem, S. (1991). Media frames : approaches to conceptualization and measurement. In Association for Education in Journalism and Mass Communication(1991).

[43]Tichenor Veronica Jaris & L. J. Mcintyre, "The Practical Skeptic: Core Concepts in Sociology, "Teaching Sociology 27.3 (1999).

[44]Trumbo Craig, "Constructing climate change: claims and frames in US news coverage of an environmental issue",Public understanding of science 5.3 (1996).

[45]Turkington Robin et al., The Application of User Event Log Data for Mental Health and Wellbeing Analysis (paper presented in the British HCI Conference, 2018).

[46]Williamson & Graham R., "The A-Z of Social Research: A Dictionary of Key Social Science Research Concepts," Journal of Advanced Nursing 48.5 (2004): 545-545.

[47] Xu, Xiao-Ke & Zhu, Jonathan. (2016). Flexible sampling large-scale social networks by self-adjustable random walk. Physica A: Statistical Mechanics and its Applications(2016).

[48]Yu, Investigating daily temporal patterns of social media usage by cellphone log (paper presented in the Pacific Neighborhood Consortium Conference & Joint Meetings IEEE, 2017).

[49]Zhou Y., and Moy P., "Parsing framing processes: The interplay between online public opinion and media coverage, "Journal of communication 57.1 (2007).

四、硕博论文类

[1]冯军旗,2010,《中县干部》,博士学位论文,北京大学。

[2]郭建斌,2003,《电视下乡:社会转型期大众传媒与少数民族社区——独龙江个案的民族志阐释》,博士学位论文,复旦大学。

[3]马克秀,2016,《互联网与乡村社会结构变迁:以山东"丁村"为个案的研究》,博士学位论文,中国传媒大学。

[4]王冬,2013,《双性恋者的身份认同:一项深度访谈研究》,硕士学位论文,南京师范大学。

[5]张志安,2006,《编辑部场域中的新闻生产——〈南方都市报〉个案研究(1995-2005)》,博士学位论文,复旦大学。

[6]张亚新,2020,《媒介迷群的权力生产与规训:基于微博超话耽美迷群的参与式观察》,硕士学位论文,武汉大学。

五、网络文献类

[1] 孙瑞祥,2017,《大众传播学破冰中国暨复旦回忆 ——国际传播学先驱施拉姆访华35周年记》,http://3g.163.com/dy/article/D3KIQ66E0521PA4F.html。

[2]孙玮,2020,《复旦大学中外新闻传播理论研究与方法暑期学校授课语录》,复旦大学信息与传播研究中心微信公众号,https://mp. weixin. qq. com/s/quXGm-RfaUN8yWnssmS0_Uw

[3] 数据来源:https://countrymeters.info/en

[4] 国家统计局,http://www.stats.gov.cn/tjsj/pcsj/rkpc/6rp/indexch.htm

[5]杨国斌,2020,《浅描的人类学、抒情的社会学、XX的传播学》,微信公众号:传媒领袖讲习班,https://mp.weixin.qq.com/s/q_wU34yGJAYqOifoyMFBLg

[6]陈卫星,2006,《城市的欲望与底层的想像》,http://academic.mediachina.net/article.php?id=5186

[7]郭建斌,2008,《教学杂谈(之六):问题、材料与论证(或阐释)》,http://dulong2002.blog.hexun.com/18541464_d.html

[8] 陈金龙,2017,《〈湖南农民运动考察报告〉的历史作用与现实启示》,中国共产党新闻网,http://dangshi.people.com.cn/n1/2017/0222/c85037-29098255.html

[9] https://www.icpsr.umich.edu/icpsrweb/

[10]《住房城乡建设部文化部国家文物局财政部关于切实加强中国传统村落保护的指导意见》. http://www. mohurd. gov. cn /zcfg /jsbwj_ 0 /jsbwjczghyjs/201404 / t20140429_ 217798. html.

[11]《国务院法制负责人就〈历史文化名城名镇名村保护调理〉答记者问》.http: // www. gov. cn /zwhd /2008 - 04 /29 /content _ 954954. html.

后记

历经三年的组稿、编写、改稿，这本《传播学研究方法与实践》终于即将付梓。

编写教材是一个知识共同体的团队协作过程。在新冠肺炎疫情期间，这本教材的编写出版人员，既体会到了博闻同仁雅集论道的慰藉，也面对着不确定时代认知更新的焦虑。

回望临近世纪交汇的1999年，闪耀纸媒理想光辉的《南方周末》新年寄语“让无力者有力，让悲观者前行，让往前走的继续走，让幸福的人儿更幸福”，歌手朴树已经在《我去2000年》中用奔腾电脑和Windows98来描述“新人类”的未来。而今，新世纪的第一个二十年已然过去，我们这个由“70后”“80后”“90后”组成的作者团队，带着大众媒体转型和新媒介普及成为新的文化基础设施的历史经验，在媒介构成的历史结构中，即将面对与“00后”第一代研究生的知识交往。

传播学源流复杂，是诸多学科的交叉地带，既有社会科学的实用，也有人文学科的情怀，还有自然科学的物质性力量，汇流成河，围绕人的共同性与不可交流性展开探讨与叙述。对于研究者而言，学术生涯是一场疯狂的冒险。将学术作为一种志业，学者必须面对外在条件与内在信念的失调，刚毅坚卓；将学术作为一种职业，则唯有凭借严格的专业化训练，才能与业余人区隔，对直觉的意义加以判定、评估及经营发展，获得确定并且重要的成就。

学术研究首先是一个文化过程，由个人的幽微感受始，在个人与社会之间架构关联，跨越生活世界与学术世界词与物的话语转换，在知识地图中锚定坐标，在理论预设下提问，透过理论观看；学术研究也是一个认知发展过程，在方法论结构中，“把自己作为方法”反思研究前提与终极追问，通过研究技术的操演实践，做“主观导向的现实求证”或意义阐释，寻求知识的确定性或增量，追求效率或公平。在这个过程中，研究方法贯穿其中，自始至终，逻辑自洽。如此，才能把认知能力从泛道德主义、泛情绪主义、泛经验主义的束缚中解放出来，形成公共讨论的规则，理解知识的时空有效性和有限性，避免无谓的争论，容忍差异，辨明是非，形成公共理性。

本书的编写，目的就在于让学生了解、理解方法意义上的思维训练，是跨越专业文化门槛与发展认知能力的途径，而不是展演“屠龙”之技。

本书在编写过程中，既把研究方法作为一个独立的对象，放在传播学学科发展的过程中进行研究，以审视研究方法自身的发展与中国本土化的过程，也把研究方法放在研究过程中来介绍它所在的位置与作用，更具体地分为量化、质化两种取向来分别介绍研究问题的适用性、发展的历史，并通过具体案例来演示实践过程。在问题意识方面和案例选择中，面向互联网“原住民”一代，我们偏向于媒体转型与新媒介的案例，希望研究经验能够贴合新一代研究实践的时空经验。在研究方法的介绍中，有方法论、研究取向、研究技术的结构性，也遵循从文本、田野到量化研究方法的历史进程，但是这种传播学研究方法欧美中心主义的现代性进程在中国本土化的过程中，要面对中国发展的多样性、复杂性和层累结构。在具体的研究中，还是要从中国本土出发，以问题为中心来寻求具体方法，而不是用完美的方法来截取中国现实，尤其面对媒介化进程的不均衡，更要警惕用虚拟社会、抽象社会替代现实。

本书的编写，心怀对知识的“敬畏”，也难免挂一漏万，贻笑方家。读者与作者的互动，本身就是知识传播与再生产的过程，希望读者师友多多批评，不吝赐教，给我们改进更新的机会，共同推进传播学研究的专业化进程。

本书作者全体同仁

2022年6月6日